Tom Alby

Einführung in die Webanalyse

Liebe Leserin, lieber Leser,

zum Thema »Webanalyse« gibt es eine ganze Reihe guter Bücher. Neben Werken zu Analyse-Systemen wie Google Analytics finden Sie auch spezielle Literatur, zum Beispiel zum Aufbereiten von Daten mit Google Data Studio.

Was bisher noch fehlte, ist ein Buch, das die Grundlagen der Webanalyse allgemein erklärt – übersichtlich, leicht verständlich und unabhängig von einem System. Dieses Buch halten Sie jetzt in Händen. Tom Alby, einer der führenden Datenspezialisten Deutschlands, hat es aus jahrelanger Erfahrung in eigenen Projekten und als Lehrender an Hochschulen entwickelt. In 30 kurzen Lektionen lernen Sie, wie Sie eine professionelle Webanalyse planen und durchführen. Auf dieser Basis können Sie später auch die für den jeweiligen Zweck geeigneten Tools auswählen und Analyse-Berichte richtig auswerten.

Ich freue mich sehr, dass ich Tom Alby dafür gewinnen konnte, sein Buch im Rheinwerk Verlag zu veröffentlichen. In seinem Blog *https://tom.alby.de/* finden Sie zusätzliche Informationen zu diesem Buch. Und natürlich brandaktuelle Infos rund um die Datenanalyse und die neuesten Webtechnologien.

Und nun ein Hinweis in eigener Sache: Dieses Buch wurde mit großer Sorgfalt geschrieben, lektoriert und produziert. Wenn Sie Fragen und Anmerkungen zu diesem Buch haben, Lob oder Kritik äußern wollen, wenden Sie sich an mich. Ich freue mich auf Ihre Rückmeldung.

Ihr Stephan Mattescheck
Lektorat Rheinwerk Computing

stephan.mattescheck@rheinwerk-verlag.de
www.rheinwerk-verlag.de
Rheinwerk Verlag · Rheinwerkallee 4 · 53227 Bonn

Auf einen Blick

Wir hoffen, dass Sie Freude an diesem Buch haben und sich Ihre Erwartungen erfüllen. Ihre Anregungen und Kommentare sind uns jederzeit willkommen. Bitte bewerten Sie doch das Buch auf unserer Website unter **www.rheinwerk-verlag.de/feedback**.

An diesem Buch haben viele mitgewirkt, insbesondere:

Lektorat Stephan Mattescheck, Anne Scheibe
Fachgutachten Maik Bruns, Michael Janssen
Korrektorat Monika Klarl, Köln
Herstellung Denis Schaal
Typografie und Layout Vera Brauner
Einbandgestaltung Julia Schuster
Satz SatzPro, Krefeld
Druck Beltz Grafische Betriebe, Bad Langensalza

Dieses Buch wurde gesetzt aus der TheAntiquaB (9,35/13,7 pt) in FrameMaker.
Gedruckt wurde es auf chlorfrei gebleichtem Offsetpapier (90 g/m²).
Hergestellt in Deutschland.

Bibliografische Information der Deutschen Nationalbibliothek:
Die Deutsche Nationalbibliothek verzeichnet diese Publikation in der Deutschen Nationalbibliografie; detaillierte bibliografische Daten sind im Internet über *http://dnb.d-nb.de* abrufbar.

ISBN 978-3-8362-7236-0

1. Auflage 2019
© Rheinwerk Verlag, Bonn 2019

Informationen zu unserem Verlag und Kontaktmöglichkeiten finden Sie auf unserer Verlagswebsite **www.rheinwerk-verlag.de**. Dort können Sie sich auch umfassend über unser aktuelles Programm informieren und unsere Bücher und E-Books bestellen.

Inhalt

4   Nutzer- und geräteübergreifendes Tracking   49

5   Hits, Seitenaufrufe und Sitzungen   55

6   Daten: Roh oder aggregiert?   61

7   Dimensionen und Messwerte   69

8 Ereignisse und Datenschicht 75

9 Einen Tracking-Plan erstellen 81

10 Ein geeignetes Tracking-Tool auswählen 85

11 Datenschutz 91

TEIL III   Analyse

16 Segmente verstehen 123

17 Akquisekanäle verstehen 129

18 Kampagnenerfolg auswerten 141

23   Wie belastbar ist ein Testergebnis?   169

TEIL V   Reporting und Anwendungen

24   Wie handlungsrelevante Berichte entstehen   177

25   Die Kunst, das richtige Diagramm zu wählen   183

Anhang

Geleitwort der Digital Analytics Association

As the Executive Director of the Digital Analytics Association, I salute you in taking the time and energy to develop yourself as a digital analyst through resources such as this important book.

By subscribing to the philosophy of Michelangelo, »I'm still learning – I'm always learning«, you will work your way to success.

Another way to move your success is to join an association of your peers. Joining the Digital Analytics Association is a smart move. It demonstrates that you are invested in your career and your future. DAA, as a nonprofit, is committed to making sure you have the tools and the network to succeed and grow in your career. Using any of the multitude of DAA member resources (Self-Assessment, Mentoring Program, Online Education) or meeting your peers at an event, or becoming certifie ... all help to advance you in your career and make sure you are poised for the future.

I hope you will consider joining the 5,000 global members of DAA!

Marilee Yorchak, CAE
Executive Director
Digital Analytics Association
www.digitalanalyticsassociation.org

Geleitwort der Fachgutachter

Jeder, der ein Ziel erreichen möchte, muss irgendwann den ersten Schritt tun; auch Du!

Doch, wie es oft so ist, fehlt die Orientierung: In welche Richtung soll dieser erste, so wichtige Schritt gehen? Welche Stolperfallen erwarten mich auf diesem Weg? Es ist jammerschade, dass einige erst gar nicht losgehen, weil ihnen diese Orientierung fehlt. Was sie verpassen, ist eine sehr faszinierende, spannende und lebendige Branche voller Menschen, die etwas bewirken wollen und die immer größer wird.

Die meisten Buchautoren, die etwas zum Thema Webanalyse geschrieben haben, beschränken sich auf die vielen Tools, die es auf diesem Gebiet gibt, und wie sie – technisch – zu nutzen sind. Zweifellos ist das wichtig, aber Tools allein sind wenig wert, wenn die Menschen nicht wissen, was sie mit ihnen anstellen sollen.

Der von mir sehr geschätzte Webanalyse-Mitstreiter Tom Alby geht mit seinem tollen Buch einen anderen Weg – einen Weg, den ich wunderbar finde, weil ich aus voller Überzeugung auf dem gleichen Weg unterwegs bin: Tom erklärt, was Webanalyse überhaupt ist, wofür Du sie brauchst, wie Du die vielen verfügbaren Tools für den eigentlichen Zweck der Webanalyse nutzen kannst, wie Du an Erkenntnisse gelangst und welche Stolperfallen es dabei gibt.

Also kurzum: Er erklärt Dir die Webanalyse (beinahe) ohne Tools – und das ist nur konsequent, denn wie er selbst immer gerne zu sagen pflegt: »A fool with a tool is still a fool.« Auch aus meiner Erfahrung heraus liegt darin viel Wahres. Doch wer verstanden hat, worum es in der Webanalyse *wirklich* geht, wird problemfrei dazu in der Lage sein, ein dazu passendes Tool zu finden.

Dass sich Tom Alby dafür im deutschsprachigen Raum mit diesem Buch zeigt, ist für mich die logische Konsequenz aus seinem sonstigen Tun. Er will mit seinem Wissen dafür sorgen, dass sich die Webanalyse-Community entwickelt. Und seine zahlreichen Engagements, ganz gleich ob es sich dabei um seine unaufgeregten Vorträge, um weitere Bücher, um seine Lehraufträge oder auch um seine freundliche Hilfe gegenüber Kollegen sowie um sein engagiertes Vorgehen gegen die vielen Irrglauben dort draußen handelt (wenn er im Netz mal wieder mit anderen fachlich diskutiert), zeigen das permanent – und nicht nur, weil er unglaublich klug, sondern auch oft mit einem leichten Lächeln auf den Lippen agiert, ist es auch für mich immer wieder inspirierend, ihm zuzuhören.

Machen wir uns nichts vor: Dieses Buch ist nur der erste Schritt hin zum Super-Webanalysten, aber dieser Schritt ist eben oftmals der wichtigste. Denn was hilft es, loszurennen, wenn die Richtung falsch ist?

Also, vielen Dank, Tom, für diese tolle Bereicherung und die vielen neuen Webanalysten, die es uns bescheren wird! Und Dir, lieber Leser, viel Erfolg auf Deinem Weg zum Webanalysten; die Online-Marketing-Welt braucht Dich!

Maik Bruns

Der Markt für Bücher zur Webanalyse ist leider sehr überschaubar. Deshalb hat es mich sehr gefreut, als ich hörte, dass der sehr geschätzte Tom Alby an einem Buch für Einsteiger in der Webanalyse arbeitet. Dieses Buch soll dem Einsteiger helfen, die verschiedenen Bereiche und Herausforderungen in der Webanalyse zu meistern. Dabei geht Tom Alby auf viele Bereiche und Punkte ein, die im Alltag jedes Webanalysten immer wieder auftauchen. Man merkt dem Buch an, dass Tom die Theorie aufgesogen hat und sie in der Praxis ständig anwendet. Das Buch ist extrem praxisrelevant und lebendig geschrieben. Während ich das Buch gelesen habe, konnte ich mir lebhaft vorstellen, wie Tom seinen Studenten an der Hochschule den Stoff mit Begeisterung vermittelt.

Ich wünsche Ihnen viel Spaß beim Lesen!

Michael Janssen

Einleitung

»A fool with a tool is still a fool.« (Unbekannt)

Wer jemals vor einem Webanalyse-System oder einem Analysebericht saß und nicht wusste, womit oder was man damit anfängt, für den ist dieses Buch gedacht. Denn dies ist kein weiteres Buch über die Funktionalitäten eines Webanalyse-Systems, sondern ein Buch darüber, wie eine professionelle Analyse vom Anfang bis zum Ende abläuft, unabhängig davon, welches System verwendet wird oder ob man Informatik studiert hat oder nicht.

In meiner Arbeit seit Mitte der 90er Jahre habe ich gelernt, dass sich die Systeme ständig verändern, die grundlegenden Denkansätze und Herangehensweisen aber nicht. Leider kommen diese Grundlagen aber in den meisten Büchern entweder zu kurz oder tauchen gar nicht erst auf. Das ist ungefähr so, als wolle man Segeln lernen, einem aber nur das Schiff erklärt würde und nicht wie man navigiert oder unbeschadet durch einen Sturm gelangt. Es wird einfach vorausgesetzt, dass man schon segeln kann oder dass das Erklären des Schiffes ausreichend ist.

Das beste Analysewerkzeug sitzt zwischen den Ohren, wie der Datenexperte Martin Szugat zu sagen pflegt. Ich mag auch den Spruch oben in der Einleitung, denn er sagt ungefähr das Gleiche aus: Es nützt nichts, alles über ein Tool zu erlernen, wenn man die grundlegenden Herangehensweisen nicht verstanden hat. Natürlich ist es gut, so viel wie möglich über ein Segelschiff zu wissen, bevor man damit in See sticht. Aber gerade weil ich, im übertragenen Sinne, schon zu viele Kapitäne auf teuren Yachten gesehen habe, die nur im Hafen lagen oder irgendwo herumgeirrt sind, lege ich in meinen Kursen viel Wert darauf, sozusagen die Grundlagen der Seefahrt nahezubringen.

Nach mehreren Semestern an der Hochschule für Angewandte Wissenschaften zu Hamburg, in denen mich Studierende nach Literatur zu meinem Kurs gefragt hatten, schreibe ich das Buch nun selbst, das ich den damaligen Studenten gerne empfohlen hätte. Jeder der 30 Ansätze entspricht einem Kapitel, die auf 5 Teile verteilt sind. Diese 5 Teile entsprechen den Abschnitten meines Kurses, plus einem Bonusteil:

► **Ziele definieren**
  Was ist das Problem, das gelöst werden soll? Was soll erreicht werden?

► **Datenakquise**
  Wie und wo werden die Daten gesammelt, die zum Messen der Zielerreichung notwendig sind?

- **Analyse**

  Wie analysiere ich die Daten?

- **Testen**

  Wie kann die Validität einer Schlussfolgerung getestet werden?

- **Reporting und Anwendungen**

  Wie werden Ergebnisse effektiv und effizient kommuniziert?

  Welche Anwendungen können sich aus der Webanalyse ergeben?

- **Bonus**

  Problemlösungen

Diese Reihenfolge ist nicht zufällig gewählt, sondern der ideale Ablauf in der Web- und Datenanalyse. In der Realität ist dies ein iteratives Modell, da sich vor allem das Analysieren und Testen gegenseitig beeinflussen. In seltenen Fällen kann zum Beispiel aber auch erst nach einer Analyse oder einem Test festgestellt werden, dass das eigentlich zu lösende Problem ein ganz anderes ist. Analyse und Reporting sind außerdem nicht nur ein Projektbestandteil, sondern auch Teil des operativen Geschäfts.

Im Folgenden finden Sie einige Hinweise zu Begriffen und Hervorhebungen:

- Nutze ich den Begriff *Website*, meine ich die Gesamtheit aller Seiten einer Webpräsenz, also zum Beispiel alle Seiten unter *https://www.zeit.de*.

- Nutze ich hingegen den Begriff *Webseite*, meine ich eine einzelne Seite, zum Beispiel *https://www.zeit.de/index.html*. Das kleine »e« macht den Unterschied.

- Begriffe, die nicht vorausgesetzt werden können, sind *kursiv* gesetzt und werden im Glossar erläutert. Ich nutze weitestgehend die Begrifflichkeiten der Digital Analytics Association, DAA (unter anderem aus *Web Analytics Definitions 2007*[1], wobei ein Großteil dieser Begriffe schon etwas betagt ist und hier durch aktuelle Begriffe ersetzt wurde).

- Häufig schreibe ich von *Webanalyse*, gemeint ist damit aber oft allgemein die Analyse von Daten, die durch das Tracking von Nutzerverhalten in Apps entsteht.

- Die Webanalyse ist stark von englischen Begriffen geprägt; ich versuche, wo es nicht zu erzwungen klingt, den deutschen Begriff zu verwenden.

Dieses Buch kann nur der Anfang der Beschäftigung mit dem Thema Webanalyse sein. Die einzelnen Unterthemen wie A/B-Tests sind komplex und füllen zum Teil ganze Bücherregale. Dementsprechend kann hier nur ein erster Überblick gegeben werden, der hoffentlich den Wissensdurst anregt.

An dieser Stelle möchte ich auf die Angebote der DAA hinweisen, die größte weltweit tätige Organisation von Digitalanalysten. Neben einer Zertifizierung bietet die DAA

---

1 Detaillierte bibliografische Angaben finden Sie in Anhang B.

Möglichkeiten zum Austausch mit anderen Analysten sowie eine große virtuelle Bibliothek mit Informationen zum Thema Datenanalyse.

Zu danken habe ich den Teilnehmern meiner Seminare und externen Kurse, die immer wieder gute Fragen gestellt und Feedback formuliert haben, aber auch den vielen Kollegen und Mitstreitern, die Impulse gegeben haben.

Für die Durchsicht der Statistik-Kapitel danke ich Daniela Keller, die nicht nur Statistik-Beratung im wissenschaftlichen Bereich anbietet, sondern auch noch die seltene Gabe hat, statistische Inhalte so zu erklären, dass man sich fragt, wie man die Liebe zur Statistik erst so spät entdecken konnte. Ihre Website ist auf jeden Fall einen Besuch wert![2]

Und Dank gebührt natürlich auch Maik Bruns, der sich wochenlang durch das frühe fehlerhafte Manuskript gequält und immer wieder ehrliche kritische und somit wertvolle Kommentare gegeben hat. Maik ist einer der Top-Experten in Deutschland, und neben seinem Podcast[3] hat er eine Gruppe für Digital- und Analysehelden gegründet, in der Experten wie er komplexe Fragestellungen diskutieren.[4]

Und natürlich habe ich meiner Familie, Anke, David, Emilia und Glenn, für die Geduld zu danken, dass sie mich während der Arbeit am Manuskript entbehren musste. Ein Buch zu schreiben ist kein familienfreundlicher Akt.

Ich freue mich über Feedback an *tom@alby.de*. Alle Skripte, Vorlagen und Fehlerberichtigungen sowie zusätzliche Tipps und Tools finden Sie auf der Website zum Buch: *https://tom.alby.de/webanalyse-buch/*

Tom Alby, Hamburg im Mai 2019

---

2 *https://statistik-und-beratung.de/*
3 *https://www.metrika.de/blog/podcast/*
4 *https://www.facebook.com/groups/analysehelden/*

TEIL I
Zieldefinition

Kapitel 1
Ziele der Webanalyse

»Für einen, der nicht weiß, welchen Hafen er ansteuern will,
gibt es keinen günstigen Wind.« (Seneca)

1.1 Was ist Webanalyse?

Die Digital Analytics Association (DAA) definiert Webanalyse wie folgt:

> *Web analytics is the measurement, collection, analysis and reporting of*
> *web data for purposes of understanding and optimizing web usage. (2008)*

Diese Definition ist allerdings schon ein wenig in die Jahre gekommen, denn mittlerweile werden Webanalysten schon häufiger Digitalanalysten genannt, da sie nicht nur Daten aus dem Web analysieren, sondern auch aus Apps und anderen Quellen. Und so hat auch die Web Analytics Association das »Web« aus dem Namen gestrichen und durch »Digital« ersetzt. Eine aktualisierte Definition könnte somit lauten:

> *Digitale Analyse beinhaltet das Messen, Sammeln, Analysieren und Berichten*
> *von digitalen Daten zum Zweck des Verstehens und der Optimierung der Nut-*
> *zung von digitalen Produkten.*

In diesem Buch wird zwar weiterhin der Begriff *Webanalyse* verwendet (da dieser zurzeit noch populärer ist), allerdings sind viele der Prinzipien auch auf das erweiterte Feld der Digitalanalyse anwendbar.

1.2 Ohne Ziele keine Analyse

Das Seneca-Zitat bringt einen wesentlichen Aspekt der Webanalyse auf den Punkt: Webanalyse wird nicht für sich selbst betrieben, sondern um zu messen, ob man auf dem richtigen Weg zum Erreichen eines Ziels ist. Ist das Ziel unbekannt, kann man so viel messen, wie man will – das Ergebnis spielt keine Rolle. Um bei dem Seneca-Zitat zu bleiben: Natürlich kann man messen, wie viele Knoten ein Boot in welche Richtung fährt, aber was macht man mit diesen Daten, wenn man ohnehin nicht weiß, wohin man will?

Eine Website ist natürlich kein Boot. Aber eine Website kann im übertragenen Sinne als eine Art Vehikel verstanden werden, mit dem Ziele verfolgt werden. Sind diese Ziele nicht vorhanden oder schwammig formuliert (»Awareness steigern« oder »wichtiger Baustein der digitalen Strategie«), fehlt ein Referenzpunkt, der für die Einordnung der eigenen Daten notwendig ist. Um im Bild der Seefahrt zu bleiben: Wenn die gegenwärtige Position gemessen 54°03'59.7"N 8°05'24.2"E ist und das Boot mit 10 Knoten den Kurs 090 hält, kann man mit diesen Werten wenig anfangen, wenn wir nicht wissen, wo wir eigentlich hin wollen oder nur eine grobe Richtung angegeben ist (Osten). Beispiel: Der Anteil der wiederkehrenden Nutzer liegt bei 17,5 %. Ist das gut oder schlecht? Darauf kann keine Antwort gegeben werden, wenn die Ziele nicht klar sind. Webanalyse ist kein Ersatz für eine mangelhafte Zielsetzung. Ein Webanalyst ist dafür verantwortlich, dass sinnvolle Ziele definiert werden, idealerweise zu Beginn eines Projekts.[1]

Das klingt zunächst trivial, in der Regel ist es aber kein einfacher Vorgang. Typische (und leider auch authentische) Zielformulierungen aus der Praxis, die *auf keinen Fall* als Vorbild dienen sollten, sind:

▶ Unsere Website soll die Firma repräsentieren.

▶ Ich will Aufträge über die Website bekommen.

▶ Ich will Geld mit Werbung auf meiner Website verdienen.

▶ Die Website dient dem Abverkauf unserer Produkte.

▶ Wir wollen die Awareness für das Produkt steigern.

▶ Ich will mehr Besucher haben als mein Konkurrent.

Keines dieser Ziele ist so konkret, dass es für eine Analyse geeignet wäre. Beispiel »Awareness für ein Produkt«: Wenn eine Person zusätzlich von dem Produkt weiß (zum Beispiel der Webanalyst, der gerade über das Produkt aufgeklärt wird), ist die Awareness bereits um eine Person gesteigert und das Ziel erfüllt, oder? Wenn eine Person nicht reicht, wie viele müssten es denn sein, damit das Ziel erfüllt ist? Spätestens zu diesem Zeitpunkt wird klar, dass vage Ziele nicht zum Vorteil gereichen. Gleichzeitig ist der Ansatz der klaren Zieldefinition zum Teil ungewohnt und kann für Teilnehmer auch bedrohlich wirken oder nervig sein.[2]

Ein Ziel vorab zu definieren, ist nicht nur für Webanalyse-Daten wichtig, sondern zum Beispiel auch für die Analyse von Kampagnen-Daten. Gibt es kein Ziel für eine

---

1 Der Autor hat mehrere Workshops in Firmen geleitet, bei denen sich die Teilnehmer aus derselben Firma nicht einig werden konnten, was das Ziel ihrer Firmenwebsite ist. Zum Teil waren das emotionale Diskussionen, die zum ersten Mal geführt wurden.

2 So wurde einmal in einem Workshop von einem Kunden formuliert, dass man lieber keine Ziele haben möchte, da dann ja die eigene Leistung messbar sei.

Kampagne, kann eine Auswertung dieser Kampagne auch nicht belegen, dass die Kampagne erfolgreich war. Zwar gibt es Erfahrungswerte für manche Kampagnentypen (zum Beispiel Öffnungsraten bei E-Mail-Newslettern), aber diese lassen sich nur bedingt von einer Marke oder Kampagne auf eine andere übertragen.[3]

1.3   Ziele nach dem S.M.A.R.T.-Prinzip

Ziele sollten stets nach dem S.M.A.R.T.-Prinzip definiert werden, ein Akronym für:

▶ S: Spezifisch

▶ M: Messbar

▶ A: Attraktiv

▶ R: Realistisch

▶ T: Terminiert

Beispiele:

▶ Mit einer Content-Website sollen innerhalb eines Jahres 500.000 EUR Umsatz bei maximal 10.000 EUR Kosten im Monat erreicht werden.

▶ Mit einer NGO-Website sollen Spenden generiert werden, um die abnehmende Anzahl von Offline-Spenden zu kompensieren, idealerweise sogar mehr als zu kompensieren. Dies muss innerhalb von 24 Monaten bei einem Budget von 20.000 EUR und gleichbleibender oder steigender Spendenhöhe geschehen.

▶ Mit einer Gaming-Seite sollen innerhalb von 6 Monaten 10.000 EUR pro Monat durch den Verkauf von virtuellen Gegenständen bei maximalen Kosten von insgesamt 2.000 EUR erzielt werden.

Auch wenn Ziele für die Analyse elementar sind, sind sie nicht in Stein gemeißelt. So kann es passieren, dass bereits vor der Zielerreichung bemerkt wird, dass ein Ziel beziehungsweise ein Unterziel nicht unbedingt das bringt, was man sich wünscht. So könnte ein Ziel sein, dass die Anzahl der Bestellungen steigt. Wenn sich aber gleichzeitig die Anzahl der Rücksendungen disproportional erhöht, könnte sich damit herausstellen, dass eine höhere Anzahl von Bestellungen für sich allein gesehen nicht erstrebenswert ist.

---

3 Mehr als einmal hat der Autor in über 20 Jahren in diesem Bereich erlebt, dass in solchen Fällen einfach irgendwelche Daten präsentiert wurden, denn »für irgendwas würden sie schon gut sein«. Schließlich haben die Erfinder des Webanalyse-Systems diese Daten »ab Werk« bereitgestellt und sich sicherlich etwas dabei gedacht.

1.4 Die Gewinnerzielungsabsicht

Alle oben genannten Ziele haben mit Geld zu tun. Fast alle Unternehmen verfolgen mit ihrer Website ein gemeinsames Ziel, nämlich in irgendeiner Weise dazu beizutragen, dass das Unternehmen einen finanziellen Gewinn erzielt.[4] Die Gewinnerzielungsabsicht ist Voraussetzung für einen Gewerbebetrieb. Selbst wenn es um eine reine Informationsseite geht, hat auch diese ein Ziel, das zumindest indirekt auf eine Gewinnerzielung hinausläuft (siehe dazu Abschnitt 1.5, »Business Value Generation: der Antrieb«).

Zurück in das Bild der Schifffahrt: Wenn die Website ein Schiff ist, hat der Webanalyst zu messen, ob und wie das Schiff den Gewinnhafen erreicht – und zwar nicht irgendeinen Gewinnhafen, sondern den Hafen mit dem geplanten Gewinn.

Das bedeutet nicht, dass der Gewinn einer Firma allein von der Website abhängt. Aber bei allem, was die Website leisten soll, muss auf das Verfolgen der Gewinnerzielungsabsicht geachtet werden.

1.5 Business Value Generation: der Antrieb

Da Webanalyse Kosten erzeugt, sowohl das Gehalt des Webanalysten als auch gegebenenfalls für das Webanalyse-Tool, müssen die Erkenntnisse der Webanalyse einen Wert schaffen, der die Kosten dafür übersteigt. Webanalyse muss zur Wertschöpfung beitragen, sodass bei jeder Aufgabe die Gretchenfrage gestellt werden sollte, inwieweit diese Aufgabe der Zielerreichung dient. Auf Neudeutsch wird dies manchmal als *Business Value Generation* bezeichnet. Gerade bei Webanalysten, die viele Aufgaben zu bewältigen haben, hilft diese Gretchenfrage, den Arbeitstag zu priorisieren und sich gegen »Mach-mal-eben-Anfragen« zu wehren. Gleichzeitig sollte der Beitrag zur Wertschöpfung der Antrieb für den Webanalysten sein. Er agiert wie ein Unternehmensberater, der dem Unternehmen hilft, mehr Gewinn zu erwirtschaften.

Ziele sollten stets irgendwie zum obersten Ziel, dem Gewinn, beitragen. Da die meisten Firmen limitierte Ressourcen haben, sollte transparent sein, was eine Initiative kostet und welchen Betrag sie einbringt, um priorisieren zu können. Auch hier kann der Webanalyst helfen, datengetriebene Entscheidungen zu ermöglichen.

Für Start-ups kann es schwierig sein, derart genaue Ziele zu definieren; der Businessplan sollte aber eine Indikation liefern, welche Werte erreicht werden müssen, um Profitabilität und Skalierung zu erreichen.

---

4 NGOs (die aber eventuell auch Geld aus Spenden sammeln), Hobbyprojekte usw. werden hier ausgeklammert.

1.6 Was, wenn es nicht direkt um Geld geht?

Nicht alle Webseitenbereiche zielen direkt auf das Ziel des Gewinns ab, und bei manchen Websites fällt es zunächst schwer, einen monetären Zusammenhang zu sehen. Aber auch hier lassen sich Modelle finden:

▶ Ein Jobbereich soll dafür sorgen, dass Bewerber alle notwendigen Informationen finden, sodass die Personalakquise beschleunigt wird (und somit Headhunter-Kosten oder Auftragsausfälle durch zu geringe Ressourcen verhindert werden).

▶ Die Unternehmensdarstellung soll dafür sorgen, dass ein Nutzer Vertrauen in das Unternehmen bekommt und dazu gestimmt wird, sich bei diesem Unternehmen zu bewerben.[5]

▶ Ein Softwareentwickler betreibt eine Seite mit Open-Source-Software, die er geschrieben hat. Die Popularität der Software steigert seinen Marktwert.[6]

Für diejenigen, die tatsächlich kein Geld mit einer Website verdienen, können andere Ziele in Betracht kommen.

Default Channel Grouping	Acquisition			Behaviour			Conversions Goal 5: YARPP gesehen ▼	
	Users ↓	New Users	Sessions	Bounce Rate	Pages/Session	Avg. Session Duration	YARPP gesehen (Goal 5 Conversion Rate)	YARPP gesehen (Goal 5 Completions)
	1,180 % of Total 100.00% (1,180)	1,123 % of Total 100.45% (1,118)	1,406 % of Total 100.00% (1,406)	13.51% Avg for View: 13.51% (0.00%)	1.23 Avg for View: 1.23 (0.00%)	00:05:28 Avg for View 00:05:28 (0.00%)	52.77% Avg for View: 52.77% (0.00%)	742 % of Total 100.00% (742)
1. Organic Search	1,006 (85.04%)	969 (86.29%)	1,184 (84.21%)	10.14%	1.19	00:05:39	56.50%	669 (90.16%)
2. Direct	141 (11.92%)	128 (11.40%)	177 (12.59%)	35.03%	1.12	00:03:37	31.07%	55 (7.41%)
3. Referral	30 (2.54%)	25 (2.23%)	36 (2.56%)	19.44%	2.89	00:08:02	44.44%	16 (2.16%)
4. (Other)	3 (0.25%)	1 (0.09%)	3 (0.21%)	0.00%	2.00	00:07:31	0.00%	0 (0.00%)
5. Social	3 (0.25%)	0 (0.00%)	6 (0.43%)	16.67%	1.67	00:07:09	33.33%	2 (0.27%)

Abbildung 1.1 Weiches Ziel – die Sichtbarkeit eines Elements am Ende eines Artikels

In Abbildung 1.1 ist eine andere Art von Ziel zu sehen, die auf der Website des Autors verfolgt wird, nämlich die Sichtbarkeit eines Elements am Ende eines Artikels. Natürlich ist das zunächst auch kein Ziel (dazu später mehr in Kapitel 2, »Die Dreifaltigkeit der Datenanalyse«), aber die Idee dahinter ist, dass die Website nur dann ihre Intention erreicht, wenn die Inhalte auch tatsächlich gelesen werden, was hier durch das Erreichen des Endes eines Artikels gemessen wird.

---

5 Hier müsste der Effekt genauer nachgewiesen werden.
6 Allerdings existieren hier auch genügend Beispiele dazu, dass die Software auch ohne solche Hintergedanken geschrieben und zur Verfügung gestellt wird.

1.7 Findet ein gutes Tool nicht selbst heraus, was wichtig ist?

Der große Traum in der Data-Science-Welt ist, dass eine künstliche Intelligenz automatisiert Daten auswerten und Handlungsempfehlungen aussprechen kann. Abbildung 1.2 zeigt ein Beispiel aus Google Analytics, in dem automatisch Analysen durchgeführt wurden.

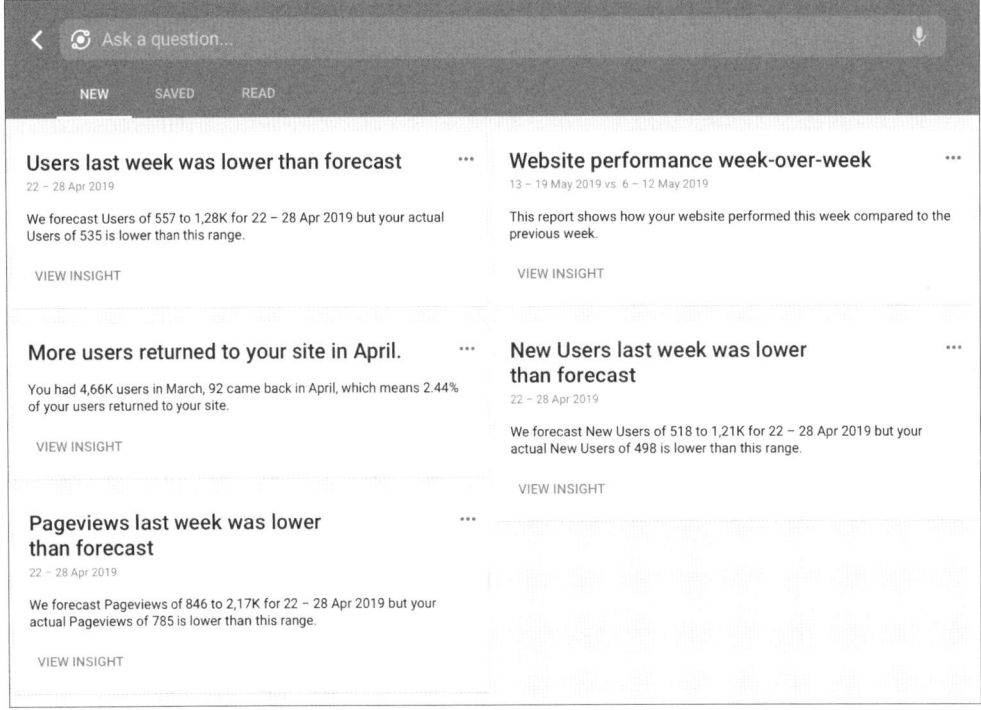

Abbildung 1.2 Automatische Analysen in Google Analytics

Die Relevanz solcher Empfehlungen ist allerdings mitunter fraglich, denn solange das Ziel nicht klar ist, kann auch keine Aussage getroffen werden, ob sich eine Veränderung der Werte tatsächlich auf die Zielerreichung auswirkt. Zwar können auch Ziele in den Webanalyse-Tools definiert werden, aber diese sind nicht als wirkliche Ziele definiert (x EUR Umsatz bis Ende des Jahres), sondern zum Beispiel lediglich die Variable *Umsatz*.

1.8 Vanity Metrics

Neben den gewinnorientierten Zielen hinaus existieren Eitelkeitsziele oder Eitelkeitsmetriken (Vanity Metrics), auf die hier nicht weiter eingegangen wird, da sie nicht messbar sind oder etwas messen, das toll aussieht, aber keinen tieferen Sinn bietet. Ein Beispiel hierzu sind Ziele, wie »die geilste Seite im Wettbewerb zu haben«.[7] Dies ist weder messbar, noch dient es der Gewinnerzielung. Eine weitere Eitelkeitsmetrik ist zum Beispiel die Anzahl der Nutzer oder Seitenaufrufe, da sie nichts über den Wert der Nutzer oder der Seitenaufrufe aussagt.

Wichtig zu wissen

▶ Klar definierte Ziele, zum Beispiel nach dem S.M.A.R.T.-Prinzip, sind die Grundlage der Webanalyse. Ohne Ziel ist jede Zahl irrelevant.

▶ In den meisten Fällen haben die Ziele mit dem Umsatz beziehungsweise Gewinn eines Unternehmens zu tun. Jedes Unterziel und jede Messung muss auf dieses Hauptziel ausgerichtet sein

---

7 Auch das wurde dem Autor bei einem Website-Projekt schon als Ziel genannt.

Kapitel 2
Die Dreifaltigkeit der Datenanalyse

Daten sollten nur dann gesammelt werden, wenn sie in Bezug zu einem Ziel stehen und aus ihnen handlungsrelevante KPIs definiert werden können. »Daten, Information und Aktion«, das ist das Mantra des Webanalysten.

2.1 Ziele, KPIs und Metriken

Nachdem sinnvolle Ziele definiert worden sind, geht es im nächsten Schritt darum, die Leistungskennzahlen zu identifizieren, die dazu geeignet sind, den Fortschritt auf dem Weg zur Zielerreichung darzustellen. Leistungskennzahlen, viel häufiger *Key Performance Indicators* (KPIs) genannt, sind keine Ziele und auch keine Metriken, selbst wenn diese Begriffe häufig synonym verwendet werden.

Grundsätzlich können die Unterschiede wie folgt definiert werden:

▶ Es wird auf ein *Ziel* hingearbeitet.

▶ Die *Leistungskennzahlen/KPIs* zeigen, wie der Stand auf dem Weg zur Zielerreichung ist: Wird das Ziel erreicht, wenn alles so weiter läuft wie bisher?

Eine *Metrik* ist ein Messsystem. Zum Teil werden Metriken mit KPIs verwechselt: Ganze Bücher erwähnen nur Metriken, aber keine Leistungskennzahlen. KPIs bestehen immer aus Metriken, Metriken sind aber nicht immer KPIs.

Dies soll an einem Beispiel verdeutlicht werden: Ein Segler möchte von Hamburg nach Helgoland segeln, um dort ein Fischbrötchen zu essen.[1] Er weiß, dass die Fischbrötchenbuden auf Helgoland nur bis 16 Uhr geöffnet haben. Sein Ziel ist S.M.A.R.T., denn es ist spezifisch (Fischbrötchen auf Helgoland), messbar (Fischbrötchen im Magen), attraktiv (schmackhaft), realistisch (man kann von Hamburg nach Helgoland segeln) und terminiert (bis 16 Uhr angelegt und Fischbrötchen gekauft haben). Auf See wird sich der Segler immer wieder KPIs ansehen, um zu überprüfen, ob er auf dem richtigen Kurs ist, um sein Ziel zu erreichen, oder ob er korrigierende Maßnahmen einleiten muss. Die Geschwindigkeit ist ein KPI, der in der Metrik Knoten gemessen wird. Weitere KPIs sind Wind, Zeit bis zum Ziel usw.

---

1 Das ist natürlich kompletter Unsinn, denn die besten Fischbrötchen gibt es bei Nuggi in Oevelgönne in Hamburg.

Ein Beispiel für diese Dreifaltigkeit ist in Tabelle 2.1 zu sehen. Dieser (stark vereinfachte) Measurement-Plan geht vom obersten Ziel aus und bricht dieses auf Unterziele, in diesem Beispiel auf Marketing-Ziele, herunter, die der Zielerreichung dienen. Natürlich können auch weitere Unterziele definiert werden. Für dieses Beispiel wurde das AIDA-Modell[2] verwendet; natürlich kann aber auch jedes andere Modell genutzt werden.

Oberstes Ziel	1.000.000 EUR Umsatz im 1. Jahr			
Marketing-Modell	*Attention*	*Interest*	*Desire*	*Action*
Marketing-Ziele	500.000 neue Besucher	30 % nutzen die Detailansicht eines Produkts	10 % legen etwas in den Warenkorb	2 % CVR bei 100 EUR Warenkorb
KPI	New Users	Product Detail Views	Add to Basket Rate	CVR/Average Basket Size

Tabelle 2.1 Ein einfacher Measurement-Plan

Das AIDA-Modell hat den Vorteil, dass es dem häufig verwendeten Bild eines sogenannten *Funnels*, eher selten auch Trichter genannt, entspricht. Bei der Metapher eines Trichters geht es darum, dass oben viele Nutzer »hineingekippt« werden, davon aber bei jedem Schritt auf dem Weg zur Conversion einige verloren gehen. So wird nicht bei jedem, der auf ein neues Produkt aufmerksam gemacht wird, sofort Interesse geweckt, und nicht jeder, der Interesse hat, spürt auch ein Verlangen, das Produkt zu kaufen. Auch wenn das AIDA-Modell und die Metapher des Funnels stark verbreitet sind, bewegen sich Nutzer nicht unbedingt nach diesem Modell.

Aus diesem Beispiel wird auch deutlich, dass die KPIs ohne Bezug zu einem Ziel komplett wertlos sind. Gäbe es das Ziel des Eine-Million-Umsatzes nicht, wären eigentlich alle KPIs egal, und man könnte auch andere verwenden. Die Definition von Zielen und KPIs ist für viele Teilnehmer in Seminaren, aber auch für Anwender in Unternehmen anstrengend und schwierig. Auch unterscheiden sich Unternehmen trotz ähnlicher oder gleicher Businessmodelle meist zu stark voneinander, als dass Standardziele oder -KPIs empfohlen werden könnten. Es ist empfehlenswert, so wenig KPIs wie nötig zu definieren; viele KPIs sind kein Garant dafür, dass dadurch auch etwas zum Positiven verbessert werden kann.

---

2 AIDA ist ein Werbewirkungsmodell, dessen Akronym für Attention (Aufmerksamkeit), Interest (Interesse), Desire (Verlangen) und Action (Handlung) steht. Angeblich stammt es aus dem 19. Jahrhundert.

Zu guter Letzt ist zu erwähnen, dass zwischen Vorlauf- und Nachlaufindikatoren unterschieden wird: Ein Vorlaufindikator (zum Beispiel Registrierungen für ein zu einem späteren Zeitpunkt zu veröffentlichendes Produkt) kann Aufschluss darüber geben, wie groß das Interesse an dem echten Produkt später sein wird. Ein Nachlaufindikator enthält die zuvor entstandenen Daten. Ein Beispiel hierzu ist der Net Promoter Score, mit dem die Kundenzufriedenheit gemessen wird.

2.2   Von Daten zur Aktion

Die Begriffe *Daten* und *Information* werden nicht selten synonym verwendet, aber es gibt einen wichtigen Unterschied: Aus Daten werden Informationen gewonnen; ein Datenwert allein ist wertlos. Der Wert 1,5 % ist ein Datenpunkt, aber nur wenn dieser Datenpunkt in Bezug zu einem anderen Datenpunkt gesetzt wird, kann auch eine Information daraus gezogen werden, zum Bespiel wenn diese 1,5 % die Conversion Rate darstellen, die sich im Vergleich zu den Vormonaten verbessert hat. Daten sind das Rohmaterial, aus denen Informationen gewonnen werden. Der Bezug zu anderen Zahlen ist eine der wichtigsten Aufgaben eines Analysten, denn nur so wird aus einer abstrakten Zahl eine Information.

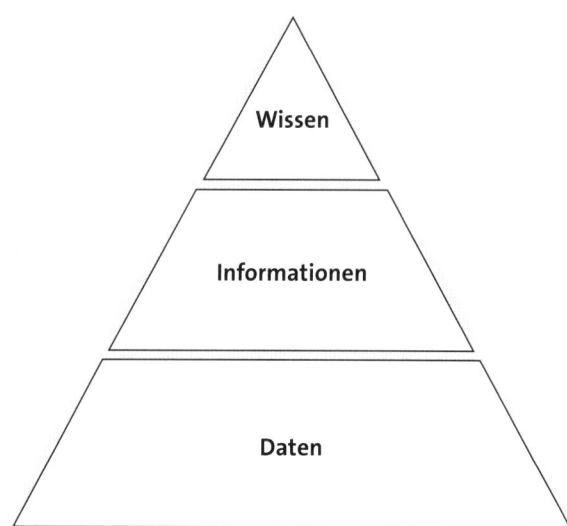

Abbildung 2.1 Die Wissenspyramide

Die Wissenspyramide (siehe Abbildung 2.1) sieht Daten und Informationen als Basis dafür, dass Wissen generiert werden kann. So wie aus der Verbindung von verschiedenen Daten Informationen entstehen, können aus der Verbindung von verschiedenen Informationen Wissen und aus dem Wissen Weisheit erzeugt werden. Diese DIKW3-Pyramide, deren Herkunft unbekannt ist, ist ein weithin bekanntes Modell der Beziehungen zwischen Daten, Informationen, Wissen und Weisheit. Der letzte Punkt, Weisheit, wird, wie in der Grafik, manchmal auch weggelassen.

Es ist vielleicht interessant, etwas zu wissen, aber wenn sich dadurch das Verhalten nicht ändert (beziehungsweise eine bewusste Entscheidung getroffen wird, das gegenwärtige Verhalten beizubehalten), dann wird die Information nicht benötigt. Oder, wie Maik Bruns es formuliert: »Ändert sich ein KPI, sollte sich das Verhalten des Unternehmens/des Analysten beziehungsweise des Optimierers ändern, sonst ist es kein KPI.« Viele Berichte und Dashboards enthalten nur Informationen, die sich zur Kenntnisnahme eignen, aber aus denen keine Aktion abgeleitet werden kann. Genau dadurch entsteht das Gefühl, vor einer Zahlenwüste zu sitzen und nicht zu wissen, was man nun damit anfangen soll. Auch hier empfiehlt sich ein gesundes Misstrauen, ob die Daten und Informationen tatsächlich notwendig sind. Denn nur weil sie gesammelt wurden, heißt es noch nicht, dass sie auch sinnvoll sind. Wenn ein gut definiertes Ziel existiert, müssen alle akquirierten Daten und die daraus entstehenden Informationen die Antwort auf nur eine Frage liefern: Welche Aktion kann ich ableiten, um das gesteckte Ziel zu erreichen?

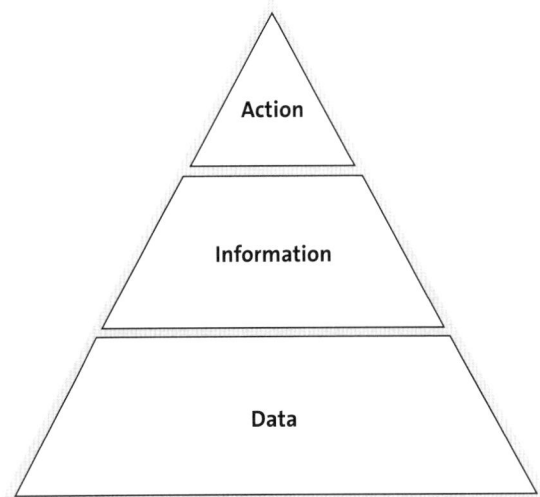

Abbildung 2.2 Analysepyramide

Für die Datenanalyse wird eine modifizierte Version der Pyramide genutzt, an deren Spitze *Aktion* anstatt Wissen steht (siehe Abbildung 2.2). Daten – Information – Aktion: Das ist das Mantra der Datenanalyse, siehe hierzu auch Alby 2016a. *Handlungsrelevanz* ist das Stichwort oder, auch häufig bei Google verwendet, *Actionable Insights*.

Um zum Beispiel des Seglers nach Helgoland zurückzukehren: Die Bordelektronik wird ihm weitere Daten liefern, vielleicht sogar die Wassertemperatur. Doch welche Aktion kann er daraus ableiten, die ihm dabei hilft, sein Ziel zu erreichen (Fischbrötchen auf Helgoland)? Wenn er diesen Datenpunkt nicht benötigt, warum sollte er ihn dann überhaupt anschauen?

Die größte Herausforderung besteht darin, dass häufig viele Datenpunkte zur Verfügung stehen, von denen ausgegangen wird, dass sie irgendwie wichtig sind (denn »sonst würde das Tool sie ja nicht anzeigen«). Es kann jedoch nicht davon ausgegangen werden, dass ein von einem Analyse-Tool ab Werk bereitgestellter Wert tatsächlich ein sinnvoller Wert ist, egal wie viele schlaue Menschen bei Google oder Adobe arbeiten.

Peterson erwähnt in seinem Buch das folgende Zitat (Peterson 2004):

> [...] you cannot change what you do not measure and you should not measure what you will not change.

Die wichtigste Frage lautet also: »Welche Aktion kann ich aus diesen Daten und Informationen ableiten?« Wenn keine Aktion aus einer Information abgeleitet werden kann, werden die Daten und die Information nicht benötigt. Das Ignorieren von Daten und Informationen kann im ersten Moment befremdlich wirken – schließlich werden Daten allgemein als wichtig erachtet. Werden hingegen alle unwichtigen Informationen ausgeblendet, wird häufig auch deutlich, dass wichtige Daten fehlen, die bis dato gar nicht akquiriert worden sind. Variationen dieser Frage sind zum Beispiel »So what?« von Avinash Kaushik oder »Warum (willst Du diese Daten haben)?«

Manche Ansätze gehen sogar so weit, dass nur von einer »One Metric that Matters« gesprochen wird: Es darf nur eine Metrik geben, die alles aussagt (mal ganz abgesehen davon, dass hier Metrik und KPI verwechselt wurden, siehe Croll und Yoskovitz 2013). Dieser Ansatz ist nicht in allen Fällen zielführend, denn KPIs kommen häufig in Paaren, zum Beispiel:

▶ Conversion Rate versus Return Rate

▶ Benutzer versus CTR

Es ist zwar schön, viele Käufer zu finden, aber wenn gleichzeitig die Retourenquote hoch ist, ist dies unter Umständen nicht zielführend. In dem Beispiele lassen sich auch unterschiedliche Zusammenhänge erkennen: Existiert bei Conversion Rate und Return Rate eventuell eine Ursache-Wirkung-Beziehung (die Conversion Rate wird durch günstige Artikel erhöht, bringt aber eine erhöhte Anzahl an Rücksendungen wegen schlechter Qualität mit sich), bedeutet dies, dass Einfluss auf die Zukunft genommen werden kann, denn schließlich ist dadurch klar, welche Stellschrauben gedreht werden müssen, um die Zukunft zu ändern.

Unterschiedlichen Zielgruppen können unterschiedliche KPIs wichtig sein; so interessieren sich UX-Designer weniger für die harten Umsätze, sondern vielmehr für bestimmte Verhaltensweisen, die Umsatzziele gefährden (siehe hierzu vor allem Beasley 2013).

Wichtig zu wissen

▶ Die Zielerreichung kann mit KPIs überprüft werden. KPIs verwenden dafür Metriken.

▶ Das oberste Ziel des Analysten ist es, Werte zu schaffen, indem aus Daten Informationen werden und aus Informationen Aktionen.

TEIL II
Datenakquise

Kapitel 3
Wie funktioniert Tracking?

Das Verständnis davon, wie Tracking technisch genau funktioniert, ist elementar für die Verifizierung der Korrektheit der Daten.

3.1 Tool einbinden und fertig?

Einer Analyse geht immer Folgendes voraus:

▶ die Erhebung der Daten, sofern diese noch nicht existieren

▶ ein Verständnis darüber, wie existierende Daten akquiriert wurden

In beiden Fällen ist es wichtig zu beachten, dass die Standardinstallation eines Tracking-Tools nicht gewährleistet, dass alle für spätere Analysen benötigten Daten automatisch erhoben werden. Es ist ein weit verbreiteter Irrglaube, dass ein Tool alle relevanten Daten bereits »ab Werk« so misst, wie dies für eine handlungsrelevante und zielorientierte Analyse notwendig wäre. Die in Kapitel 1 definierten Ziele und KPIs erfordern in der Regel, dass das Tracking angepasst wird, um zusätzliche Datenpunkte erheben zu können.

Bei einem existierenden Datensatz ist es ein wichtiger Schritt, genau zu verstehen, wie die Daten für die Analyse akquiriert wurden. Das kann sich je nach Implementierung, aber auch nach System unterscheiden. Ohne dieses Verständnis kommt es zu Fehlinterpretationen der Daten, zum Beispiel was die Verweildauer betrifft (siehe Kapitel 14, »Interaktionen anstatt Verweildauer«).

Ein Irrglaube ist auch, dass man doch einfach alles tracken könnte, sodass man sich zu einem späteren Zeitpunkt entscheidet, was man wirklich benötigt. Dies ist keine realistische Lösung, denn zum einen wäre es kostspielig (siehe Kapitel 5, »Hits, Seitenaufrufe und Sitzungen«), zum andern könnte es die Nutzererfahrung massiv verschlechtern, da ständig Tracking-Requests vom Browser an den Tracking-Server geschickt werden müssten.

Das bedeutet nicht, dass man immer darauf warten kann, dass alle Daten vollständig sind. Im Gegenteil: Es werden immer Datenpunkte fehlen, und es ergibt keinen Sinn darauf zu warten, dass alle Datenpunkte gesammelt werden können, um mit einer Analyse zu beginnen. Allerdings sollten die gesammelten Daten korrekt erhoben worden sein.

3.2   Warum Technik verstehen?

Die Technik des Trackings zu verstehen ist wichtig, da ohne Verständnis dafür, wie Daten gesammelt werden, auch nicht überprüft werden kann, ob die Daten korrekt erhoben worden sind. Die Sauberkeit und das Verständnis von Daten ist ein immenses Problem, insbesondere heute, da Webseiten nicht mehr nur aus reinem HTML bestehen. Für einen Prozess zum Erreichen von Datenqualität siehe zum Beispiel Kaushik 2009. Im Data Science-Bereich geht man davon aus, dass ca. 80 % der Zeit für das Verstehen und Säubern von Daten benötigt werden.

3.3   Wie sich zwei Maschinen unterhalten

Die Kommunikation zwischen zwei Programmen (und nichts anderes sind ein Webbrowser und ein Webserver) ist im Netz denkbar einfach. Der *Client*, zum Beispiel ein Browser) sagt dem Server, welche Ressource er vom Server haben will, welches Protokoll er spricht (damit ist zum Beispiel HTTP gemeint, dass Hypertext Transfer Protocol) und wer er ist. Der Server antwortet dem Client, ob er das Dokument hat – und wenn ja, liefert er es mit ein paar Zusatzinformationen aus. Diese Kommunikation ist in Abbildung 3.1 zu sehen: Für jede Ressource wird ein Request gestellt und eine Antwort vom Service erhalten (sofern der Server keine Probleme hat).

Menschen bekommen von den Details ansonsten nichts mit, aber manchmal sehen auch wir etwas von der Kommunikation, nämlich wenn etwas schiefläuft. Jeder hat vermutlich schon mal einen 404-Fehler gesehen (»Seite existiert nicht«) oder sogar einen 500-Fehler (»Interner Serverfehler«). Leicht vereinfacht könnte man die HTTP-Statuscodes so interpretieren:

► 20x: Alles ok.

► 30x: Das Dokument ist verschoben.

► 40x: Eigentlich ein Nutzerfehler, weil er das falsche Dokument aufgerufen hat oder nicht über das richtige Passwort verfügt, aber für eine schlechte Verlinkung kann der Nutzer natürlich auch nichts.

► 50x: Irgendetwas hat beim Server nicht funktioniert.

Nicht alle Statuscodes werden von jedem System protokolliert, wie es im nächsten Abschnitt deutlich wird. Es ist daher wichtig zu verstehen, welche Informationen wo zu finden sind.

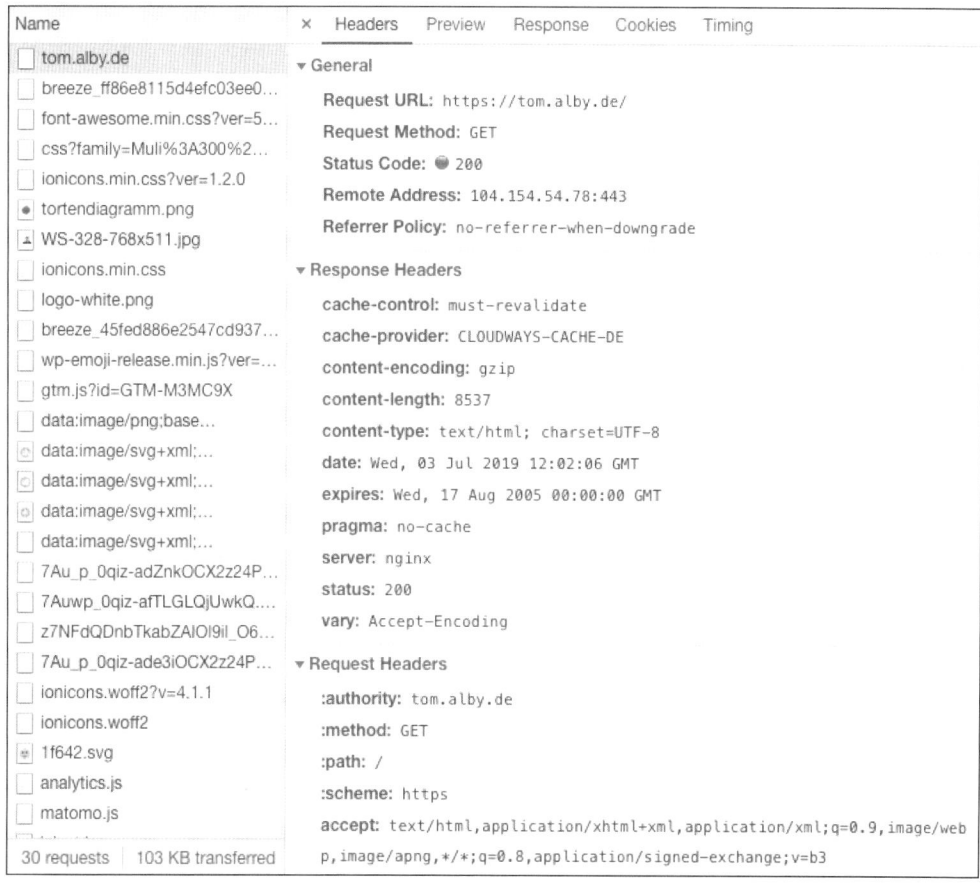

Abbildung 3.1 Abgefragte Ressourcen und ihren HTTP-Status in der Entwickleransicht überprüfen

3.4   Server- und Client-basiertes Tracking

Es existieren zwei verschiedene Arten von Tracking:

- Server-basiertes Tracking, das nur auf dem Server stattfindet,
  der eine Webseite ausgibt.
- Client-basiertes Tracking, also Tracking, das im Browser
  des Nutzers ausgeführt und an einen Server gesendet wird.

Beim Server-basierten Tracking loggt ein Server alle Ressourcenabrufe (Seiten, Bilder,
Skripte) mit, die durch einen Benutzer entstehen. Vor dieser Art des Trackings kann
man sich nicht schützen, auch nicht durch die Installation von Anti-Tracking-Soft-
ware. Wird eine Webseite von einem Server abgerufen, lässt es sich nicht vermeiden,

dass der Server dies mitbekommt, denn schließlich muss er die Seite ja ausliefern (es sei denn, es ist ein Proxy-Server dazwischengeschaltet). Einige dieser Informationen, die der Server in der Logdatei (oder auch Weblog genannt) protokolliert, können allerdings manipuliert werden, zum Beispiel der *User Agent*. Außerdem werden Abfragen von *Bots* mitprotokolliert, zum Beispiel die *Crawler* von Suchmaschinen oder Projekten, die Web Data Mining betreiben. Nicht selten wird die Mehrzahl von Zugriffen auf einen Server von Bots verursacht. Beim Server-basierten Tracking wird in der Regel nicht erkannt, ob ein Nutzer wiederkehrt. Zwar könnte ein Nutzer bei verschiedenen Besuchen dieselbe IP-Adresse haben, aber hinter einer IP-Adresse können sich auch mehrere verschiedene Benutzer verstecken, da bei vielen Internet-Providern täglich die Verbindung getrennt und eine neue IP-Adresse vergeben wird.

Ein Beispiel für eine solche Weblogdatei ist in Abbildung 3.2 zu sehen. Ein Eintrag geht hier über mehr als eine Zeile, beginnend mit der IP-Adresse des Clients, gefolgt von Datum und Zeit, der Zugriffsmethode (zum Beispiel GET), der abgefragten Ressource, dem Protokoll (zum Beispiel HTTP/1.1), dem Statuscode, den gesendeten Bytes und schließlich dem User Agent.

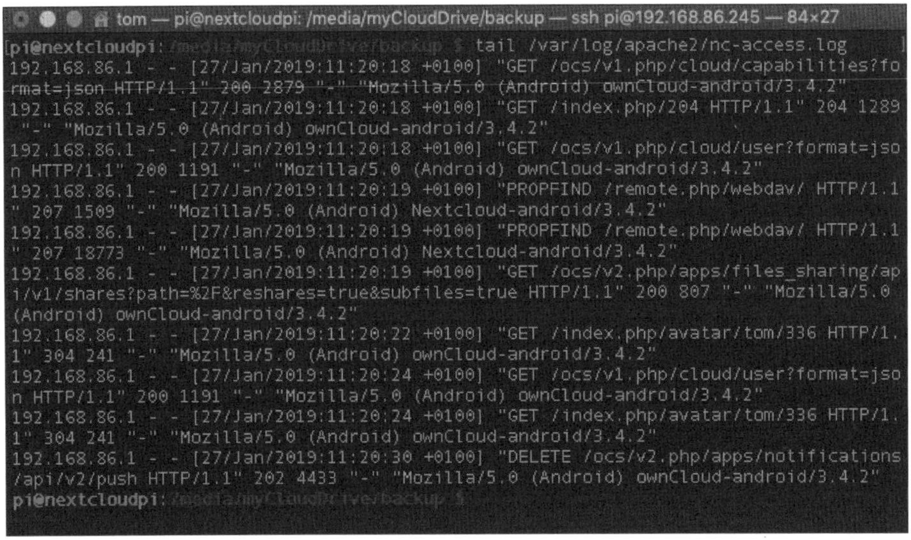

Abbildung 3.2 Beispiel einer access.log-Datei

Eine solche Zeile entspricht also einer Kommunikation zwischen Client und Server für eine Ressource. Wird eine Webseite abgerufen, *rendert* der Browser diese Webseite und stellt dann fest, dass diese Webseite auch ein Bild enthält, sodass dieses Bild auch angefragt wird. Jede Ressource wird einzeln abgefragt.

In den frühen Tagen wurden Analysen auf Basis dieser Logdateien erstellt. Ein Beispiel hierzu ist in Abbildung 3.3 zu sehen. Der Webalizer wertet die Logfiles aus und erstellt daraus Berichte auf Basis von HTML-Seiten. Die Besucher werden hier nicht auf der Basis von Cookies wiedererkannt, sondern allein anhand ihrer IP-Adresse.

Wenn ein Benutzer beim Client-basierten Tracking eine Seite aufruft, enthält diese Seite ein kleines Stück *JavaScript-Code*, der auf der Seite ausgeführt wird und Informationen an den Tracking-Server sendet. Die Seite wird also erst gerendert beziehungsweise vom Browser soweit geladen, dass das Tracking-Skript ausgeführt werden und dann Tracking-Informationen an den Tracking-Server geschickt werden können. Während beim Server-basierten Tracking jede Abfrage in Echtzeit protokolliert wird, geschieht dies beim Client-basierten Tracking erst dann, wenn die Seite auch beim Nutzer angekommen ist (wenngleich sie noch nicht angezeigt worden sein muss). Der Zeitpunkt des Auslösens des JavaScript-Codes ist beim Client-basierten Tracking also immens wichtig. In der Regel wird auch nur das Laden der Seite getrackt, nicht aber das Laden anderer Ressourcen wie von Bildern oder Skripten.

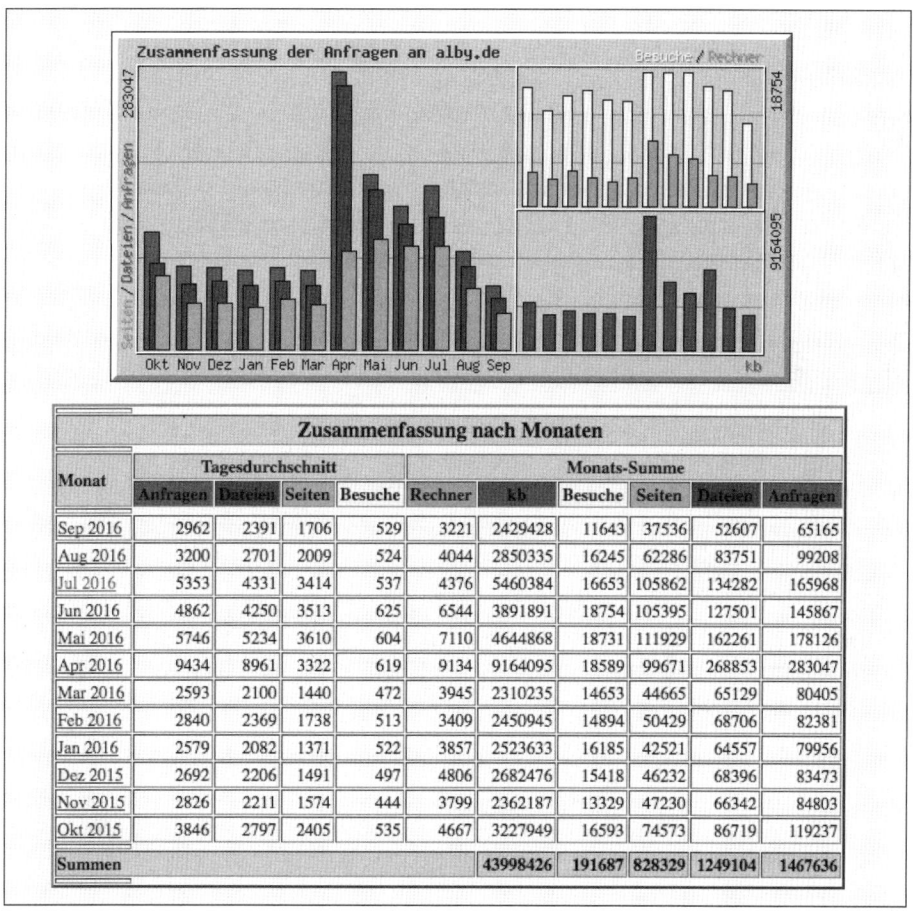

Monat	Tagesdurchschnitt						Monats-Summe			
	Anfragen	Dateien	Seiten	Besuche	Rechner	kb	Besuche	Seiten	Dateien	Anfragen
Sep 2016	2962	2391	1706	529	3221	2429428	11643	37536	52607	65165
Aug 2016	3200	2701	2009	524	4044	2850335	16245	62286	83751	99208
Jul 2016	5353	4331	3414	537	4376	5460384	16653	105862	134282	165968
Jun 2016	4862	4250	3513	625	6544	3891891	18754	105395	127501	145867
Mai 2016	5746	5234	3610	604	7110	4644868	18731	111929	162261	178126
Apr 2016	9434	8961	3322	619	9134	9164095	18589	99671	268853	283047
Mar 2016	2593	2100	1440	472	3945	2310235	14653	44665	65129	80405
Feb 2016	2840	2369	1738	513	3409	2450945	14894	50429	68706	82381
Jan 2016	2579	2082	1371	522	3857	2523633	16185	42521	64557	79956
Dez 2015	2692	2206	1491	497	4806	2682476	15418	46232	68396	83473
Nov 2015	2826	2211	1574	444	3799	2362187	13329	47230	66342	84803
Okt 2015	3846	2797	2405	535	4667	3227949	16593	74573	86719	119237
Summen						43998426	191687	828329	1249104	1467636

Abbildung 3.3 Auswertungen aus Logfiles mittels Webalizer

Das Client-basierte Tracking kann vom Benutzer unterbunden werden, zum Beispiel indem JavaScript deaktiviert wird. Aber auch bei aktiviertem JavaScript können manche Informationen vom Nutzer manipuliert werden, wie zum Beispiel der User Agent. Allerdings können manche Informationen auch überprüft werden. Wiederkehrende Besucher können durch *Cookies* wiedererkannt werden, kleinen Textdateien, die im Browser des Nutzers gespeichert werden. Da manche Bots kein JavaScript beherrschen, gibt es in den Client-basierten Trackings meistens auch weniger Bot Traffic. Die Daten aus beiden Tracking-Ansätzen werden sich daher immer stark unterscheiden.

Der JavaScript-Code, der für das Tracking verwendet wird, wird (Tracking-)*Pixel* oder auch *Tag* genannt. Ein Pixel ist eigentlich die kleinste Einheit auf einem Computerbildschirm, und zu Beginn des Trackings wurden kleine Bilder mit einer Größe von 1×1 Pixel für das Tracking verwendet. Sie wurden auf einer Seite eingebunden; der Aufruf fand aber von dem Tracking-Server statt, der dann in seinen Logdateien die Aufrufe zählen konnte. Heutige Tracking-Pixel nutzen häufig eine Kombination aus beiden Ansätzen, d. h. es wird ein Bild eingebunden, das von einem Server abgerufen wird, und gleichzeitig wird ein JavaScript ausgeführt, das Tracking-Informationen zum Server schickt. Der Vorteil dieses hybriden Ansatzes ist, dass auch dann noch gemessen werden kann, wenn ein Nutzer JavaScript deaktiviert hat. Allerdings bietet das Server-basierte Tracking weniger Möglichkeiten als das Client-basierte Tracking: Mit JavaScript können Programme im Browser ausgeführt werden. So kann zum Beispiel die Mausbewegung verfolgt werden, um dem Nutzer eine Nachricht anzuzeigen, wenn er die Seite beziehungsweise den Browser-Tab schließen will. Das Server-basierte Tracking hingegen kann nur etwas protokollieren, was vom Server abgerufen wird.

Dieser Einschränkung steht aber ein enormer Vorteil des Server-basierten Trackings entgegen: In einer solchen Logdatei werden auch Fehler protokolliert. Wenn eine Seite nicht existiert, also ein 404-Fehler erzeugt wird, kann auf dieser Seite eventuell kein Client-basiertes Tracking-Pixel ausgelöst werden. Mit anderen Worten: Google Analytics & Co. bekommen unter Umständen gar nicht erst mit, wie viele Fehlermeldungen die Nutzer sehen oder ob ein Server gestreikt hat. Auch wenn Server-Logfiles heute antik und umständlich aussehen, sind sie immer noch wertvoll, da nur hier grundlegende Fehler protokolliert werden.

Der Ablauf beider Tracking-Ansätze ist in Abbildung 3.4 visualisiert.

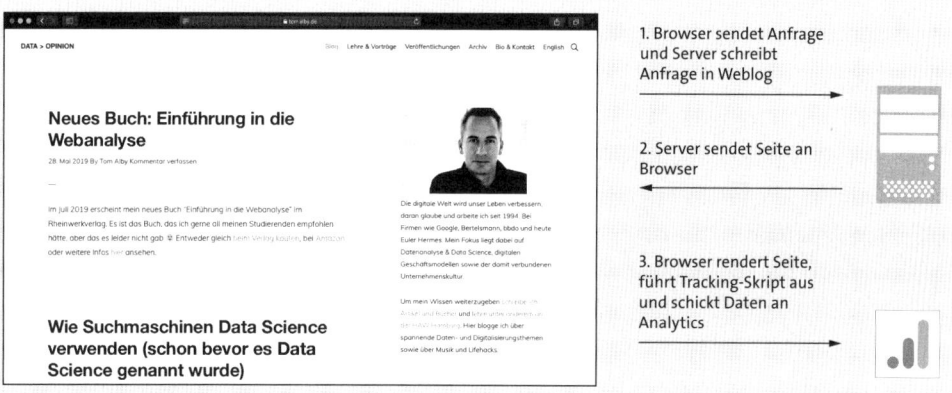

1. Browser sendet Anfrage und Server schreibt Anfrage in Weblog

2. Server sendet Seite an Browser

3. Browser rendert Seite, führt Tracking-Skript aus und schickt Daten an Analytics

Abbildung 3.4 Tracking-Ablauf

3.5 Andere Formen des Trackings

Auch wenn hier stets von Webseiten und Seitenaufrufen die Rede ist, haben ebenso eine App oder ein Kundenterminal am Flughafen, ebenso wie jedes andere Gerät, das irgendwie in das Internet kann, die Möglichkeit, Tracking-Informationen an einen Server zu schicken. Dies hat Google zum Beispiel mit dem Measurement-Protokoll ermöglicht. So kann in einem Offline-Laden getrackt werden, wenn ein Kunde bezahlt, welche Produkte er gekauft hat, wie der Kassierer hieß und wie das Wetter draußen ist.

3.6 Tag-Management-Systeme

In einer Standardinstallation der meisten Analytics-Systeme wird nur dann ein Tracking-Pixel »gefeuert«, wenn eine Seite aufgerufen wird. Wie in Kapitel 1, »Ziele der Webanalyse«, beschrieben, sind Seitenaufrufe in der Regel kein besonders guter Indikator für das Messen von Nutzerinteraktionen. Befindet sich zum Beispiel ein Video auf einer Seite mit dem Ziel, dass dieses Video angesehen wird, sollte das Starten und das Beenden des Videos gemessen werden. Da die Ziele sehr individuell sein können, werden diese Ereignisse nicht von vornherein von den Tracking-Tools mitgemessen (mehr über das Messen von Ereignissen erfahren Sie in Kapitel 8, »Ereignisse und Datenschicht«).

Ein Tag-Management-System vereinfacht die Implementierung und die Konfiguration verschiedener Pixel, da nicht bei jeder Änderung die Website selbst angefasst werden muss. Auf der Website befindet sich dann nur noch der Code für einen *Container*. Änderungen werden über eine grafische Benutzerschnittstelle eingepflegt; so können verschiedene Auslöser, die das Feuern eines Tags steuern, aber auch Variablen definiert werden (siehe Abschnitt 8.3, »Der Ereignisplan«).

Dem Analysten wird somit die Möglichkeit gegeben, unabhängig vom Web Developer oder von Releasezyklen neue Tracking-Module zu implementieren, zu testen und auch zu veröffentlichen. Das Besondere hierbei ist, dass viele Tag-Management-Systeme auch eher technisch ungeübten Nutzern granulare Tracking-Ansätze über den Seitenaufruf hinaus bieten. So muss nicht in JavaScript selbst programmiert werden, um zum Beispiel das Tracking von Video-Start und Video-Ende zu implementieren. Viele Trigger stehen schon mit Bordmitteln zur Verfügung. Allerdings erfordern komplexe Installationen wieder zusätzliche JavaScript-Programmierung.

Eine exzellente Einführung in den Google Tag Manager bietet Janssen 2018.

Wichtig zu wissen

- ▶ Server-seitiges Tracking misst jede Ressourcen-Anfrage auf einem Server. Dieses Tracking kann Client-seitig nicht verhindert werden, ist aber auch nicht so reichhaltig wie Client-seitiges Tracking.
- ▶ Server-seitiges Tracking misst auch den Zugriff von Bots und erfasst auch Fehler, die von Webanalyse-Systemen nicht immer erfasst werden.
- ▶ Tag-Management-Systeme erlauben den Einbau von Tags, ohne dass eine Website selbst angefasst werden müsste.

Kapitel 4

Nutzer- und geräteübergreifendes Tracking

Nutzer können nicht zuverlässig getrackt werden, es sei denn, es existiert ein Login, anhand dessen sich ein Nutzer identifiziert. Dies hat Konsequenzen, auch in Bezug auf das Wechseln von Geräten durch den Benutzer.

4.1 Nutzer sind eigentlich Browser

In den meisten Analytics-Tools wird von Besuchern beziehungsweise Visitors oder Nutzern beziehungsweise Usern gesprochen, tatsächlich ist das aber irreführend. Denn es wird nicht das Verhalten von Personen gemessen, sondern von einem oder mehreren Nutzern in einem einzigen Browser oder von App-Nutzern auf einem Gerät.

Da in der Literatur ebenso wie in den GUIs der Begriff *Nutzer* verwendet wird, wird das auch hier im Buch so gehandhabt. Der Begriff *Besucher* wird in einigen Tools zwar immer noch verwendet, aber die Grenzen zwischen Webseiten und Anwendungen verschwimmen, sodass der Begriff *Nutzer* umfassender ist.

Nutzer werden von den meisten Webanalyse-Systemen durch einen Cookie wiedererkannt.[1] Ein Cookie ist eine kleiner Texteintrag auf dem Computer des Nutzers, in dem eine Website durch den Browser Informationen über den Nutzer mit dem Browser speichert. Eine solche Information kann eine eindeutige ID sein, die die Website für diesen Nutzer vergibt, sodass er bei einem erneuten Besuch wiedererkannt werden kann. Es existieren unterschiedliche Arten von Cookies: Session-Cookies, die nur gespeichert werden, solange sich der Nutzer auf der Website befindet, persistente Cookies die auch über den Besuch hinaus gespeichert bleiben, oder 1st-Party-Cookies, die von einer Website selbst gesetzt werden (im Gegensatz zu 3rd-Party-Cookies, die von anderen Websites gesetzt werden). Die Laufzeit von Cookies, bei denen es sich nicht um Session-Cookies handelt, kann von Entwicklern selbst bestimmt werden;

---

1 Es existieren noch weitere Möglichkeiten: zum Beispiel ein Login oder ein Browser-Fingerprint.

allerdings können Browser diese Einstellungen überschreiben.[2] Das Überprüfen des korrekten Setzens gehört zum Debuggen einer Webanalytics-Installation dazu. Zum Teil ist es auch überraschend, wie viele Cookies von einer Seite gesetzt werden beziehungsweise Services über einen 1st-Party-Mechanismus Cookies platzieren. Abbildung 4.1 zeigt eine Übersicht aller Cookies, die von der Homepage des Autors gesetzt werden.

Ein solcher Cookie gilt nur für einen Browser, sodass derselbe Nutzer ein neuer Nutzer für jedes Webanalyse-System ist, sobald ein anderer Browser genutzt wird oder die Cookies gelöscht werden. Dies ist für viele Neulinge eine etwas unerwartete Erkenntnis: In der Webanalyse werden Browser getrackt, keine Nutzer. Eine Ausnahme bilden Webseiten und Apps, bei denen eine Anmeldung notwendig ist und diese Anmeldeinformationen mit dem Tracking verbunden sind.

Name	Value	Domain	Path	Expires / Max-...	S...	H...	Se...	Sa...
APISID	kLJVkFXQ77L...	.youtub...	/	2021-04-25T1...	40			
CONSENT	YES+DE.en+	.youtub...	/	2038-01-10T0...	17			
HSID	AM-PMqAyFp...	.youtub...	/	2021-04-25T1...	21	✓		
IMGURUIDJAFO	f375d65bb020...	.imgur.c...	/	2020-05-03T1...	76			
JSESSIONID	3b0e70f734a8...	.nr-data...	/	N/A	26		✓	
LOGIN_INFO	AFmmF2swR...	.youtub...	/	2021-03-25T2...	3...	✓		
PREF	f1=50000000&...	.youtub...	/	2021-04-23T2...	21			
SAPISID	EQBZTZtCQF...	.youtub...	/	2021-04-25T1...	41		✓	
SID	WQd0Jw-8o-t...	.youtub...	/	2021-04-25T1...	74			
SIDCC	AN0-TYuUe7...	.youtub...	/	2019-08-02T1...	79			
SSID	AOBn6LMMm...	.youtub...	/	2021-04-25T1...	21	✓	✓	
VISITOR_INFO...	UtftqeQE3qo	.youtub...	/	2019-09-22T2...	29	✓		
YSC	mCyCfqVPz9Y	.youtub...	/	N/A	14	✓		
_fbp	fb.1.15569976...	.imgur.c...	/	2019-08-02T1...	33			
_ga	GA1.2.593436...	.imgur.c...	/	2021-05-03T1...	28			
_ga	GA1.2.175295...	.alby.de	/	2021-05-03T1...	30			
_gat_UA-27622...	1	.alby.de	/	2019-05-04T1...	17			
_gat_UA-66719...	1	.imgur.c...	/	2019-05-04T1...	18			
_gid	GA1.2.897430...	.alby.de	/	2019-05-05T1...	30			
_gid	GA1.2.135272...	.imgur.c...	/	2019-05-05T1...	31			
pll_language	de	tom.alb...	/	2020-05-03T1...	14			

Abbildung 4.1 Cookies, die auf »tom.alby.de« gesetzt werden

Da das Nutzen von mehr als einem Gerät heute nicht selten ist (Handy, Tablet, Laptop usw.), bedeutet der Wechsel des Geräts ebenso eine Herausforderung für die Web-

---

2 Zum Zeitpunkt des Verfassens dieses Buches war Apple gerade mit der Intelligent Tracking Prevention 2.1 (ITP) vorgeprescht, die die Laufzeit von 1st-Party-Cookies auf 7 Tage beschränkt. Mit anderen Worten: Wenn ein Nutzer nach 8 Tagen mit dem Safari-Browser wieder auf eine Seite kommt, ist der Cookie gelöscht, und der Nutzer erscheint als neuer Nutzer.

analyse. Nutzer, die heute mit einem Mobiltelefon kommen, sind am nächsten Tag vielleicht mit dem Laptop auf der Seite und werden als neue Nutzer erfasst. Allein deswegen können solche Daten aus einem Webanalyse-System nur mit sehr viel Vorsicht verwendet werden.

Über den Anteil der Nutzer, die regelmäßig Cookies löschen, existieren unterschiedliche Angaben: Manche Quellen gehen von 28 % aus (siehe vor allem *Viele Internetnutzer gehen bewusst mit Cookies um* o. D.). Leider kann nicht von den Nutzern, die Cookies nicht löschen, auf die Gesamtpopulation aller Nutzer geschlossen werden, da nicht davon ausgegangen werden kann, dass Cookie-Löscher dasselbe Verhalten aufweisen wie Cookie-Nicht-Löscher. Auch die Nutzer, die einen Cookie ablehnen, können ganz andere Nutzer sein als die, die einen Cookie akzeptieren. Wird dem Nutzer die Möglichkeit gegeben, bei seinem ersten Besuch zu entscheiden, ob ein Cookie gesetzt wird oder nicht, sind alle daraufhin gesammelten Daten mit sehr viel Vorsicht zu genießen.[3]

Berichte wie »wiederkehrende Benutzer« usw. sind also immer mit Vorsicht zu genießen. Generell muss beim Tracking davon ausgegangen werden, dass dies niemals genau ist. Tracking bietet eine Annäherung an die Realität, bildet die Realität aber meistens nicht komplett ab. Das ist auf den ersten Blick überraschend, schließlich scheint im digitalen Zeitalter fast alles trackbar zu sein.

4.2 Was sind eindeutige Nutzer?

In manchen Tools sind Reports mit eindeutigen Nutzern oder Unique Usern zu finden; manchmal heißen sie auch nur Nutzer oder User. Damit ist nicht gemeint, dass es den Tools doch gelänge, einen tatsächlichen Nutzer zu identifizieren, sondern lediglich, dass es sich um denselben Cookie handelt und mehrmalige Besuche des Nutzers mit dem Cookie nicht als Besuche mehrerer Nutzer gezählt werden.

In manchen Tools wird stattdessen zwischen Nutzer (eindeutig) und Session differenziert (ein Nutzer kann mehrere Sessions haben). Besucht ein Nutzer eine Website dreimal an einem Tag, werden drei Sessions gezählt, aber nur ein Nutzer.

Diese Unterscheidung kann zu Irritationen führen, wenn Berichte über verschiedene Zeiträume eindeutige Besucher anzeigen. In Abbildung 4.2 sind die (eindeutigen) Nutzer pro Tag aufgelistet. Summiert man die Nutzer aber, kommt man auf 1.261 Nutzer, nicht auf die 1.180 Nutzer, die über der Tabelle stehen.

Der Grund hierfür ist einfach: Ein Nutzer kann die Website sowohl am ersten Tag als auch am dritten Tag besuchen. An jedem dieser Tage ist er ein eindeutiger Nutzer.

---

3 Der Autor geht sogar so weit zu sagen, dass sie komplett unbrauchbar sind.

Über die Woche hinweg wird dieser Nutzer aber nur einmal gezählt, sodass die Summe der eindeutigen Nutzer pro Tag höher ist als die Summe der eindeutigen Nutzer pro Woche.

Date ?	Users ?	↓
	1,180	
	% of Total: 100.00% (1,180)	
1. 20190429	**212** (16.81%)	
2. 20190428	**190** (15.07%)	
3. 20190426	**180** (14.27%)	
4. 20190430	**175** (13.88%)	
5. 20190502	**171** (13.56%)	
6. 20190427	**167** (13.24%)	
7. 20190501	**166** (13.16%)	

Abbildung 4.2 Die Summe der User ist eine andere als die angezeigte Summe

Dieses Beispiel ist kein Einzelfall für Fallstricke in der Analyse; in Kapitel 25, »Die Kunst, das richtige Diagramm zu wählen«, wird ein weiteres Beispiel besprochen, in dem Nutzer sowohl neu als auch wiederkehrend sein können.

4.3   Geräteübergreifendes Tracking

Das Verhalten von Nutzern kann geräteübergreifend (auch Cross-Device genannt) getrackt werden, sobald sich Nutzer bei einer Anwendung einloggen. Zum Beispiel kann eine Fluggesellschaft die Daten eines Nutzers zusammenführen, der sich entweder auf der Webseite, in einer App, an einem Self-Service-Check-in-Automaten am Flughafen, am Schalter oder in der Support-Hotline mit seiner Frequent-Traveler-Karte identifiziert. Diese *ID* kann als Identifikation für den Nutzer über alle Systeme hinweg genutzt werden; sie ersetzt damit die ID, die in einem Cookie gespeichert wird. Ein Beispiel für einen Cross-Device-Bericht finden Sie in Abbildung 4.3.

Dies erleichtert auch die Anbindung an ein CRM. So können weitere Daten für Segmentierungen genutzt werden, wie zum Beispiel, ob Nutzer, die Familienurlaube buchen, sich anders auf der Website verhalten als Nutzer, die Single-Urlaube buchen.[4]

---

4 Wie das datenschutzrechtlich aussieht, steht auf einem anderen Blatt.

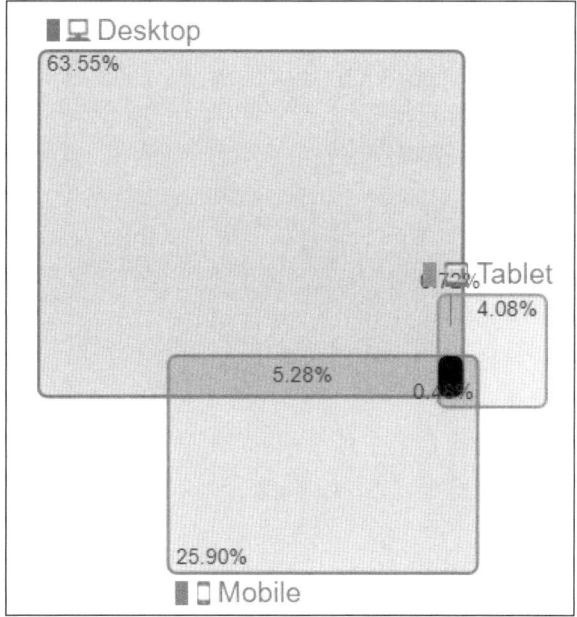

Abbildung 4.3 Cross-Device Tracking in Google Analytics

Nicht jede Website bietet ein Login; auch wenn manche Websites versuchen, Nutzer-inhalte erst nach einem Login zur Verfügung zu stellen, ist die Bereitschaft für eine Registrierung nicht unbedingt gegeben. Dies stellt viele Website-Betreiber vor große Probleme, da sie so Daten haben, deren Interpretation schwierig bis unmöglich ist. Eine genaue *Customer Journey* auf Basis dieser Daten zu erstellen, ist somit unmög-lich, denn der Analyst weiß nie, was er nicht weiß, das heißt ob ein Nutzer nicht viel-leicht doch schon einmal vorher auf einer Seite war, nur vielleicht mit einem anderen Gerät oder sogar mit demselben Browser, nur ohne den Original-Cookie.

Google stellt Cross-Device-Berichte ohne den Umweg eines Logins zur Verfügung, die allerdings nicht auf Nutzerbasis ausgewiesen werden. Es kann lediglich gesehen werden, wie die Überschneidung zwischen Geräteklassen aussieht. Google erläutert nicht im Detail, wie die Cross-Device-Daten zustande kommen.

Wichtig zu wissen

▶ Wenn kein Login existiert, mit dem Nutzer über Browser und Geräte getrackt werden können, wird einfach nur ein Browser getrackt.

▶ Nutzer, die mit verschiedenen Geräten kommen, sind jeweils neue Nutzer.

▶ Werden Cookies gelöscht, wird der Browser als neuer Nutzer erfasst.

▶ Steht ein Login zur Verfügung, kann ein Webanalyse-System einen Nutzer auch über verschiedene Geräte oder Browser tracken.

Kapitel 5
Hits, Seitenaufrufe und Sitzungen

Hits sind die kleinsten Bausteine in der Webanalyse, von denen der Seitenaufruf der populärste ist. Eine Sitzung ist der Rahmen von der ersten bis zur letzten Interaktion eines Nutzers innerhalb einer definierten Zeit.

5.1 Hits

Ein *Hit*, selten Treffer genannt, ist die kleinste Einheit in der Webanalyse. Manche Autoren halten Hits für wenig sinnvoll (siehe zum Beispiel Hassler 2017), und für Hits allein gesehen stimmt das auch. Allerdings ist das Konzept des Hits elementar, da alle Messungen darauf beruhen, auch wenn Hits nicht in einem Report auftauchen sollten (aus gutem Grund). Ohne das Verständnis der Anatomie eines Hits ist eine Webanalyse schwierig; daher wird hier ausführlicher darauf eingegangen.

Wie in Abschnitt 3.4, »Server- und Client-basiertes Tracking«, beschrieben, kann ein Hit dadurch entstehen, dass eine Ressource von einem Server abgerufen oder ein Ereignis ausgelöst wird (siehe Kapitel 8, »Ereignisse und Datenschicht«), oder er entsteht auf dem Tracking-Server, weil eine andere Messung stattgefunden hat und das Ergebnis dieser Messung an den Server geschickt wird. Hits im Client-basierten Tracking werden auch als *Server Call* bezeichnet. Die Anzahl der Hits bestimmt nicht nur die Kosten, sondern auch, welches Tool beziehungsweise ob die kostenlose oder kostenpflichtige Variante für die eigene Website geeignet ist. Hits spielen in der Rohdatenanalyse eine größere Rolle; in der Arbeit mit aggregierten Daten sind sie meistens nicht sichtbar.

Die einfachste Form eines Hits ist die Messung eines Seitenaufrufs (siehe Abschnitt 5.2, »Seitenaufrufe«). Darüber hinaus lassen sich Hits beim Client-basierten Tracking konfigurieren, das heißt, dass der Webanalyst bestimmt, was getrackt werden soll und was nicht. Genau hierzu ist es immens wichtig, dass man sich im Vorfeld Gedanken darüber macht, welche Daten wichtig sind, damit diese dann in der Analyse auch zur Verfügung stehen.

Da die Anzahl der Hits kostenrelevant ist oder auch nicht unbegrenzt Hits abgefeuert werden dürfen (je nach System) wird zum Teil versucht, mehrere Informationen in einen Hit zu packen. So kann zum Beispiel die Information, auf welchen Link ein Nutzer geklickt hat, um in der Seite zu navigieren, erst dann an den Server übertragen werden, wenn die darauffolgende Seite erreicht und ein Seitenaufruf erfolgt ist. Anstatt also einen Hit mit dem Klick auf den Link und dann mit dem Aufruf der Seite zu verursachen, entsteht lediglich ein Hit mit beiden Informationen. Dies erfordert zwar einen größeren Programmieraufwand, aber kann insbesondere bei größeren Websites viel Geld einsparen.

```
                                                                            VM105:1
Sent beacon:
v=1&_v=j73d&aip=1&a=225244659&t=event&ni=0&_s=1&dl=https%3A%2F%2Ftom.alby.de%2Fneue-versus-
wiederkehrende-benutzer-ein-nutzloser-kpi%2F&ul=de-de&de=UTF-
8&dt=Neue%20versus%20wiederkehrende%20Benutzer%3A%20Ein%20nutzloser%20KPI%20-
%20data%20%3E%20opinion&sd=24-
bit&sr=1440x900&vp=1440x900&je=0&ec=Page&ea=Scroll&el=Scroll%20Depth&ev=25&_u=yDCAAEADQ~&jid=1
915686431&gjid=257301039&cid=1752958513.1556997616&tid=UA-276221-
6&_gid=897430895.1556997616&_r=1&gtm=2wg430M3MC9X&cd3=1557072494786&cd4=1557072494787.v8olq09&
cd1=1752958513.1556997616&cd2=event&z=1721288846
```

<unknown>	(&gtm)	2wg430M3MC9X	VM105:1
_j1	(&jid)	1915686431	VM105:1
_j2	(&gjid)	257301039	VM105:1
adSenseId	(&a)	225244659	VM105:1
anonymizeIp	(&aip)	1	VM105:1
apiVersion	(&v)	1	VM105:1
clientId	(&cid)	1752958513.1556997616	VM105:1
dimension1	(&cd1)	1752958513.1556997616	VM105:1
dimension2	(&cd2)	event	VM105:1
dimension3	(&cd3)	1557072494786	VM105:1
dimension4	(&cd4)	1557072494787.v8olq09	VM105:1
encoding	(&de)	UTF-8	VM105:1
eventAction	(&ea)	Scroll	VM105:1
eventCategory	(&ec)	Page	VM105:1
eventLabel	(&el)	Scroll Depth	VM105:1
eventValue	(&ev)	25	VM105:1
hitType	(&t)	event	VM105:1
javaEnabled	(&je)	0	VM105:1
language	(&ul)	de-de	VM105:1
location nutzloser-kpi/	(&dl)	https://tom.alby.de/neue-versus-wiederkehrende-benutzer-ein-	VM105:1
nonInteraction	(&ni)	0	VM105:1
screenColors	(&sd)	24-bit	VM105:1
screenResolution	(&sr)	1440x900	VM105:1
title data > opinion	(&dt)	Neue versus wiederkehrende Benutzer: Ein nutzloser KPI -	VM105:1
trackingId	(&tid)	UA-276221-6	VM105:1
viewportSize	(&vp)	1440x900	VM105:1

Abbildung 5.1 Daten, die von Google Analytics in einem Hit mitgesendet werden

Mit jedem Hit werden alle notwendigen Informationen mitgesendet, also Uhrzeit, User Agent sowie andere Variablen, die den jeweiligen Umfang haben (siehe Abbildung 5.1 und Kapitel 7, »Dimensionen und Messwerte«).

5.2 Seitenaufrufe

Ein Hit kann, wie im vorangehenden Abschnitt 5.1, »Hits«, beschrieben, dadurch entstehen, dass ein Nutzer eine Seite aufruft. Wie in Abschnitt 3.4, »Server- und Clientbasiertes Tracking«, ausgeführt, wird das Tracking-Skript beim Aufrufen der Seite zu einem definierten Zeitpunkt gestartet und sendet dann Informationen an den Tracking-Server, in diesem Fall, dass ein Seitenaufruf stattgefunden hat. Hits können nicht nur durch Seitenaufrufe oder durch nutzerinitiierte Ereignisse entstehen, sondern zum Beispiel auch durch definierte Zeitintervalle (siehe Kapitel 8, »Ereignisse und Datenschicht«).

Standardmäßig werden in den meisten Tools ab Werk nur Seitenaufrufe gemessen. Die Anzahl der Seitenaufrufe ist nur selten ein sinnvoller KPI, ebenso wenig wie die Hits, denn ein Aufruf sagt nichts darüber aus, ob der Inhalt der Seite auch angesehen wurde. Dennoch bilden Seitenaufrufe die nächste Grundeinheit oberhalb der Hits, denn Ereignisse werden häufig pro Seitenaufruf bewertet.

Dabei ist zu beachten, dass der Seitenaufruf zu verschiedenen Zeiten »gefeuert« werden kann, im Google Tag Manager zum Beispiel, sobald dieser Tag Manager geladen ist, wenn das DOM geladen ist[1] oder wenn die Seite komplett geladen und für den Nutzer sichtbar ist. Je nachdem, wie schnell eine Seite lädt, führt dies zu unterschiedlichen Zeitstempeln. Es kann aber auch erklären, warum manche Nutzer anscheinend gar nichts auf der Seite tun, da sie vielleicht einen Seitenaufruf erzeugt, die Seite aber, bevor sie überhaupt im Browser gerendert war, geschlossen hatten.

5.3 Sitzung

Eine Session beginnt, wenn ein Nutzer auf eine Website kommt und damit mindestens eine Seite aufruft. Wurde früher von einem »Besuch« gesprochen, wird heute meistens der Begriff *Session* verwendet, da auch Apps getrackt werden, wo es keine Besuche, aber sehr wohl Sessions gibt.

Abbildung 5.2 zeigt eine Sitzung eines Nutzers mit all den dazugehörenden Hits an. Jeder der folgenden Punkte ist ein Hit:

▶ Der Nutzer beginnt um 21:16 Uhr mit dem Seitenaufruf der Homepage.

▶ Der Nutzer scrollt auf 25 % der Seite herunter.

▶ Der Nutzer startet ein Video.

▶ Der Nutzer hat um 21:17 Uhr 25 % des Videos erreicht.

▶ Der Nutzer pausiert das Video nach insgesamt 27 Sekunden.

---

1 Die Struktur der Seite ist im Browser komplett interpretiert, aber sie wird noch nicht dargestellt.

▸ Der Nutzer startet das nächste Video.

▸ Der Nutzer hat um 21:18 Uhr 25 % des Videos erreicht.

▸ Der Nutzer hat um 21:20 Uhr 50 % des Videos erreicht.

▸ So geht es weiter, bis der Nutzer um 21:35 Uhr die Website verlässt.

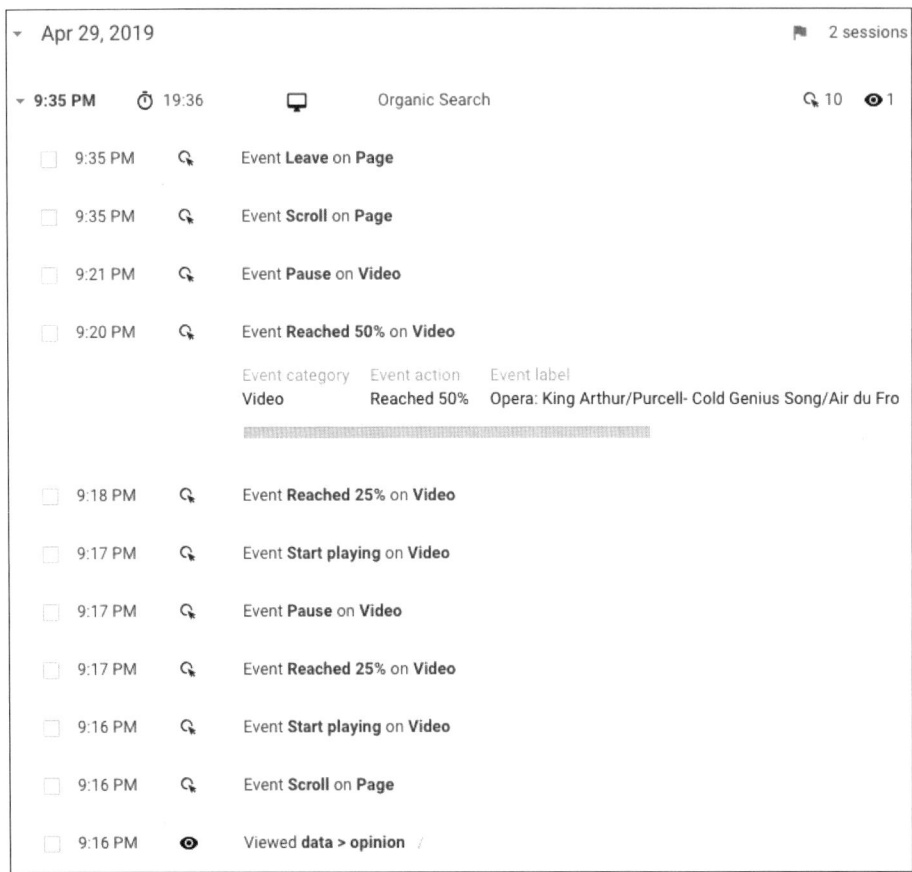

Abbildung 5.2 Eine Sitzung mit einem Seitenaufruf und mehreren Ereignissen in Google
Analytics

In diesem Beispiel wurden Ereignisse konfiguriert, um verschiedene Messungen der
Nutzerinteraktionen durchzuführen; für jede dieser Messungen entsteht ein Hit. Der
Nutzer hat sich nur eine Seite in dieser einen Sitzung angesehen, aber mit der Seite
interagiert und somit mehrere Hits ausgelöst. In einer Standardinstallation wäre nur
der Seitenaufruf gemessen worden; durch leichte Anpassungen sind sämtliche Interaktionen sichtbar. Anstatt eines Hits für den Seitenaufruf wurden 11 Hits ausgelöst.

5.4   Zeitliche Definition einer Sitzung

In den meisten Tools wird eine Sitzung oder Session so definiert, dass sie automatisch nach 30 Minuten Inaktivität des Benutzers als beendet gilt. Dieser Wert ist veränderbar. Der Timeout für die Inaktivität hat nichts mit der Sitzungsdauer selbst zu tun, sondern lediglich damit, ab wann ein erneutes Aufrufen einer Seite in die gleiche Sitzung fällt oder eine neue Sitzung auslöst. Ruft ein Nutzer auf einer Website innerhalb von 20 Minuten mehrere Seiten auf und macht dann eine Pause von 31 Minuten, beginnt bei einem neuen Seitenaufruf eine neue Sitzung, da der Nutzer 30 Minuten inaktiv war.

Das Konzept einer Sitzung soll anhand einer Nachrichtenseite verdeutlicht werden. Ein Benutzer besucht die Nachrichtenseite mehrmals täglich, zum Beispiel immer dann, wenn ihm langweilig ist oder er sich von einer kniffligen Arbeit ablenken will (zum Beispiel ein Buch über Webanalyse zu schreiben). Die Betreiber der Nachrichtenseite interessieren sich unter anderem für Seitenaufrufe, da diese Werbeeinblendungen und damit eine Finanzierung der Website ermöglichen. Eventuell existiert bei den Betreibern der Website ein KPI, wie Seiten pro Besuch mit Werbeeinblendungen, denn je mehr Seiten pro Besuch sich ein Benutzer ansieht, desto mehr Werbeeinblendungen werden erzeugt. Dafür werden zum Beispiel bei jedem Artikel weitere Artikel angezeigt, die für den Besucher interessant sein könnten.

Wird die Sitzungsdauer kurz angesetzt (10 Minuten), bedeutet eine kurze Pause von 11 Minuten beim Lesen, dass beim Aufrufen einer weiteren Seite eine neue Sitzung beginnt. Die Anzahl der Seiten pro Besuch ist damit reduziert. Wird die Sitzungsdauer zum Beispiel auf 60 Minuten festgelegt, kann ein prokrastinierender Autor durch zwei Besuche der Nachrichtenseite innerhalb von 45 Minuten nur einen Besuch erzeugen, obwohl er aus seiner Sicht zweimal dort war. In diesem Fall würde er mehr Seiten pro Besuch erzeugen.

5.5   Was ist die ideale Sitzungsdauer?

30 Minuten für eine Session sind ein Standard, der aber nicht immer sinnvoll ist. Beinhaltet eine Website Tutorials, kann ein Tutorial zum Beispiel erfordern, dass zwischen zwei Schritten eine Pause gemacht wird (um zum Beispiel etwas trocknen oder abkühlen zu lassen).

Dauert diese Pause länger als 30 Minuten, beginnt eine neue Session, obwohl es eigentlich noch dieselbe Session ist. Es ist also von vornherein notwendig, sich zu überlegen, wie Nutzer auf der Website agieren könnten und ob eine Sitzung durch längere Pausen unterbrochen werden könnte. Gleichzeitig muss diese Änderung unbedingt dokumentiert werden, da die Werte ansonsten viel Verwirrung stiften können.

Letztendlich sind die 30 Minuten Standard-Session-Timeout ein arbiträrer Wert. Ebenso könnten 60, 120, 240 oder einfach 42 Minuten gewählt werden.

5.6 Die Rolle des Nutzers

Zu guter Letzt soll noch einmal auf den Nutzer eingegangen werden. Wenn Hits die kleinste Einheit sind, dann sind Nutzer die gröbste Einheit, denn:

- ▶ Nutzer haben eine oder mehrere Sitzungen.
- ▶ In den Sitzungen werden eine oder mehrere Seiten aufgerufen.
- ▶ Auf den Seiten finden keine oder mehrere Interaktionen statt.
- ▶ Dies alles führt zu Hits.

Aber nicht jede Analyse stellt den Nutzer in den Vordergrund, sondern hin und wieder die folgenden Inhalte:

- ▶ Wie häufig wurde ein Video bis zum Schluss gesehen?
- ▶ Wie häufig wurde welcher Inhalt bis zum Ende durchgelesen?

Der Seitenaufruf als solcher muss also gar nicht die wichtigste Währung nach dem Nutzer sein. Insbesondere mit den zum Teil populären One Page Websites stellt sich die Frage, welche Rolle ein Seitenaufruf hier spielt. Gleichzeitig zeigen die Beispiele, dass aus dem Baustein Hit neue Schnitte aus den Daten möglich sind.

Wichtig zu wissen

- ▶ Hits sind die kleinste Einheit in der Webanalyse; die meisten Webanalyse-Systeme berechnen Gebühren nach aufgerufenen Hits beziehungsweise schränken die Anzahl ausgewerteter Hits ein.
- ▶ Seitenaufrufe sind die populärsten Beispiele eines Hits, sagen aber in der Regel wenig über die Interaktion eines Nutzers mit einer Website aus.
- ▶ Durch zusätzliche Messungen können die Interaktionen eines Nutzers getrackt werden, was aber die Anzahl der Hits mit jedem Messpunkt nach oben treibt.
- ▶ Die Hierarchie der Daten besteht aus Hit, Seitenaufruf, Sitzung und Nutzer, wobei der Seitenaufruf eine geringere Rolle spielen kann. Auch können die Daten anders geschnitten werden, wenn es nicht um den Nutzer, sondern um die Inhalte geht.
- ▶ Der Ablauf einer Sitzung ist in den meisten Systemen auf 30 Minuten gesetzt; diese Zahl sollte aber für die jeweiligen eigenen Ziele überprüft und angepasst werden.

Kapitel 6

Daten: Roh oder aggregiert?

*Am Anfang mögen die aggregierten Daten des GUI ausreichen, doch
sobald speziellere Fragestellungen existieren, werden Rohdaten sowie
im Umgang damit geeignete Werkzeuge benötigt.*

6.1 Was ist der Unterschied?

Als Rohdaten, manchmal auch Primärdaten genannt, werden die Daten bezeichnet,
die genau so gespeichert sind, wie sie ein System gesammelt hat. Sie sind unbearbeitet und unvalidiert. Das Logfile eines Webservers beinhaltet Rohdaten. Alle Webanalyse-Tools sammeln Rohdaten, aber nicht jedes Tool stellt sie dem Nutzer hinterher auch wieder zur Verfügung. Die kostenfreie Version von Google Analytics ermöglicht zum Beispiel keine Arbeit mit Rohdaten, zumindest nicht in der Standardinstallation. Bei den meisten Webanalyse-Systemen wäre ein Hit (siehe Abschnitt 5.1, »Hits«) somit eine Zeile in einem Rohdatensatz (siehe Abbildung 6.1).

Für die meisten Anwender sind Rohdaten kaum verwendbar, denn die Datenmasse ist in der Regel größer als Programme wie Excel sie verarbeiten können. Außerdem sind Rohdaten für Fragestellungen wie der Anteil der Nutzer, die ein Video zu Ende gesehen haben, umständlich zu verwenden. Schließlich würde hier für jeden Benutzer einzeln stehen, was sie oder er auf der Seite angestellt hat, und der Anwender müsste die Zeilen mit dem Datenpunkt »Video zu Ende gesehen« auszählen. Die benötigten Informationen aus den Rohdaten zu gewinnen, ist also aufwendig und zeitraubend. Daher werden Rohdaten in allen Webanalyse-Tools für die häufigsten Fragestellungen vorab ausgewertet (aggregiert) und das Ergebnis der Auswertung im Interface zur Verfügung gestellt. Die Datenabfrage ist somit beschleunigt und für Normalanwender vereinfacht. Dazwischen existieren Mischformen wie zum Beispiel das Besucher-Log in Matomo (siehe Abbildung 6.1).

Der Nachteil aggregierter Daten ist, dass aus ihnen bestimmte Informationen nicht mehr gewonnen werden können. Dies ist ungefähr so, als ob man zunächst die Länge von Wänden ausmisst, dann die Quadratmeterzahl ausrechnet und die Messergebnisse der Wände wegwirft. Möchte man zu einem späteren Zeitpunkt noch einmal wissen, wie lang eine Wand war, ist diese Information aus dem Datenpunkt Quadratmeterzahl nicht mehr herauszuholen.

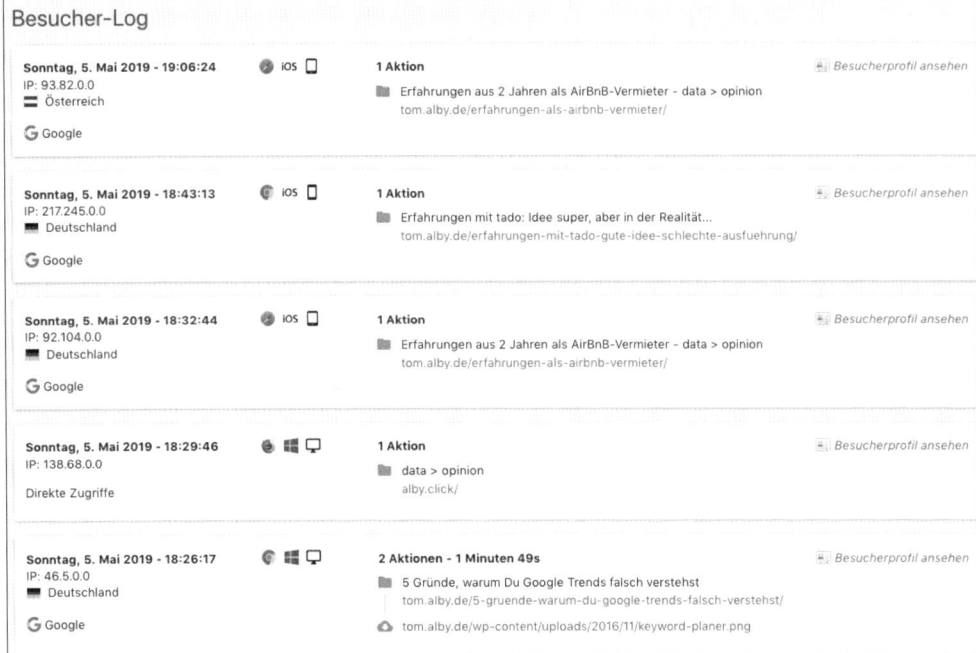

Abbildung 6.1 Aggregierte Sicht der einzelnen Nutzer-Sessions in Matomo

Allerdings ist es nicht so, dass Google & Co. die Rohdaten nach der Aggregation wegwerfen würden. Dass die Rohdaten immer noch existieren, kann man daran sehen, dass Segmente (siehe Kapitel 16, »Segmente verstehen«) immer noch spezielle Auswertungen zulassen, die allein mit aggregierten Daten nicht möglich wären.

6.2   Beispiele für Analysen mit Rohdaten

Wenn Segmente Analysen mit Rohdaten zulassen, warum besteht dann überhaupt noch Interesse daran, die echten Rohdaten zu haben? Tatsächlich ist die Notwendigkeit des Zugriffs auf Rohdaten durch immer bessere Abfragemasken stark reduziert worden (siehe vor allem Clark, Nicholas und Jamali 2014). Somit ist der Hauptanwendungsbereich für Rohdaten vor allem bei Fragestellungen zu sehen, die von den Abfragemasken nicht unterstützt werden oder in denen Machine Learning zum Einsatz kommt. Ein Beispiel dafür ist in Abschnitt 27.3, »Personas aus Nutzungsdaten«, zu finden. Grundsätzlich sind Rohdaten zum Beispiel aber auch dann spannend, wenn ein Programm selbst Muster entdecken soll, die vorher nicht offensichtlich waren.

Solche Fragestellungen können sein:

▶ Existieren Gruppierungen von Nutzern mit gemeinsamen Eigenschaften, die ein ähnliches Verhalten aufzeigen (siehe Kapitel 16, »Segmente verstehen«)?

▶ Welches sind mögliche Next Best Actions/Next Best Offers für Nutzer?

▶ Welche Produkte wurden häufig zusammen gekauft? (Warenkorbanalysen, siehe vor allem Kapitel 27, »Datengetriebene Personas«)

Ein weiterer Anwendungsfall sind Prognosen, bei denen es darum geht, Zugriffe (Traffic) oder sogar Conversions vorherzusagen. Dies kann zum Beispiel dafür genutzt werden, um sofort Alarme zu versenden, wenn die erwarteten Werte nicht erreicht werden. Die meisten Webanalyse-Systeme bieten zwar solche Funktionen an (zumindest in der Bezahlversion), aber sie beziehen beispielsweise Feiertage usw. nicht in die Prognoseberechnung ein, was dahingegen ein eigenes System tun könnte. Auch eine dynamische Attribution (siehe Abschnitt 19.3, »Beispiel First Click versus Last Click«) mit speziellen Anforderungen ist nur mit Rohdaten möglich.

6.3   Rohdaten mit R abfragen, transformieren und auswerten

Als Beispiel soll hier eine Fragestellung beantwortet werden, die derzeit nur mit Rohdaten gelöst werden kann, nämlich welche Seiten am häufigsten gelesen (nicht aufgerufen wurden). Ereignisse werden erst in Kapitel 8, »Ereignisse und Datenschicht«, behandelt, daher sei hier nur so viel verraten, dass mit einem Ereignis festgestellt werden kann, dass Nutzer bis zu einem bestimmten Punkt auf einer Webseite heruntergescrollt haben und dieses Ereignis sozusagen als Micro Conversion »Seite wurde bis zum Ende gelesen« genutzt werden kann.

Die Abfrage wie auch die Berechnung dieser Conversions wird in diesem Beispiel mit der Statistik-Programmiersprache R durchgeführt. R wurde von Statistikern für Statistiker geschaffen, was sowohl Vorteil als auch Nachteil zugleich ist. Das Tolle an R ist, dass es anders als SPSS Open Source ist und viele wunderbare Pakete dafür existieren. Insbesondere die Entwicklungsumgebung RStudio (siehe Abbildung 6.2) ist ein unglaublich mächtiges Werkzeug für die Datenanalyse.[1] Wer mehr über R erfahren will, sollte sich unbedingt das kostenlose Buch von Wickham 2017 ansehen.

Für die Abfrage der Google Analytics Reporting API steht das Package googleAnalyticsR von Marc Edmonson zur Verfügung.[2] Edmondson hat außerdem ein Package zur Authentifizierung bereitgestellt, sodass ein Programm sich über die API anmelden kann, ohne dass eine Benutzerinteraktion notwendig wäre.[3]

---

1 Häufig wird im Zusammenhang mit R gefragt, ob Python nicht viel besser sei. Die Antwort ist einmal unter *https://alby.link/pythonversusr* zu sehen, aber ernsthafterweise ist dem Autor in der Python-Welt nichts bekannt, was nur annähernd an RStudio herankommt. Python hat dagegen den Vorteil, dass es sehr viel versatiler ist. Web Scraping mit Beautiful Soup macht viel mehr Spaß als mit jedem anderen R-Pendant.

2 *https://alby.link/marcedmondson*

3 Hierzu sind Servicenutzer in der Google Cloud Platform notwendig, siehe *https://alby.link/serviceuser*

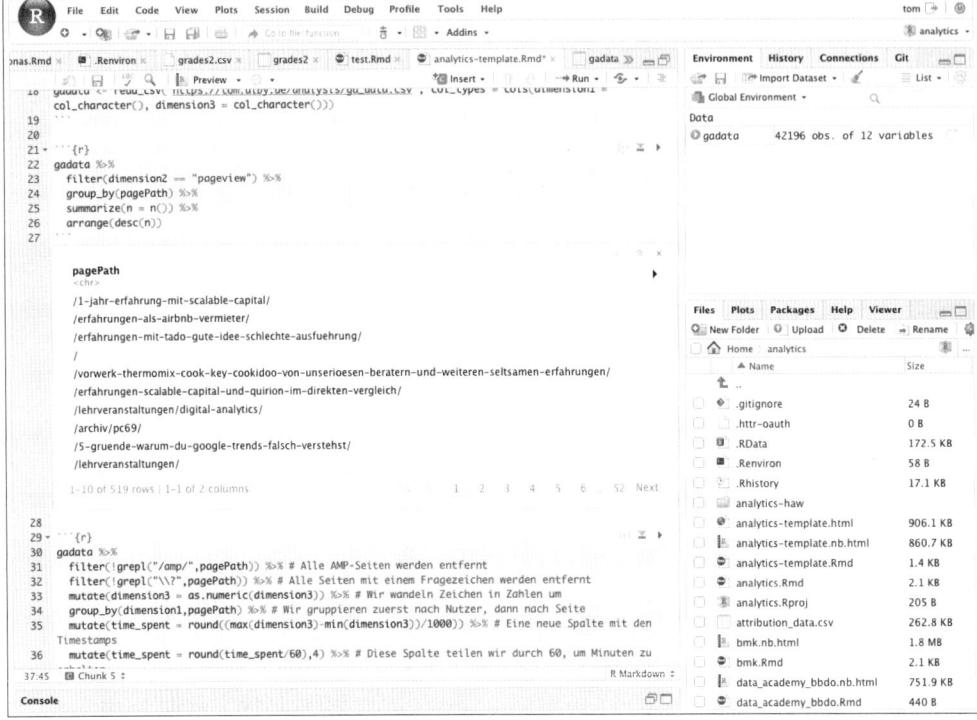

Abbildung 6.2 Ansicht der Serverversion von RStudio

Das Programm zur Abfrage sieht dann wie folgt aus[4]:

```
library(googleAuthR)
options(googleAuthR.scopes.selected = "https://www.googleapis.com/auth/
  analytics")
library(googleAnalyticsR)
library(tidyverse)

ga_id= XXXXXXX
start_date <- "2018-10-29"
end_date <- "2019-03-31"

ga_data <- google_analytics(ga_id,
date_range = c(start_date,end_date),
metrics = c("ga:users"),
dimensions = c("ga:dimension1","ga:dimension2","ga:dimension3",
  "ga:dimension4","ga:source
```

---

4 Das komplette Listing finden Sie auf der Website des Autors *https://tom.alby.de/webanalyse-buch*.

```
  Medium","ga:pagePath","ga:sessionCount"),
  max = -1
)
```

Listing 6.1 Eine Abfrage von Google-Analytics-Daten über die API

XXXXXX ist durch die eigene View-ID zu ersetzen. Auch über die API werden Daten ge-
sampelt ausgegeben:

```
2019-05-04 12:03:53> Downloaded [10000] rows from a total of [192396].
2019-05-04 12:03:54> Fetching v4 data batch...
2019-05-04 12:04:23> Fetching v4 data batch...
2019-05-04 12:04:58> Fetching v4 data batch...
2019-05-04 12:05:32> Fetching v4 data batch...
2019-05-04 12:06:00> Downloaded [182396] rows from a total of [192396].
2019-05-04 12:06:01> All data downloaded, total of [192396] -
download time: 2.221004 mins
2019-05-04 12:06:01> Data is sampled, based on 98.4% of sessions.
```

Dies ist aber insofern kein Problem, da auch tageweise oder wochenweise abgefragt
werden könnte.[5]

Das Ergebnis dieser Abfrage ist in Abbildung 6.3 zu sehen.

dimension2	dimension3	dimension4	sourceMedium	pagePath
pageview	1542984597724	1542985391569.56tk1v0d	google / organic	/erfahrungen-mit-tado-gute-idee-schlechte-ausfue...
event	1542984775521	1542985391569.56tk1v0d	google / organic	/erfahrungen-mit-tado-gute-idee-schlechte-ausfue...
event	1542985111295	1542985391569.56tk1v0d	google / organic	/erfahrungen-mit-tado-gute-idee-schlechte-ausfue...
event	1542985294529	1542985391569.56tk1v0d	google / organic	/erfahrungen-mit-tado-gute-idee-schlechte-ausfue...
event	1542985391569	1542985391569.56tk1v0d	google / organic	/erfahrungen-mit-tado-gute-idee-schlechte-ausfue...
pageview	1541394171751	1541394446270.hoaz9nhe	google / organic	/erfahrungen-vorwerk-staubsauger-roboter-vr200/
event	1541394242531	1541394446270.hoaz9nhe	google / organic	/erfahrungen-vorwerk-staubsauger-roboter-vr200/
event	1541394325135	1541394446270.hoaz9nhe	google / organic	/erfahrungen-vorwerk-staubsauger-roboter-vr200/
event	1541394444416	1541394446270.hoaz9nhe	google / organic	/erfahrungen-vorwerk-staubsauger-roboter-vr200/
event	1541394445153	1541394446270.hoaz9nhe	google / organic	/erfahrungen-vorwerk-staubsauger-roboter-vr200/
event	1541394446270	1541394446270.hoaz9nhe	google / organic	/erfahrungen-vorwerk-staubsauger-roboter-vr200/
pageview	1543153331126	1543154392175.h07a5rrh	google / organic	/1-jahr-erfahrung-mit-scalable-capital/
event	1543153412338	1543154392175.h07a5rrh	google / organic	/1-jahr-erfahrung-mit-scalable-capital/
event	1543153950471	1543154392175.h07a5rrh	google / organic	/1-jahr-erfahrung-mit-scalable-capital/
event	1543154392175	1543154392175.h07a5rrh	google / organic	/1-jahr-erfahrung-mit-scalable-capital/
pageview	1542292449067	1542293155581.fz67xfe	google / organic	/vorwerk-thermomix-cook-key-cookidoo-von-unser...
event	1542292679485	1542293155581.fz67xfe	google / organic	/vorwerk-thermomix-cook-key-cookidoo-von-unser...
event	1542292911513	1542293155581.fz67xfe	google / organic	/vorwerk-thermomix-cook-key-cookidoo-von-unser...
event	1542293013657	1542293155581.fz67xfe	google / organic	/vorwerk-thermomix-cook-key-cookidoo-von-unser...
event	1542293141439	1542293155581.fz67xfe	google / organic	/vorwerk-thermomix-cook-key-cookidoo-von-unser...
event	1542293155581	1542293155581.fz67xfe	google / organic	/vorwerk-thermomix-cook-key-cookidoo-von-unser...

Abbildung 6.3 Rohdaten, die nach der Abfrage im Listing ausgegeben werden

---

5 Es handelt sich hier um eine Standardinstallation, in der die »Rohdaten« durch benutzerdefinierte Dimensionen ermöglicht werden.

In diesen Daten fehlen noch die Daten der Ereignisse, die nun in einem zweiten Batch abgefragt und dann mit den Daten der ersten Abfrage »gemergt« werden:

```
ga_data2 <- google_analytics(ga_id,
date_range = c(start_date,end_date),
metrics = c("ga:eventValue"),
  dimensions = c("ga:dimension1","ga:dimension3","ga:deviceCategory",
  "ga:eventCategory","ga:eventAction","ga:eventLabel","ga:sessionCount"),
  max = -1
)

ga_data_id <- ga_data %>%
  mutate(id = paste(dimension1,dimension3,sep="_")) %>% select(id,dimension1,
  dimension2,dimension3,dimension4,sourceMedium,pagePath,sessionCount)

ga_data_id2 <- ga_data2 %>%
  mutate(id = paste(dimension1,dimension3,sep="_")) %>%
  select(id,deviceCategory,eventCategory,eventAction,eventLabel,eventValue,
  sessionCount)

ga_data_final <- merge(ga_data_id,ga_data_id2,by="id",all=T)
```

Für die Auswertung der Daten wird in diesem Beispiel das Package tidyverse von Hadley Wickham genutzt, das jedem R-Anfänger ans Herz gelegt sei und das auch in dem oben bereits erwähnten Buch erklärt wird. Das Ergebnis in den Daten sieht dann wie in Abbildung 6.4 aus.

dimension1	dimension2	dimension3	pagePath	sessionCount.x	deviceCategory	eventCategory
1000264478.1553636474	pageview	1553636475034	/wie-man-ganz-viel-zeit-mit-einer-nas-verschwend...	1	N/A	N/A
1000264478.1553636474	event	1553637691469	/wie-man-ganz-viel-zeit-mit-einer-nas-verschwend...	1	desktop	Page
1000264478.1553636474	event	1553637730567	/wie-man-ganz-viel-zeit-mit-einer-nas-verschwend...	1	desktop	Page
1000264478.1553636474	event	1553637756845	/wie-man-ganz-viel-zeit-mit-einer-nas-verschwend...	1	desktop	Page
1000264478.1553636474	event	1553637757086	/wie-man-ganz-viel-zeit-mit-einer-nas-verschwend...	1	desktop	Page
1000264478.1553636474	event	1553637769322	/wie-man-ganz-viel-zeit-mit-einer-nas-verschwend...	1	desktop	Page
1000264478.1553636474	event	1553637770919	/wie-man-ganz-viel-zeit-mit-einer-nas-verschwend...	1	desktop	Page
1000378718.1551252171	pageview	1551252171095	/erfahrungen-als-airbnb-vermieter/	1	N/A	N/A
1000378718.1551252171	pageview	1551294909513	/erfahrungen-als-airbnb-vermieter/	2	N/A	N/A
1000455304.1553935062	pageview	1553935062021	/erfahrungen-als-airbnb-vermieter/	1	N/A	N/A
1000455304.1553935062	event	1553935076183	/erfahrungen-als-airbnb-vermieter/	1	mobile	Page
1000455304.1553935062	event	1553935077140	/erfahrungen-als-airbnb-vermieter/	1	mobile	Page
1000455304.1553935062	event	1553935173062	/erfahrungen-als-airbnb-vermieter/	1	mobile	Page
1000475634.1554626597	pageview	1554626597350	/r-funktion-des-tages-exponentialdarstellung-verhi...	1	N/A	N/A
1000475634.1554626597	event	1554626598698	/r-funktion-des-tages-exponentialdarstellung-verhi...	1	desktop	Page
1000475634.1554626597	event	1554626606820	/r-funktion-des-tages-exponentialdarstellung-verhi...	1	desktop	Page
1000475634.1554626597	event	1554626608130	/r-funktion-des-tages-exponentialdarstellung-verhi...	1	desktop	Page
1000475634.1554626597	event	1554626673352	/r-funktion-des-tages-exponentialdarstellung-verhi...	1	desktop	Page
1000475634.1554626597	event	1554626673643	/r-funktion-des-tages-exponentialdarstellung-verhi...	1	desktop	Page

Abbildung 6.4 Gemergte Rohdaten – nicht alle Spalten sind sichtbar

Um nun ausrechnen zu können, wie hoch die Conversion Rate einer Seite in Bezug darauf ist, wie häufig sie bis zum Schluss gelesen wurde, müssen die folgenden Schritte durchgeführt werden:

1. Wie häufig wurde eine Seite aufgerufen?
2. Wie häufig war das Element, das das Ende einer Seite repräsentiert, auf dem Bildschirm des Nutzers sichtbar und hat dazu ein Ereignis ausgelöst?

Dazu werden zunächst alle Seiten einmal durchgezählt:

```
top_pages <- ga_data_final %>%
  filter(dimension2 == "pageview") %>%
  group_by(pagePath) %>%
  summarize(n=n()) %>%
  arrange(desc(n))
```

Im nächsten Schritt werden die Conversions pro Seite gezählt; die Sichtbarkeit des Elements YARPP[6] für 10 Sekunden bedeutet eine Conversion:

```
cv <- ga_data_final %>%
  group_by(pagePath) %>%
  filter(eventLabel == "YARPP Visibility") %>%
  summarize(cv = n()) %>%
  arrange(desc(cv)))
```

Zum Schluss wird dann noch die Conversion Rate ausgerechnet:

```
new_ga_data <- merge(top_pages,cv)
new_ga_data %>%
  mutate(cvr = cv/n)
```

Das Ergebnis ist in Abbildung 6.5 zu sehen.

Interessanterweise sind die Data-Science-Themen , die sich mit SEO beschäftigen, im Durchschnitt kaum zu Ende gelesen worden, und selbst einer der populärsten Artikel auf meiner Website, »5 Gründe warum Du Google Trends falsch verstehst« (*https://alby.link/googletrends*), wird im Durchschnitt nur von etwas mehr als der Hälfte der Nutzer zu Ende gelesen. Da der Artikel relativ häufig aufgerufen wird, wäre es möglich, innerhalb kurzer Zeit mithilfe eines A/B-Tests herauszufinden, ob eine kürzere Version des Textes eher bis zum Ende gelesen wird oder nicht (siehe dazu vor allem Kapitel 22, »A/B- und multivariate Tests«).

---

6 Yet another related Posts Plugin, ein relativ beliebtes WordPress-Plugin, das ähnliche Beiträge anzeigt. Wenn ein Nutzer einen Text liest, wird er spätestens beim Auftauchen des Begriffs »Ähnliche Artikel« begreifen, dass der Text nun zu Ende ist. Dieses Element muss für 5 Sekunden sichtbar sein, bevor das Ereignis gefeuert wird.

pagePath <chr>	n <int>	cv <int>	cvr <dbl>
/1-jahr-erfahrung-mit-scalable-capital/	6344	4138	0.65226986
/1-jahr-erfahrung-mit-scalable-capital/amp/	111	20	0.18018018
/5-gruende-warum-du-google-trends-falsch-verstehst/	1399	385	0.27519657
/archiv/	300	245	0.81666667
/archiv/fotografie/	103	52	0.50485437
/archiv/pc69/	1536	337	0.21940104
/archiv/software/kindle-clippings-manager/	523	374	0.71510516
/clustering-mit-google-analytics-und-r/	209	94	0.44976077
/das-optimale-tracking-konzept/	96	66	0.68750000
/data-science-meets-seo-teil-2/	142	38	0.26760563

1-10 of 65 rows · · · 1 2 3 4 5 6 7 Next

Abbildung 6.5 Das Ergebnis der Micro-Conversion-Rate-Berechnung pro Seite

Dass der Artikel über das seit vielen Jahren bereits abgerissene PC69 in Bielefeld nur zu einem Bruchteil gelesen wird, verwundert dagegen nicht. Die Seite hat nach einem mittellangen Text eine ellenlange Liste von Bands aufgeführt, die alle im PC69 gespielt hatten. Es ist eher verwunderlich, dass hier so viele Nutzer überhaupt bis zum Ende heruntergescrollt haben.

Wichtig zu wissen

▶ Jedes Webanalyse-System sammelt Rohdaten, aber nicht jedes System stellt diese auch zur Verfügung.

▶ Für die meisten Anwender sind die aus den Rohdaten aggregierten Daten, die im GUI eines Webanalyse-Systems vorgehalten werden, ausreichend. Allerdings können manche Fragestellungen nur mit den Rohdaten beantwortet werden.

▶ Insbesondere im Bereich Data Science werden meistens Rohdaten benötigt.

▶ Die Analyse von Rohdaten erfordert Datenanalyse-Fähigkeiten, die über eine Excel-Kompetenz hinausgehen.

▶ Für viele Programmiersprachen existieren Softwarebibliotheken, die die Abfrage von Analytics-Daten über eine API ermöglichen, wie zum Beispiel für die Sprache R.

Kapitel 7
Dimensionen und Messwerte

*Dimensionen und Messwerte sind ein grundlegendes Konzept der
Webanalyse, das für einen fehlerfreien Umgang mit jedem System
beherrscht werden muss.*

7.1   Unterschied zwischen Dimensionen und Metriken

Dimensionen sind, übersetzt in die Sprache der Statistik, Merkmale von statistischen
Einheiten, worunter wiederum die einzelnen Objekte einer Untersuchung verstanden werden. Das soll an einem Beispiel verdeutlicht werden, das zunächst einmal
nichts mit der Webanalyse zu tun hat.

Eine Gruppe von Personen wird angesprochen und gefragt, welche Partei sie am
nächsten Sonntag wählen würde. Die angesprochenen Personen sind die statistischen Einheiten, die über verschiedene Merkmale verfügen. Sie haben eine Partei-
präferenz, ein Geschlecht, ein Alter usw. Bei den Merkmalen gibt es dann die
sogenannten Merkmalsattribute, zum Beispiel männlich oder weiblich usw. Die statistischen Einheiten können nicht nur insgesamt gezählt werden, sondern auch auf
Basis ihrer Merkmalsattribute, zum Beispiel die männlichen Grünen-Wähler im Al-
terssegment 35–44. Genau dieses Konzept von Merkmalen, Attributen und der Zäh-
lung der Fallzahlen entspricht dem Ansatz von Dimensionen und Messwerten.
Google nennt Dimensionen übrigens *Attribute von Daten*, Adobe nennt sie *Beschrei-
bungen* oder *Eigenschaften metrischer Daten*. Diese unterschiedlichen Bezeichnun-
gen sollen aber nicht darüber hinwegtäuschen, dass es immer wieder um dasselbe
Prinzip geht: Mit Dimensionen können Was-, Wo- und Wer-Fragen beantwortet werden. Messwerte beantworten hingegen die Frage »Wie viele?«

Zur Übertragung auf die Webanalyse wird nun das Beispiel eines Nutzers und seiner
Sitzung beschrieben. Ein Benutzer (die statistische Einheit) kommt an einem Montag
auf eine Website und schaut sich drei verschiedene Seiten an. Am Dienstag kommt er
wieder und schaut sich zwei verschiedene Seiten an und am darauffolgenden Tag
noch einmal zwei Seiten. Der Benutzer hat eine ID (Merkmal/Dimension), er nutzt
einen Browser (Merkmal/Dimension), er greift auf Seiten (Merkmal/Dimension) zu
und befindet sich in einer Stadt (Merkmal/Dimension). Die Stadt selbst, sei es Hamburg, Bielefeld oder Wanne-Eickel, ist eine Merkmalsausprägung. Ebenso sind die
jeweiligen Seiten, die abgerufen werden, eine Merkmalsausprägung, und auch der je-

weilige Browser, sei es Safari, Firefox oder Chrome. Dies ist die Perspektive aus der Sicht eines Benutzers.

Messwerte, auch Metriken genannt, sind hingegen quantitative Werte, die summiert oder als Ratio ausgegeben werden können, wie zum Beispiel die Anzahl der Seitenaufrufe, die Nutzer aus Hamburg verursacht haben.

Da in der Regel aggregierte Daten angesehen werden und nicht der einzelne Nutzer, wird zum Beispiel in Google Analytics die Anzahl der Nutzer, die gemeinsame Merkmalsattribute haben, als Messwert dargestellt. Das klingt auf den ersten Blick kompliziert und unlogisch, erschließt sich aber hoffentlich mit Abbildung 7.1.

Metrik Users	Dimension User ID	Dimension Browser	Dimension Stadt
		Firefox	Hamburg
Anzahl aller Nutzer		Chrome	Hannover
		Firefox	Bottrop

Abbildung 7.1 Dimensionen und Metrik am Beispiel

Jeder Nutzer ist eine statistische Einheit, dessen Merkmals-ID in Form einer eindeutigen ID in einer Dimension abgespeichert wird. Es kann somit für jeden einzelnen Nutzer nachvollzogen werden, welche weiteren Merkmale und Merkmalsausprägungen vorhanden sind. Wird aber die Anzahl der Nutzer gezählt, handelt es sich um eine Messung. Zwar wird hier auch aus der Perspektive der Nutzer geblickt, aber mit anderen Fragestellungen, wie zum Beispiel: »Wie viele Nutzer waren heute auf meiner Website?« oder »Wie viel Prozent der Nutzer verwenden Firefox?« Die Verwirrung kommt aber auch dadurch zustande, dass die meisten Webanalyse-Systeme ohne Bordmittel nicht erlauben, sich einzelne Nutzer anzusehen, und wenn, dann in einer Form, die wenig handlungsrelevant ist. In der Regel interessiert das »Wie viel?« mehr als der einzelne Nutzer.

Auch eine Seite kann eine statistische Einheit sein, die Merkmale besitzt, wie zum Beispiel die Wortlänge, aber auch Messwerte wie die Anzahl der Nutzer, die diese Seite besucht haben. Dimensionen und Messwerte werden immer zusammen berichtet, es sei denn, es wird wirklich ein einziger Nutzer analysiert.

Es ist nicht notwendig, sich alle Dimensionen und Messwerte eines Systems zu merken; wichtig ist nur zu wissen, dass sie nicht unbedingt bei jedem Webanalyse-System dieselbe Bedeutung haben müssen, wenn man von einem System zu einem anderen System wechselt. Nicht selten wird auch vermutet, dass es eine bestimmte Dimension oder Metrik geben müsste, aber nicht immer ist alles, was logisch ist, auch in den Webanalyse-Systemen so verbaut worden. Zu guter Letzt sei auch noch erwähnt, dass die Abfrage von Dimensionen bei unterschiedlichen Systemen auch unterschiedliche Antworten erzeugen kann. Ein häufiger Fehler bei der Google Analytics Reporting API ist es zum Beispiel, eine Dimension mitabzufragen, die nicht für alle Nutzer relevant ist, zum Beispiel über welche Kampagne ein Nutzer auf die Website gekommen ist. Je nach Logik werden dann nur die Daten »ausgespuckt«, bei denen Nutzer über eine Kampagne gekommen sind, aber nicht die Daten von Nutzern, die nicht mit einer Kampagne in Berührung gekommen waren.

7.2   Umfang/Scope verstehen

Jede Dimension und jeder Messwert hat einen Umfang, im Englischen Scope genannt, der am besten anhand von Abbildung 7.2 erklärt werden kann. Diese entspricht dem vorherigen Beispiel des Nutzers, der eine Website an drei verschiedenen Tagen besucht hat.

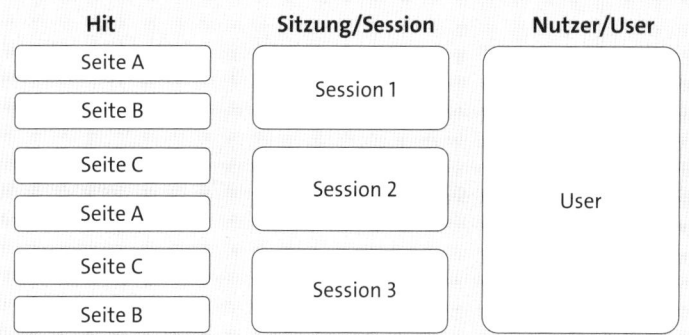

Abbildung 7.2 Umfang/Scope

Die kleinste Einheit, die schon in Kapitel 5, »Hits, Seitenaufrufe und Sitzungen«, besprochen wurde, ist der Hit. Jedes Mal, wenn der Nutzer eine Seite aufruft, wird ein Hit ausgelöst. Die aufgerufene Seite ist ein gutes Beispiel für eine Dimension mit dem Umfang Hit, denn bei jedem Hit kann eine andere Seite aufgerufen werden. Auch das Merkmal Zeit ist ein guter Kandidat für eine Dimension mit dem Umfang Hit, denn mit jedem Hit hat dieses Merkmal eine andere Ausprägung.

In der Abbildung kommt der Nutzer dreimal auf die Website, er hat also drei Sitzungen. In jeder dieser Sitzungen hat er mehrere Seitenaufrufe. Ein Beispiel für eine Dimension, die sitzungsbasiert ist, ist die Anzahl der Sitzungen. Sie ändert sich von Sitzung zu Sitzung. Auch die Einstiegsseite, meistens *Landing Page* genannt, ist eine sessionbasierte Dimension, denn schließlich kann ein Nutzer nur eine Seite als erste Seite bei einem Besuch haben. Zu guter Letzt existiert noch der Umfang *Nutzer*. Der Nutzer bleibt bei jeder Sitzung und bei jedem Hit derselbe. Möchte man an einen Nutzer zum Beispiel eine eigene eindeutige ID vergeben, ist der Umfang dieser Dimension vom Typ User, denn die Nutzer-ID ändert sich nicht über mehrere Hits oder Sessions hinweg.

Das Verständnis des Umfangs einer Variablen ist elementar für Analysten, da nicht jede Dimension mit jeder Metrik verbunden werden kann. Und selbst wenn dies technisch funktioniert, ist eine Kombination nicht immer sinnvoll. So passen zum Beispiel Sitzungen und Absprungrate nicht zusammen. Der Umfang ist aber auch wichtig, wenn eigene Dimensionen und Messwerte definiert werden sollen (siehe den nächsten Abschnitt 7.3).

7.3   Eigene Dimensionen und Metriken

Nachdem der Webanalyst die Ziele und KPIs einer Website definiert hat, wäre der nächste Schritt die Prüfung auf die Verfügbarkeit der notwendigen Dimensionen und Messwerte in dem jeweiligen System. Alle professionellen Webanalyse-Systeme erlauben das Anlegen eigener Dimensionen und Messwerte. Diese eigenen Dimensionen und Messwerte sind deswegen spannend, da jede Website eigene Ziele und KPIs verfolgt, die sich nicht immer mit den Standarddimensionen und -messwerten implementieren lassen. Die Anzahl benutzerdefinierter Dimensionen und Messwerte sind je nach Produkt und Bezahlmodell unterschiedlich. Es ist unwahrscheinlich, dass eine professionelle Website ohne benutzerdefinierte Dimensionen und Metriken auskommt.

Custom Dimension Name	Index	↕	Scope	Last Changed	State
ClientID	1		User	3 Nov 2018	Active
Hit Type	2		Hit	5 Jun 2018	Active
UNIX Timestamp	3		Hit	3 Nov 2018	Active
Session ID	4		Session	11 Sep 2017	Active
Author	5		Hit	14 May 2019	Active

15 custom dimensions left

Abbildung 7.3 Benutzerdefinierte Dimensionen auf der Website des Autors

Abbildung 7.3 zeigt die benutzerdefinierten Dimensionen, die der Autor für seine eigene Website angelegt hat. Hier existieren 5 verschiedene Dimensionen:

▶ **Client-ID**
Jeder Nutzer bekommt seine eigene eindeutige ID, sodass in den Rohdaten auch jede einzelne Nutzerinteraktion nachvollzogen werden kann.[1]

▶ **Hit-Type**
Dies ist eine Helferdimension, die die Abfrage und Auswertung von Daten vereinfacht.

▶ **UNIX-Timestamp**
Hierbei handelt es sich um einen sekundengenauen Zeitstempel, da die großen Anbieter einen solchen erstaunlicherweise nicht anbieten (obwohl er unter der Motorhaube existiert). Dieser ist natürlich nur sinnvoll, wenn gleichzeitig auch eine Nutzer-ID in einer weiteren Dimension existiert, sei es als Bordmittel oder sei es auch durch eine benutzerdefinierte Dimension. Dadurch kann eine genaue Abfolge der Hits eines Nutzers analysiert werden.

▶ **Session-ID**
Diese Dimension ist nicht unbedingt notwendig, da man sie sich auch in den Rohdaten schnell zusammenbauen kann, aber sie ist dennoch hilfreich, wenn sie schon einmal da ist.

▶ **Autor**
Sollte es Gastautoren auf der Website des Autors geben, könnte analysiert werden, ob andere Autoren andere Leistungswerte erzielen. Diese Dimension hat den Umfang Hit, weil sich diese Merkmalsausprägung von Hit zu Hit ändern kann (wenn der Nutzer auf eine Seite auf der Website wechselt).

Ein weiteres Beispiel für eine benutzerdefinierte Dimension ist der Login-Status eines Nutzers. Mit einer solchen Dimension kann das Verhalten von eingeloggten Nutzern mit dem von nichteingeloggten Nutzern verglichen und analysiert werden.

Ein benutzerdefinierter Messwert kann zum Beispiel die Zeitdauer sein, in der ein Benutzer ein Video gesehen hat. Um einen solchen Messwert später auszuwerten, werden in der Regel weitere Formeln oder benutzerdefinierte Kalkulationswerte benötigt.

Es empfiehlt sich jedoch, sich vorab genau zu überlegen, was in eine benutzerdefinierte Variable geschrieben wird, denn ein nachträgliches Ändern ist stets mit Problemen behaftet. Wird zum Beispiel ein Zeitraum abgefragt, der sowohl die Zeit vor und nach der Änderung beinhaltet, sind die Werte unterschiedlich zu interpretieren und können sogar zu Fehlern in Auswertungsprogrammen führen. Wird zum Bei-

---

1   Das ist ein kleiner »Hack« (nicht illegal!), mit dem auch in der kostenlosen Variante von Google Analytics Rohdaten erzeugt und analysiert werden können.

spiel von einem Timestamp auf eine Kategorie gewechselt, handelt es sich beim Datentyp zunächst um den Typ Zahl, danach aber um eine Zeichenkette, was manche Programmiersprachen gehörig verwirren kann. Je nachdem, wie gut auf der einen Seite dokumentiert wurde, aber auch wie sehr auf der anderen Seite die Dokumentation vor der Analyse konsultiert wurde, fallen solche Änderungen auf oder eben nicht.

Wichtig zu wissen

▶ Dimensionen sind Merkmale wie Browser, Stadt oder Zugangsgerät, in denen Merkmalsausprägungen wie Firefox, Hamburg oder Tablet gespeichert werden.

▶ Metriken sind für Messzahlen definiert, immer wenn es um die Frage »wie viel« geht.

▶ Kaum eine professionelle Installation kommt ohne benutzerdefinierte Dimensionen oder Metriken aus.

▶ Der Umfang einer Dimension hat elementaren Einfluss auf die Art, wie der Datenpunkt behandelt wird.

Kapitel 8
Ereignisse und Datenschicht

Seitenaufrufe waren früher interessant, heute ist es die Interaktion mit den Inhalten. Diese können vor allem mit Ereignissen gemessen werden.

8.1 Was sind Ereignisse?

Ereignisse, in den englischen Versionen der Webanalyse-Systeme meistens Events genannt, sind für die Datenerhebung eines der wichtigsten Features in der Webanalyse. Sie können durch eine Benutzeraktion, aber auch durch vom Nutzer unabhängige konfigurierte Ereignisse ausgelöst werden. Da Seitenaufrufe wenig über die Qualität eines Nutzerbesuchs aussagen, bieten Ereignisse eine intelligentere Möglichkeit der Datensammlung. Je nachdem, welche Ziele definiert wurden (siehe Kapitel 1, »Ziele der Webanalyse«), müssen dafür Ereignisse eingerichtet werden.

Ereignisse werden in der Regel durch JavaScript gesteuert. Elementar dazu ist ein Verständnis des HTML-Document-Object-Models (DOM). Nachdem ein Webbrowser ein Dokument geladen hat, erstellt er das DOM, eine Art Baum des HTML-Dokuments, sodass jeder Knoten in dem Baum als Objekt ansteuerbar ist. Zusätzlich existieren DOM-Ereignisse, zum Beispiel wenn sich ein Nutzer dem Browser-Tab nähert und angenommen werden kann, dass er ihn schließen möchte.[1] Detaillierte Informationen über das DOM und seine Ereignisse finden sich unter *https://dom.spec.whatwg.org*.

8.2 Beispielereignisse

Ein Beispiel für ein automatisch gesetztes Ereignis ohne Nutzerinteraktion ist ein Timer, der automatisch nach einer definierten Zeitspanne »feuert«. Ein solches Ereignis kann dazu genutzt werden, um zu prüfen, ob der Nutzer noch auf der Seite ist (siehe dazu vor allem Kapitel 15, »Absprungrate verstehen«). Ist das Browserfenster zu diesem Zeitpunkt geschlossen, »feuert« der Timer nicht, und das JavaScript wird nicht ausgeführt. Somit kann davon ausgegangen werden, dass der Nutzer nicht mehr da ist.

---

1 Dieses Ereignis heißt beforeunload und wird häufig dazu missbraucht, dem Nutzer ein Dialogfenster anzuzeigen, ob er die Seite wirklich verlassen möchte.

In der Regel möchte der Website-Betreiber aber nicht wissen, ob ein Nutzer nach 5 oder 10 Sekunden noch da ist, sondern was sie oder er genau auf der Website getan hat. Über die Nützlichkeit einer Verweildauer wird in Kapitel 14, »Interaktionen anstatt Verweildauer«, diskutiert, aber hier sei schon einmal vorausgeschickt, dass Interaktionen mit den Inhalten einer Seite oftmals sinnvoller sind.

Eine Möglichkeit, um die Interaktion mit Inhalten zu quantifizieren, ist es, die Scroll-Tiefe zu messen: Hat der Benutzer nach unten gescrollt? Wenn ja, wie weit? So verlockend diese Daten zu sein scheinen, häufig sind sie nicht einfach zu analysieren. Je nach Bildschirmgröße kann die maximale Scroll-Tiefe sehr schnell erreicht sein. Die Bildschirmauflösung müsste also in die Analyse einbezogen werden, denn die Scroll-Tiefe allein sagt nichts darüber aus, ob ein Inhalt tatsächlich genau angesehen wurde oder ob der Nutzer einfach nur mal schnell heruntergescrollt hat, um zu sehen, wie lang der Inhalt ist. Darüber hinaus haben mehrere Seiten unterschiedliche Längen. Wird eine Seite zu 75 % gelesen und eine andere Seite nur zu 50 %, kann es auch daran liegen, dass der zweite Text viel länger ist. Eine Scroll-Tiefe von 100 % als Ziel ist in der Regel auch keine gute Option, da der Footer einer Seite so viel Platz einnehmen kann, dass der Nutzer gar nicht bis nach ganz unten scrollt.

Als sinnvolle Alternative zur Scroll-Tiefe hat sich die Sichtbarkeit von Objekten auf der Webseite bewiesen, wie schon in Kapitel 6, »Daten: Roh oder aggregiert?«, angerissen. Manchmal wird hier auch von der Sichtbarkeit eines *Viewports* gesprochen, wobei ein Viewport manchmal auch einfach nur als die Sicht des Nutzers auf die Inhalte mit einer bestimmten Auflösung definiert ist. Ist ein Objekt, zum Beispiel eine Infografik, auf dem Bildschirm des Nutzers zu sehen, kann ein Ereignis gefeuert werden. Damit das Element nicht nur als »ist auf dem Bildschirm zu sehen gewesen« interpretiert wird, kann auch eine Mindestzeitspanne für die Sichtbarkeit definiert werden. Hat ein Nutzer eine Infografik für mindestens 30 Sekunden angesehen (sofern sie so komplex ist), kann sie als bewusst wahrgenommen angesehen werden.

Ähnlich kann zum Beispiel mit Videos verfahren werden. Das Starten eines Videos, das Stoppen, das Zuendeschauen, all dies kann mithilfe von Ereignissen getrackt werden. Ereignisse wie Videokonsum, Viewports und Ähnliches sind vor allem dann spannend, wenn die Seite wenig andere Conversion-Möglichkeiten bietet, aber auch, wenn es darum geht herauszufinden, welche Inhaltselemente eher zu einem Kauf auf einer E-Commerce-Seite führen.

Eine vollständige Liste aller möglichen Ereignisse kann hier nicht geboten werden, zumal ihre Nützlichkeit, wie eingangs erwähnt, von den definierten Zielen abhängt. Auch hier stellt sich immer wieder die Frage, welche Aktion aus den Daten abgeleitet werden kann, die mithilfe der Ereignisse gewonnen werden. Der Google Tag Manager bietet zum Beispiel neben den bereits erwähnten Ereignissen:

▶ Klicks auf Elemente auf der Seite

▶ Klicks auf Links

▶ Absenden eines Formulars

▶ JavaScript-Fehler

▶ und vieles mehr

Mit benutzerdefinierten Ereignissen lassen sich spezielle Ereignisse tracken, die noch nicht in den Bordmitteln enthalten sind.

8.3 Der Ereignisplan

Zwar ist es ein häufiger Reflex, einfach erst mal alles sammeln zu wollen und erst später zu schauen, was man davon benötigt, aber allein schon die preisliche Beschränkung der Hits sollte diesem einen Strich durch die Rechnung machen. Stattdessen empfiehlt es sich, einen Plan zu entwerfen, welche Ereignisse wann genutzt werden sollen, um die Zielerreichung zu messen. Ein solcher Plan ist in Tabelle 8.1 zu sehen.

Tag Name	Category	Action	Label	Value
End of Page	Page	Scroll	End of Page	Scroll Depth
Scroll Event	Page	Scroll	Scroll Depth	Scroll Depth
YARPP Click	Page	Click	Click Target	Scroll Depth
YARPP Visible	Page	Scroll	YARPP Visibility	Scroll Depth
Leave	Page	Leave	Click Element	Scroll Depth
Link Click	Page	Click	Click Target	Scroll Depth
Download	Page	Click	Software	Scroll Depth
Video Start	Video	Click	Video Title	Video Time
Video Stop	Video	Click	Video Title	Video Time
Video Finish	Video	Click	Video Title	Video Time

Tabelle 8.1 Beispiel für einen Ereignisplan

In diesem Beispiel handelt es sich um eine reine Inhaltsseite, auf der nichts zum Kauf angeboten wird. Die Sichtbarkeit des YARPP-Elements markiert das Ende eines Inhalts; Zusätzlich wird das Erreichen des Endes der Seite gemessen (Spoiler-Alert: Die wenigsten Nutzer scrollen bis nach ganz unten). Zwar wird auch hier das Scroll-Ereignis getrackt, aber dies ist vor allem dem Wunsch geschuldet, eine etwas genauere Verweildauer zu messen (siehe Kapitel 14, »Interaktionen anstatt Verweildauer«). Auch wird bei jedem Ereignis die Scroll-Tiefe mitgesendet, sodass man sehen könnte, bis wohin ein Nutzer heruntergescrollt hat, als das Ereignis ausgelöst wurde. Eine mögliche Fragestellung, die mit diesen Daten beantwortet werden könnte, wäre, wie weit die Nutzer tatsächlich auf einer Inhaltsseite heruntergehen (im Verhältnis zur Auflösung), also bis wohin ein Inhalt interessant ist.

8.4 Einsatz einer Datenschicht

Die Datenschicht, häufig auch Data Layer genannt, ist ein JavaScript-Objekt, in dem Daten gespeichert und ausgetauscht werden können, während eine Seite im Browser geladen ist. Diese technische Sicht soll an einem Beispiel aus einem anderen Kontext verdeutlicht werden.

Ein Computernutzer hat eine Tabelle in Microsoft Excel erstellt und möchte diese in Microsoft PowerPoint verwenden. In Excel wird die Tabelle markiert und dann kopiert, sodass sie schließlich in PowerPoint auf einer Folie eingefügt werden kann.[2] Die Tabelle ist im Arbeitsspeicher des Rechners, sodass sie von einer Anwendung in die nächste Anwendung übermittelt werden kann. Wird der Rechner ausgeschaltet oder etwas anderes kopiert, kann die Excel-Tabelle nicht mehr abgerufen werden.

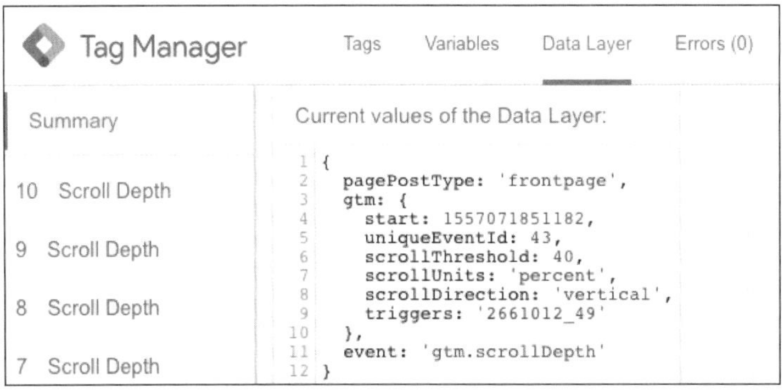

Abbildung 8.1 Die Datenschicht auf »tom.alby.de«, hier im Google Tag Manager

Eine Datenschicht verhält sich ähnlich. Auch hier können Daten von einer Anwendung auf der Seite in eine andere Anwendung überführt werden. So kann zum Beispiel etwas aus einem Cookie ausgelesen, die Information in die Datenschicht geschrieben und dann an ein Analytics-System übergeben werden. Der große Unterschied zu dem Excel-Beispiel ist, dass mehrere Daten aus verschiedenen Applikationen gleichzeitig in diesem Zwischenspeicher vorhanden sein und ausgelesen werden

---

2 Zwar sieht die Tabelle dann meistens irgendwie anders aus, aber das wird jetzt ausgeklammert.

können. Im Vergleich zu unserem Beispiel wäre das die Excel-Tabelle und vielleicht ein Bild, das auch in die PowerPoint-Präsentation eingebunden werden soll. Elemente in einer Datenschicht sind zum Beispiel die URL der gerade besuchten Seite, Seitentitel, ID des Users, die gegenwärtige Scroll-Tiefe, das gerade sichtbare Element usw. In Abbildung 8.1 ist die Datenschicht aus der Sicht des Google Tag Managers zu sehen.

Daten der Seite können mithilfe von JavaScript-Code im HTML in die Datenschicht geladen werden, aber auch ein Tag-Management-System kann dafür sorgen, dass Daten in die Datenschicht gelangen. Aus der Datenschicht gelangen die relevanten Daten in das Webanalyse-System.

Wichtig zu wissen

- ▶ Ereignisse helfen dabei, Interaktionen des Nutzers mit der Website zu erfassen.
- ▶ Nur weil vieles erfasst werden kann, heißt es nicht, dass die Daten auch sinnvoll genutzt werden können.
- ▶ Eine Datenschicht ist wie ein Arbeitsspeicher in einer Website, in dem Daten zwischen Applikationen ausgetauscht und vom Webanalyse-System erfasst werden können.

Kapitel 9
Einen Tracking-Plan erstellen

Auch wenn es zunächst langweilig erscheint, die Implementierung eines Trackings muss geplant und auch dokumentiert werden. Dafür existieren die drei zentralen Dokumente Measurement-Plan, Tracking-Plan und Tagging-Plan.

9.1 Warum ein Tracking-Plan?

Bis auf die Standardinstallation (die es bei einigen Tracking-Tools gar nicht gibt) ist keine Installation eines Webanalyse-Systems selbsterklärend. So kann die Absprungrate angepasst sein oder auch nicht (siehe Kapitel 15, »Absprungrate verstehen«), das Tracken von Ereignissen (siehe Kapitel 8, »Ereignisse und Datenschicht«) kann zur Ermittlung von Zielerreichungen (Kapitel 1, »Ziele der Webanalyse«) eingerichtet worden sein, oder es wurden benutzerdefinierte Variablen, Dimensionen oder Messwerte eingerichtet, die sich von außen nicht erschließen (Kapitel 7, »Dimensionen und Messwerte«).

Das Setup einer Seite und ihres Trackings kann extrem komplex sein, sodass jeder Außenstehende, der in ein Webanalyse-Projekt geholt wird, eine Dokumentation benötigt. Eine solche Dokumentation zu erstellen, ist also keine lästige Pflicht, sondern eine Arbeitserleichterung für andere Analysten und auch für einen selbst. Denn wenn mehrere Websites bereits betreut wurden, fällt es einem selbst nicht immer leicht zu wissen, was man wo gemacht hat.

In der Praxis wird häufig zwischen verschiedenen Dokumentationen unterschieden, zum Beispiel zwischen folgenden:

▶ Measurement-Plan (siehe Kapitel 2, »Die Dreifaltigkeit der Datenanalyse«)

▶ Tracking-Plan

▶ Tagging-Plan

Diese Dokumente können auch in einem Dokument zusammengefasst sein oder unterschiedliche Titel tragen:

▶ Ein Measurement-Plan beginnt mit dem obersten Geschäftsziel und bricht dieses in Unterziele herunter, für die dann KPIs definiert werden. Ein solcher KPI kann zum Beispiel die Anzahl der Downloads einer Software sein.

▸ Ein Tracking-Plan übersetzt den Measurement-Plan in konkrete Tracking-Anweisungen. Welche benutzerdefinierten Dimensionen werden benötigt? Wie werden Ziele konfiguriert? Welche Variablen existieren? Wie wird der Data Layer konfiguriert? Wer bekommt welchen Report?

▸ Ein Tagging-Plan definiert, was auf der Website konkret getan werden muss, damit die notwendigen Informationen in das Webanalyse-System gelangen können.

Selbst wenn der Webanalyst gleichzeitig der Entwickler ist, sind die Planung und die Dokumentation des Trackings sinnvoll.

9.2   Der Tracking-Plan im Detail

Der Tracking-Plan basiert auf dem Measurement-Plan und enthält die folgenden Informationen:

▸ wie die oberen KPIs in *Macro* und *Micro Conversions* heruntergebrochen werden, sofern das noch nicht im Measurement-Plan erfolgt ist,[1]

▸ welche Informationen warum benötigt werden und von wem sie angefragt wurden, damit zum Beispiel Kostenfragen geklärt werden können, falls neue Daten ein Extra-Budget erfordern (zum Beispiel, weil mehr Hits anfallen),

▸ wann ein Datenpunkt hinzugefügt wurde, um zu verhindern, dass Daten vor der Erfassung abgefragt werden, die dann aber leer sind und das Ergebnis verzerren,

▸ wann ein Datenpunkt entfernt wurde, sodass danach ankommende Anfragen nicht von zuvor erfassten Daten verfälscht werden,[2]

▸ welche Ereignisse und andere Daten dafür hinzugefügt werden müssen,

▸ in welchen Dimensionen und Metriken die Daten zu finden sind,

▸ ob benutzerdefinierte Dimensionen angelegt werden müssen und wie diese heißen,

▸ und welche Stakeholder welche der Informationen wie und wann benötigen und erhalten.

Der Tracking-Plan ist somit ein lebendes Dokument, das auch versioniert werden und Informationen dazu enthalten sollte, wo die aktuelle Version zu finden ist.

Der Tracking-Plan wird auch dazu genutzt, die Datenschicht zu definieren (siehe dazu Kapitel 8, »Ereignisse und Datenschicht«).

---

1 Eine Micro Conversion ist zum Beispiel das Teilausfüllen eines Formulars, das eine Micro Conversion unterhalb der Macro Conversion »Bestellung abgeschickt« darstellt.
2 Dies ist insbesondere dann wichtig, wenn verschiedene Informationen in derselben Dimension gespeichert werden sollen.

Eine Vorlage für einen Tracking-Plan kann unter *https://tom.alby.de/webanalyse-buch/* heruntergeladen werden.

9.3 Vom Tracking-Plan zum Tagging-Plan

Der Tagging-Plan ist in der Regel technischer als der Tracking-Plan. Ein Beispiel ist in Tabelle 9.1 zu sehen.

Bereich	Beschreibung	Trigger	Variable	Wert
search	Der Nutzer hat einen Begriff ein-gegeben und auf Suche geklickt.	Suchergeb-nisse werden angezeigt.	keyword	$keyword (String)
search	Ergebnisse werden angezeigt.	Suchergeb-nisse werden angezeigt.	results	$numberOfResult (Integer)
search	Ergebnisse werden angezeigt.	Das Ergebnis wird ange-klickt.	searchClick	$searchPosition/ $searchURL (Inte-ger/Character)

Tabelle 9.1 Beschreibung der Variablen im Tagging-Plan

Sind die benötigten Werte nicht bereits in der Datenschicht, muss im Tagging-Plan für den Web Developer vermerkt werden, dass diese Werte in die Datenschicht »ge-schubst« werden müssen. Häufig können Werte aber auch aus der Seite ausgelesen werden. Der große Nachteil eines solchen Ansatzes ist allerdings, dass das Tracking komplett neu angepasst werden muss, wenn ein Redesign der Seite erfolgt und somit die Elemente auf der Webseite andere Namen haben. Es ist also sinnvoller, wenn die zu erfassenden Werte von der Website selbst abstrahiert werden, um Fehlerquellen zu reduzieren.

Wichtig zu wissen

▶ Ein Measurement-Plan ist der High-Level-Plan, der mit der Geschäftsführung und der Leitungsebene vereinbart wird.

▶ Der Tracking-Plan ist das Arbeitsinstrument der Webanalysten, in dem die Arbeit geplant und dokumentiert wird.

▶ Der Tagging-Plan ist die Arbeitsgrundlage für einen Entwickler, um die benötig-ten Daten für das Webanalyse-System oder den Tag Manager bereitzustellen.

Kapitel 10

Ein geeignetes Tracking-Tool auswählen

Auch wenn der Marktanteil von Google Analytics hoch ist, bedeutet das nicht, dass es für alle Anwendungsfälle gleich gut geeignet ist. Vor der Tool-Auswahl steht zunächst das Ermitteln der Anforderungen.

10.1 Entscheidungsfaktoren

Wie in der Einleitung erwähnt, kommt es zunächst nicht auf das Tool an, sondern vor allem auf das Grundverständnis, was und wie analysiert wird. Allerdings unterscheiden sich die Tools in einigen Aspekten. Dabei geht es hier nicht um einzelne Features, die sich ohnehin kontinuierlich ändern, sondern vielmehr um Grundkonzepte, die sich wahrscheinlich nicht so schnell ändern werden.

Die Eignung eines Tools hängt also von den eigenen Anforderungen und Möglichkeiten ab:

▶ Ist so viel Traffic zu erwarten, dass nur eine Bezahlvariante möglich ist? Hier ist auch zu beachten, dass, je mehr Ereignisse (siehe Kapitel 8, »Ereignisse und Datenschicht«) gemessen werden, auch mehr Hits entstehen, die in die Kalkulation einbezogen werden.

▶ Werden Features benötigt, die nur in einer Bezahlsoftware angeboten werden?

▶ Ist es wichtig, wo die Daten gespeichert werden? Besteht zum Beispiel eine Pflicht, dass die Daten in Deutschland oder in Europa gespeichert sind?

▶ Sind die Qualifikationen vorhanden, um einen eigenen Server betreiben zu können, wenn es eine *On-Premise-Lösung* sein soll?

▶ Wie groß ist der geschäftlich relevante Wert, der durch eine bessere und/oder schnellere Datenqualität geschaffen wird?

▶ Werden Rohdaten benötigt?

▶ Wie hoch ist die eigene Qualifikation oder die eines Teams, um mit einem Tool arbeiten zu können? Wie viel Budget ist für eine Schulung oder für Berater vorhanden?

▶ Kann das Investment in Kauf und Betrieb des Webanalyse-Systems mit besseren Analysen und ihren Ergebnissen gerechtfertigt werden? Die Lizenzgebühren sowie das Gehalt eines Analysten inklusive Arbeitgeberanteile führt schnell zu Kosten in Höhe von 250.000 EUR pro Jahr, die erst einmal wieder reingeholt werden müssen.

Bei der Wahl des Tools ist auch zu berücksichtigen, wie tief die Einbindung zu bestehenden Systemen wird. Der Wechsel von einem Tool zum nächsten kann durch eine tiefe Einbindung erschwert werden. Manche Features sind nur in einem Tool vorhanden, aber nicht in einem anderen. Soll die Abhängigkeit verringert und die Möglichkeit eines leichten Wechsels garantiert werden, muss über eine Architektur nachgedacht werden, die die Datenakquise durch einen Tag Manager von dem jeweiligen Webanalyse-Tool abstrahiert.

10.2   Google Analytics

Google Analytics ist eines der beliebtesten Tools, da die Grundversion kostenlos und die Einbindung einfach ist.[1] Anmelden, einen Code auf der Seite einfügen, fertig! Das einfache Setup täuscht darüber hinweg, dass in der Regel etwas mehr anzupassen ist, um sinnvolle Auswertungen durchführen zu können. Auch wird durch die Einfachheit der Benutzung nicht immer deutlich, dass die Zahlen zum Teil mit Vorsicht zu genießen sind (siehe zum Beispiel Kapitel 14, »Interaktionen anstatt Verweildauer«, über die durchschnittliche Sitzungsdauer sowie Kapitel 13 über Statistikgrundlagen).

Durch die weite Verbreitung von Google Analytics ist die Anzahl der Tutorials im Netz kaum noch zählbar. Daher ist es einfach, sich selbst ausreichend Wissen anzueignen, um eine gute Installation hinzubekommen. Irgendjemand im Netz hat immer eine gute Antwort. Zusammengefasst kann man sagen, dass Google Analytics gut für die Webanalyse ist, weil mehr Personen kostenlos davon profitieren können. Gleichzeitig wird durch die Einfachheit darüber hinweggetäuscht, dass etwas mehr beim Setup getan werden müsste, um wirklich sinnvolle Daten zu bekommen.

Die kostenpflichtige Variante von Google Analytics, Google Analytics 360, kostet ab 150.000 EUR pro Jahr (Stand 2016); darin sind 500 Millionen Hits pro Monat enthalten. Die kostenlose Variante bietet nur 10 Millionen Hits, und es wird schon früher Sampling eingesetzt.[2] Unter Sampling versteht man in diesem Kontext die zufällige Auswahl von Daten, um den Datenzugriff und die Analyse zu beschleunigen. Dane-

---

1   Google hat Google Analytics übrigens nicht selbst erfunden, sondern von einer Firma namens Urchin gekauft. Zuvor kostete die Verwendung von Urchin Geld, Google erlaubte kurz nach dem Kauf die kostenlose Nutzung der Basisvariante. Ein Überbleibsel von Urchin sieht man in den UTM-Tags, denn UTM steht für Urchin Tracking Manager.

2   Für zusätzliche Hits werden höhere Beträge gezahlt.

ben existieren in der kostenpflichtigen Variante zusätzliche Features, aber es sind häufig die zusätzlichen Hits, die es attraktiv für große Webseiten macht, eine Lizenz zu erwerben. In der kostenlosen Variante existiert kein Zugang zu Rohdaten mit Bordmitteln.

Nicht nur in der Premiumvariante ist Google Analytics Teil einer Suite mit einem Tag Manager, einem Testing-Produkt (Google Optimize) und einer Reporting-Software (Google Data Studio). Allerdings ist es in der freien Version nicht möglich, alle Datensätze zwischen den Produkten auszutauschen. Für die kostenpflichtige Variante existieren weitere Produkte, der Audience Manager, Attribution und Surveys.

Google gibt keine Garantie, dass die Daten in Deutschland oder Europa gespeichert werden.

10.3   Adobe Analytics

Adobe Analytics wird nicht in einer kostenlosen Variante angeboten, dementsprechend gibt es auch weniger Personen mit Erfahrung mit diesem Tool auf dem Markt. Adobe-Analytics-Blogs sind eher rar gesät. Da es erst ab einigen Tausend EUR pro Monat losgeht, können sich in der Regel nur größere Websites eine Lizenz leisten. Ähnlich wie Google Analytics nicht von Google erfunden wurde, basiert Adobe Analytics auf Omniture SiteCatalyst. Omniture wurde 2009 von Adobe gekauft, und aus den Omniture-Produkten wurde größtenteils die Adobe Marketing Cloud.

Die Suite enthält weitere Produkte wie ein Test-Tool, einen Tag Manager und eine Data Management Platform. Durch die Verknüpfung dieser Produkte soll ein einheitlicher Flow möglich sein, zum Beispiel einen Test nur für ein DMP-Segment auszuführen und die Ergebnisse in Analytics ausgeben zu lassen.

Gleichzeitig ist Adobe Analytics auf den ersten Blick etwas komplizierter als Google Analytics, aber tatsächlich erfordert dieses Tool einfach nur, dass man sich vorher darüber Gedanken macht, was man messen möchte, da danach die benutzerdefinierten Variablen aufgesetzt werden. Mit dem Einbinden eines Tracking-Codes ist es nicht getan.

Cross-Device-Analysen ohne Login fehlen bei Adobe Analytics, ebenso die demografischen Features, die Google aus den DoubleClick- und zugekauften Daten zieht. Hier hat Google den Vorteil, dass es solche Daten aus anderen Quellen bekommen kann; diese stehen Adobe nicht zur Verfügung.

Dafür bietet Adobe eine Garantie, dass die Daten in Deutschland beziehungsweise in Europa gespeichert werden.

10.4   Matomo

Als alternatives Tool zu den beiden großen Platzhirschen wird Matomo genannt, früher Piwik. Die Open-Source-Variante kann kostenlos heruntergeladen und anders als die anderen beiden Tools auch selbst betrieben werden (on-premise). In dieser Variante können Support-Pakete dazu gebucht werden. Es können auch Hosting-Pakete erworben werden, falls der Betrieb eines eigenen Servers zu aufwendig ist; hier stehen alle Rohdaten zur Verfügung.

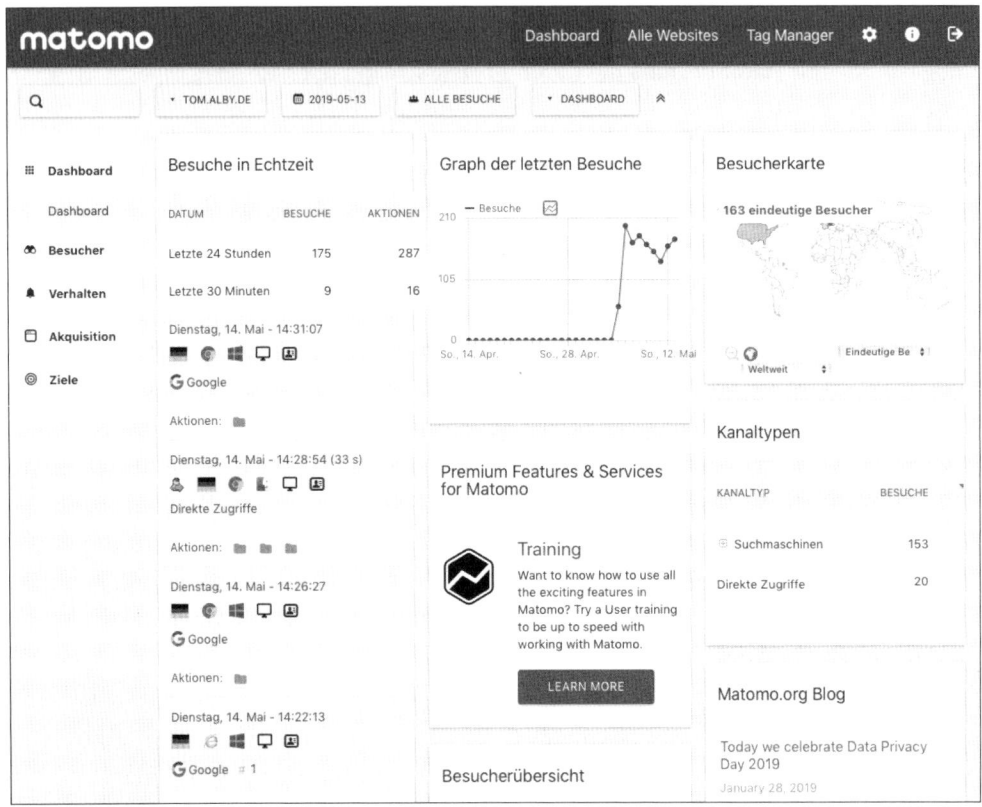

Abbildung 10.1 Matomo-Oberfläche

Allerdings wird bei näherem Hinsehen auch deutlich, wieso Google und Adobe so viel Geld für eine Lizenz für ihre Produkte verlangen können: Der Betrieb eigener Server kostet Geld, sowohl für die Server selbst, auch wenn sie auf Amazon Web Services (AWS) und Co. laufen, als auch für das Personal, das die Software installieren und warten kann. Und da ein Mitarbeiter auch hin und wieder Urlaub nehmen wird, werden eventuell zwei Mitarbeiter benötigt. So kommt man schnell auf die Summe, die die großen Anbieter verlangen.

Matomo kommt auch mit einem eigenen Tag Manager daher; auch ein A/B-Test-Tool steht zur Verfügung.

10.5   Hotjar

Hotjar ist ein Neuling, allerdings auch nicht wirklich ein Webanalyse-Tool, positioniert sich aber als Ansatz, um Nutzerverhalten schnell und visuell zu verstehen. *Visuell* bedeutet hier, dass zum einen virtuelle Aufnahmen des Nutzerverhaltens und zum anderen Heatmaps vom Verhalten mehrerer Nutzer erstellt werden können. Zudem können Umfragen und Polls erstellt, aber auch Feedback zu jeder einzelnen Seite abgefragt werden.

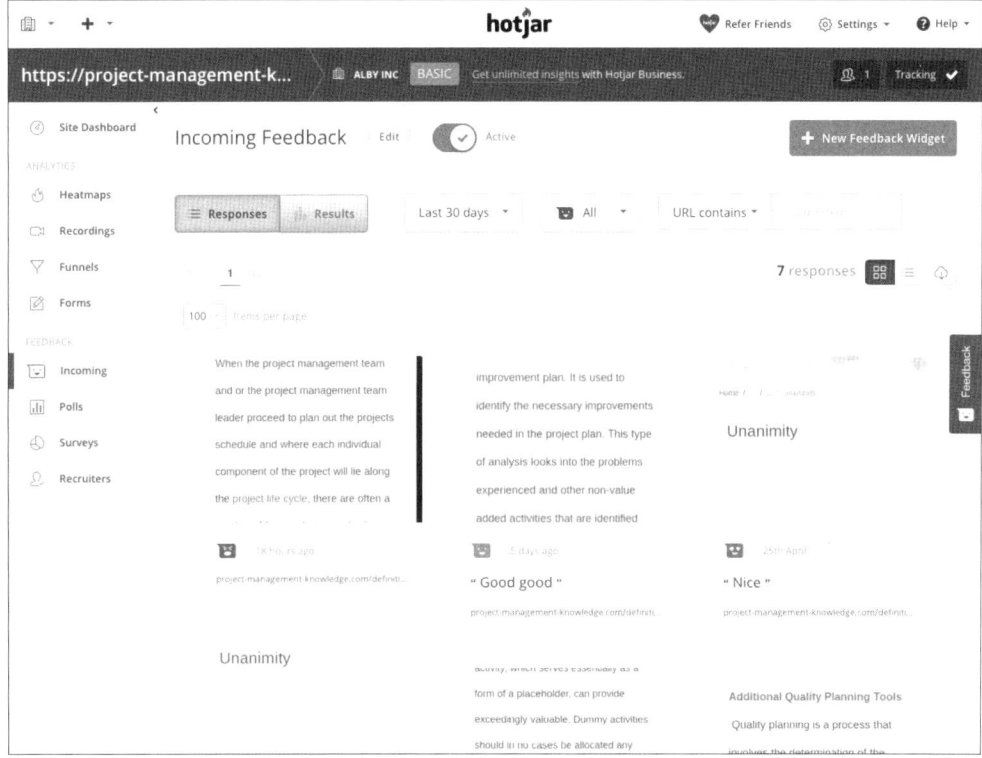

Abbildung 10.2 Die Hotjar-Oberfläche, hier im Bereich »Feedback«

Die Nützlichkeit solcher Umfragen wird in Kapitel 12, »Umfragen auf der eigenen Website«, behandelt, dennoch sei schon hier gesagt, dass die Ergebnisse dieser Funktionen nicht stellvertretend für alle Webseitennutzer zu interpretieren sind, da nicht alle Nutzergruppen mit der gleichen Wahrscheinlichkeit an einer Umfrage teilnehmen oder ein Feedback geben werden. Die Ergebnisse könnten somit in den Bereich der anekdotischen Evidenz eingeordnet werden.

Wichtig zu wissen

▸ Die großen Webanalyse-Suiten unterscheiden sich leicht in ihren Ansätzen. Für Google Analytics sind aufgrund der kostenlosen Version mehr Ressourcen im Netz zu finden.

▸ Matomo, früher Piwik, ist das einzige Tool von den großen Drei, das kostenlos on-premise betrieben werden kann.

▸ Hotjar ist kein richtiges Webanalyse-Tool, kann die Analyse aber mit qualitativen Daten ergänzen.

Kapitel 11
Datenschutz

*Die Balance zwischen striktem Datenschutz und einer sinnvollen
Analyse kann herausfordernd sein. Im Hinblick auf Datenpannen und
die Brisanz mancher Daten ergibt sich aber Wichtigkeit und Dringlich-
keit von Datenschutzmaßnahmen.*

11.1   Keine Rechtsberatung

Nachdem in den vorangehenden Kapiteln erläutert wurde, was alles getrackt werden kann, soll nun die Rolle des Datenschutzes besprochen werden. Eine Rechts-
beratung kann dieses Buch nicht bieten, zu sehr haben sich Gerichtsurteile in den
letzten Jahren von Gericht zu Gericht unterschieden, ganz abgesehen davon, dass
der Autor kein Rechtsanwalt ist. Allerdings soll für das Thema Datenschutz sensibi-
lisiert werden.

11.2   Warum überhaupt Datenschutz?

Insbesondere Marketing-Agenturen verweisen auf die Diskrepanz zwischen den eu-
ropäischen und amerikanischen Datenschutzgesetzen: Amerikanische Firmen dürf-
ten alles, europäische Firmen nichts, was zu einem Wettbewerbsnachteil führe. Tatsächlich hat Deutschland eine besondere Beziehung zum Datenschutz, zumindest
auf der rechtlichen Ebene, wohingegen die Realität der Menschen heute größtenteils
anders aussieht.

Die in der Bundesrepublik Deutschland für 1983 geplante Volkszählung markierte
einen Wendepunkt in der Geschichte des Datenschutzes in Deutschland. Sie wurde
durch massive Proteste und ein wegweisendes Urteil des Bundesverfassungsgerichts
verhindert. Die Proteste wurden von einer breiten Allianz von Gruppierungen unterstützt, darunter die gerade frisch in den Bundestag gekommenen Grünen ebenso wie
die Jugendorganisation der FDP. Das Gefühl der Ohnmacht gegenüber der beginnen-
den Computerisierung führte zu Widerstand gegen die Ausspähungen durch den
Staat und andere Institutionen (Bergmann 2009). Die Datenschutzbewegung wurde
zu diesem Zeitpunkt geboren.

Das Bundesverfassungsgericht stellte das Recht auf informationelle Selbstbestimmung als Grundrecht dar, sodass bei dem Entwurf der Volkszählung stark nachgearbeitet werden musste. Und selbst die dann 1987 stattfindende Volkszählung war von Protesten und Verweigerung begleitet.

Informationelle Selbstbestimmung bedeutet, dass jeder Mensch selbst bestimmen kann, welche Informationen er wann von sich preisgeben möchte. Wenn ein Mensch nicht weiß, was wann über ihn gespeichert wird, könnte er sein Verhalten anpassen, um mit Normen konform zu gehen (Panoptismus). Eine freie Gesellschaft zeichnet sich aber dadurch aus, dass jeder selbstbestimmt mitwirken kann.

11.3   Was ist schlimm an der Datensammlung im Internet?

Berühmt geworden sind in diesem Zusammenhang zwei Zitate des früheren Google-Chefs Eric Schmidt, einmal aus dem Jahr 2009:

> *If you have something that you don't want anyone to know, maybe you shouldn't be doing it in the first place. (HuffPost o. D.)*

Und einmal aus dem Jahr 2010:

> *We know where you are. We know where you've been. We can more or less know what you're thinking about. (Saint o. D.)*

Es genügt, in die deutsche Geschichte zurückzublicken, um zu verstehen, warum diese Äußerungen zumindest verstörend sind; sie wurden zum Teil auch später revidiert. Denn auch wenn man nichts zu verbergen hat, kann es sein, dass sich der politische Wind einmal dreht und das, was früher einmal in Ordnung war, morgen einer anderen Auffassung unterliegt.

Doch wie sollen die Daten überhaupt an jemanden gelangen, der damit anderes als Werbung oder Webanalyse im Sinn hat? Dazu genügt der Blick in ein paar Datenpannen. Als die Google-Streetview-Autos durch Deutschland fuhren, erstellten sie nicht nur Fotos, sondern sammelten auch gleich Daten von den WIFI-Netzwerken auf der Strecke, laut Aussage von Google ein Versehen eines Mitarbeiters (Kravets o. D.). Und Google steht mit solchen Fehlern nicht allein da: 2017 wurde bekannt, dass Yahoo! drei Milliarden Datensätze von Nutzern als gestohlen melden musste (Burgess o. D.). LinkedIn verlor 2012 Nutzerdaten an einen Hacker, das Ausmaß wurde aber erst 2016 wirklich bekannt (Perez 2016). AOL stellte 2006 anonymisierte Suchmaschinen-Logdateien für die Forschung bereit und stellte wenige Stunden später fest, dass das keine gute Idee war. Kurze Zeit später konnte eine Benutzerin anhand ihrer Suchanfragen identifiziert werden (Barbaro und Jr. o. D.). Dass die Patienten einer Psychologin auf Facebook gegenseitig als Freunde vorgeschlagen wurden, obwohl sie nicht einmal mit der Psychologin befreundet waren, zeigt, wie ein zunächst einmal belang-los wirkender Algorithmus schwere Vertrauensverluste erzeugen kann.[1]

Auch wenn die Deutschen besonders sensibel bei dem Thema Daten sein wollen, zeigt ihr Verhalten etwas anderes: 30 Millionen Deutsche sind aktive Nutzer einer Payback-Karte (*Paypal Daten und Fakten* o. D.). Dieses Verhalten könnte so übersetzt werden, dass eine Bereitschaft zur Freigabe von Daten vorhanden ist, wenn dafür ein wahrgenommener Mehrwert besteht.

11.4   Datenschutz und Webanalyse

Die Datenschutzgrundverordnung geht unter anderem von den folgenden Prinzipen aus:

▸ das Recht auf informationelle Selbstbestimmung

▸ Personenbezogene Daten dürfen in der Regel nicht erhoben und verarbeitet wer-den, es sei denn, dass der Nutzer dies schriftlich erlaubt hat oder eine Rechts-grundlage für einen bestimmten Nutzungsfall besteht.

▸ Die Verarbeitung, besonders sensibler personenbezogener Daten, unterliegt stren-gen Voraussetzungen; besonders sensible personenbezogene Daten sind zum Bei-spiel Religion oder sexuelle Präferenzen.

▸ Daten dürfen nur für den ursprünglichen Zweck der Erhebung verwendet werden.

▸ Eine Einwilligung muss jederzeit widerrufen werden können.

Für die Webanalyse bedeutet dies, dass im Prinzip keine Daten erhoben werden dür-fen, wenn sie nicht anonymisiert sind. Dies ist zum Beispiel bei Google Analytics nicht der Fall; die Daten sind lediglich pseudonymisiert.

Bei einer Anonymisierung kann von den Daten nicht auf eine Person geschlossen werden. Die Client-ID im Cookie von Google Analytics ist auch im Google-Analytics-Interface zu finden, sodass ein Rückschluss im Prinzip möglich ist. Es ist aber auch möglich, einem Nutzer einen Link mit einer ID in einer Mail zu senden und den Nut-zer dann auf der Website zu verfolgen.

Selbst in der Webanalyse können besonders sensible personenbezogene Daten erho-ben werden, zum Beispiel wenn eine Dating-Seite betrieben wird. Zwar werden in den meisten Webanalyse-Systemen keine E-Mails gespeichert, aber die Verknüpfung die-ser Daten mit den Webanalyse-Daten ergibt genaue Profile von Nutzern, deren Iden-tität herausfindbar ist.

Außerdem müssen Daten eines Nutzers jederzeit gelöscht werden können, sofern nichts dagegen spricht (wie zum Beispiel Zahlungsdaten, die bei der Steuer ange-

---

1 *https://alby.link/1*

geben werden müssen). Auch muss es für den Nutzer möglich sein, einem Teil der Datennutzung zu widersprechen, zum Beispiel dem Retargeting auf der Basis von Webanalyse-Daten. Ob Cookies zunächst aktiv von dem Nutzer akzeptiert werden müssen, ist zum Zeitpunkt des Verfassens dieses Buches nicht abschließend geklärt. Ein Link auf ein Plugin, das das Tracking verhindert, reicht jedoch nicht aus, denn auf einem Smartphone-Browser lassen sich diese Plugins nicht installieren. Auch ein Hinweis darauf, dass Nutzer ja den Do-not-track-Modus aktivieren können, ist nicht ausreichend, zumal manche Webanalyse-Systeme dies auch noch ignorieren.

Gleichzeitig ist zu bedenken, dass eine Datensammlung, die nur nach vorheriger Zustimmung erfolgt, für eine Webanalyse wahrscheinlich unbrauchbar ist. Es kann nicht sichergestellt werden, dass sich Nutzer, die einem Cookie aktiv zustimmen, genau so verhalten wie Nutzer, die einen Cookie ablehnen.

Der Webanalyst muss sich seiner Verantwortung bewusst sein, dass er unter Umständen Daten sammelt, deren Erhebung und Verarbeitung gegen Datenschutzgesetze verstößt. Er muss sicherstellen, dass dies so gut wie möglich verhindert wird, gleichzeitig aber dafür sorgen, dass die Ergebnisse der Analyse auch mit den Datenschutzauflagen noch brauchbar sind.

Wichtig zu wissen

▶ Datenschutz ist kein notwendiges Übel, sondern ein Grundrecht der Nutzer.

▶ Insbesondere in Deutschland existiert eine besondere Sensibilität; allerdings sind auch hierzulande Nutzer bereit, ihre Daten herzugeben, sofern sie etwas dafür zurückbekommen.

▶ Besteht die Möglichkeit für Nutzer, sich nicht tracken zu lassen, kann dies dazu führen, dass die verbleibenden Daten nicht repräsentativ für alle Nutzer sind.

Kapitel 12
Umfragen auf der eigenen Website

Eine Umfrage ist eine einfache Möglichkeit, um Daten von Nutzern zu erfassen; allerdings sind viele Fallstricke zu beachten, damit die Ergebnisse einer solchen Umfrage über ein Stimmungsbild einer nicht-repräsentativen Teilmenge hinausgehen.

12.1   Warum Umfragen in einem Buch über Webanalyse?

Umfragen und Interviews sind ein weiterer Weg der Datenakquise, nur dass bei Interviews in der Regel qualitative Daten erhoben werden. Umfragen sind hingegen quantitativer Natur. Sie sind insofern aber anders, als dass mit ihnen nicht das Verhalten von Benutzern beobachtet wird, sondern man die Nutzer selbst befragt.

12.2   Vor- und Nachteile von Umfragen

Tools wie Hotjar bieten die Möglichkeit, Feedback an den Website-Betreiber zu hinterlassen (siehe Kapitel 10, »Ein geeignetes Tracking-Tool auswählen«). Darüber hinaus existiert eine Vielzahl von Anbietern, die zum Teil kostenlos eine Befragung von Website-Besuchern ermöglichen.

Umfragen und Interviews mögen einfach aussehen, aber sie sind eine Wissenschaft für sich. Wie in anderen Kapiteln heißt es auch hier »A fool with a tool is still a fool«. Die richtigen Fragen zu stellen, das geeignete Sample zu identifizieren und zu befragen, die Antworten statistisch korrekt auszuwerten: All dies ist komplexer als die vielen Tools es den Anwender glauben machen.

Die Aussicht, an den Gedanken der Nutzer teilhaben zu können, scheint verlockend; die Durchführung wird zum Beispiel auch von Kaushik 2007 empfohlen. Dies ist allerdings eine naive Sicht auf Umfragen. Zwar erwähnt selbst Avinash Kaushik, dass Umfragen auf Webseiten eine qualitative Methode der Datenerhebung sind und empfiehlt die Verknüpfung mit quantitativen Daten aus der Webanalyse, die konkrete Verknüpfung bleibt er aber schuldig.

Das Beispiel in Abbildung 12.1 zeigt die Bitte um Feedback bei einem Besuch von *hp.com* auf der Suche nach einem Treiber für einen Drucker. Probleme mit Druckern gehören zu den Situationen, die viel Zeit in Anspruch nehmen. Man möchte drucken, es geht nicht, und dann sucht man nach einer Lösung, wie zum Beispiel hier die Installation eines aktuellen Treibers. Die Wahrscheinlichkeit, in einer solchen Situation für eine Umfrage Zeit zu haben, ist relativ gering. Schließlich will man nach der Installation des Treibers endlich drucken. Ebenso können Situationen dazu führen, dass die Meinung eher negativ geprägt ist. Es ist also gar nicht so einfach, ein Feedback aller Nutzer zu bekommen, das gleichzeitig nicht gefärbt ist.

Abbildung 12.1 Bitte um Feedback auf der »hp.com«-Seite

Ein weiteres Beispiel für eine Umfrage, die zumindest fragwürdig ist, finden Sie in Abbildung 12.2. Hier liest der Nutzer gerade einen Artikel auf einer Website und wird dann von einem Interstitial (einem Banner, das die Sicht auf die eigentliche Seite zum Teil oder ganz verdeckt) davon abgehalten weiterzulesen. Stattdessen soll er eine Frage beantworten. Die Wahrscheinlichkeit, dass der Nutzer einfach irgendetwas antwortet oder sogar die Seite verlässt, damit er weiterlesen kann, ist sicherlich nicht gering. Eventuell kann auf Basis der Verhaltensdaten, die Google sammelt, überprüft werden, ob die gegebenen Antworten stimmig sind, aber auch damit ist das Problem der Nonrespondents nicht gelöst.

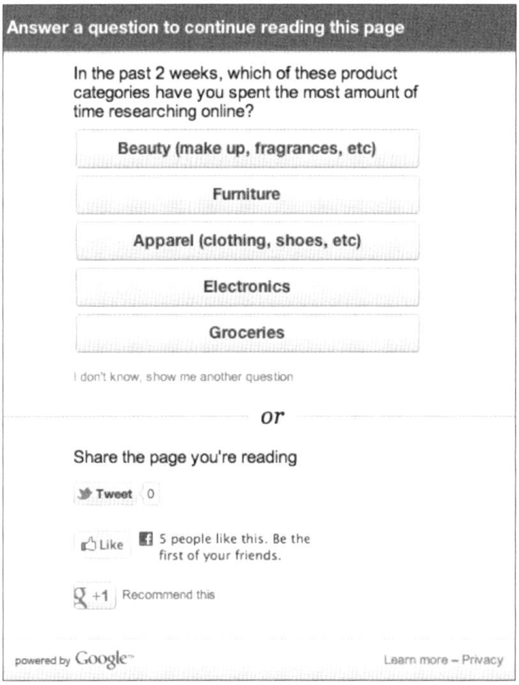

Abbildung 12.2 Der Nutzer wird unterbrochen, damit er Fragen beantwortet

12.3 Fallstricke

Man kann nicht einfach auf die Straße gehen und Personen nach ihrer Meinung befragen. Auch wenn das bequem und einfach ist, kann nicht davon ausgegangen werden, dass die Personen auf der Straße zu diesem Zeitpunkt genau der Population entsprechen, über die etwas in Erfahrung gebracht werden soll. Geht man morgens auf die Straße, sieht man wahrscheinlich eher Rentner, mittags Geschäftsleute auf dem Weg zum Lunch, nachmittags Schüler. Dann kommt es auch noch auf die Straße an: Auf dem Neuen Wall in Hamburg trifft man andere Menschen als in der Ottenser Hauptstraße in Altona. Dennoch werden Umfragen und Interviews gerne auf eine solche Art und Weise durchgeführt. Aufgrund der bequemen Auswahl wird diese Art der Sample-Auswahl auch Convenience Sampling genannt.

Ebenso kann eine Umfrage auf einer Website nur diejenigen erreichen, die sich aktuell auf der Website aufhalten (und davon nicht einmal alle, siehe den nächsten Abschnitt 12.4, »Wie wird es richtig gemacht?«); es kann auch nicht davon ausgegangen werden, dass diese Nutzer repräsentativ für alle Nutzer im Web sind. Tatsächlich muss für qualitative Studien auch nicht gewährleistet sein, dass die Verteilung der Interviewten repräsentativ ist (wenngleich durch quantitative Daten sichergestellt sein sollte, dass nicht nur obskure Fälle interviewt werden).

Manche Nutzergruppen sind sehr schwer mit Befragungen zu erreichen. So haben manche Personen eine geringere Bereitschaft sich befragen zu lassen als andere, und gerade diese sogenannten Nonrespondents fehlen dann in der Befragung. Zwar wird in solchen Situationen manchmal gesagt, dass man auch durch so eine Umfrage zumindest »ein erstes Bild gewinnen könne«, aber was soll ein erstes Bild, wenn es nichts mit der Realität zu tun hat?

Auch das Locken mit Gewinnen ist nicht für alle Nutzer gleich attraktiv. Gleichzeitig könnte das Locken mit einem Gewinn dazu führen, dass die Nutzer eher positive Antworten geben als ohne die Aussicht auf einen Gewinn. Ähnlich dazu sind Antworten, die durch eine soziale Erwünschtheit gefärbt sind: Wer gibt schon gerne zu, dass man Frühstücksfernsehen schaut?

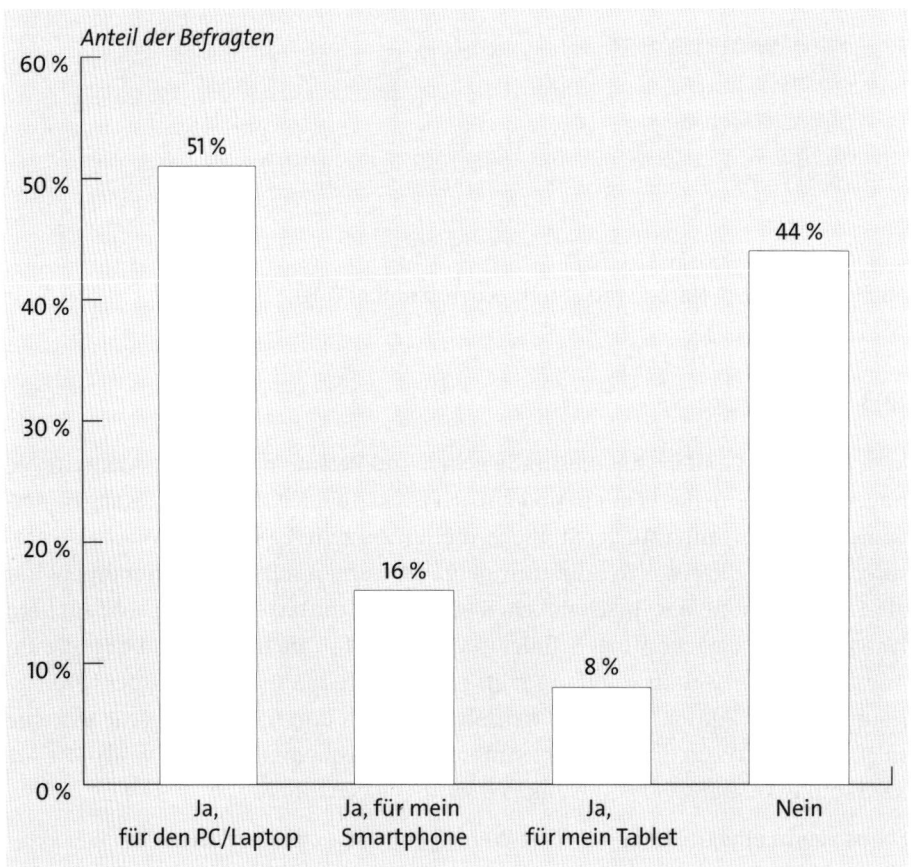

Abbildung 12.3 Die Umfrage zeigt ein anderes Ergebnis als Messungen (Deutschland 2017, Quelle: Statista-Umfrage)

Ein anderes Beispiel sind Umfragen, in denen nach der Nutzung von Werbeblockern gefragt wird (siehe Abbildung 12.3). Natürlich sehen die wenigsten Menschen freiwillig gerne Werbung, und wenn man dann auch noch sehr smart aussehen möchte, wird die Frage nach der Verwendung von Werbeblockern bejaht. Die Frage selbst ist also ungeschickt, denn sie fördert die Färbung durch eine soziale Erwünschtheit. Besser wäre es in diesem Fall, zum Beispiel nach den Werbeblockern zu fragen, die genutzt werden. Das Formulieren der richtigen Fragen ist eine Kunst für sich und sollte immer von darin geschulten Personen durchgeführt werden.

Ein weiteres Phänomen sind Nutzer, die schnell durch eine Befragung durchkommen wollen und je nach Präferenz ein Yes Bias, No Bias oder Bias towards the Middle zeigen. Man ist mit etwas unzufrieden und kreuzt überall ein Nein an. Hier kann es helfen, eine Frage in ihrem Sinn umzudrehen, um ein Bias zu identifizieren.

12.4   Wie wird es richtig gemacht?

Empfehlenswerte Schritte für gute Interviews und Umfragen sind:

1. Explorative Interviews, in denen die Interviewten auch befragt werden, was andere Personen gefragt werden sollten, sodass die Sicht erweitert wird.

2. Probe-Interviews oder -Umfragen, um die Vorgehensweise zu testen, aber auch Feedback von den Teilnehmern einzuholen.

3. Durchführung der Umfrage beziehungsweise der Interviews.

Nach der Durchführung einer Umfrage auf der Website sollten die qualitativen Daten mit quantitativen Daten verbunden werden. Wenn der Anteil der Mac-Nutzer auf einer Website bei 15 % liegt, in der Umfrage aber bei über 40 %, kann davon ausgegangen werden, dass dieser Nutzertyp die Ergebnisse verzerrt.

Qualitative Daten helfen zu verstehen, welche Fragen in der quantitativen Forschung gestellt werden sollen. Für weitere Informationen zu dem Design und der Durchführung von Umfragen siehe Nelson und Cowles 2015.

Wichtig zu wissen

Auch wenn Umfragen auf einer Website einfach zu sein scheinen, können die Ergebnisse nur sinnvoll genutzt werden, wenn die Umfrage professionell aufgesetzt und ausgewertet wurde.

TEIL III

Analyse

Kapitel 13
Minimale Statistikgrundlagen

»Most real life statistical problems have one or more nonstandard features. There are no routine statistical questions; only questionable statistical routines.« (David R. Cox)

13.1 Warum Statistik?

Keines der bekannten Webanalyse-Systeme verwendet das Vokabular der Statistik, und auch viele Grundlagen der Statistik werden in den Webanalyse-Systemen missachtet. Das ist mehr als bedauerlich und sogar tragisch, da die Statistik als Wissenschaft zur Erhebung und Auswertung von Daten eigentlich prädestiniert für die Gestaltung von Analysesystemen ist. Demgegenüber steht die Komplexität statistischer Verfahren, die normale Anwender abschrecken könnte.

In diesem Kapitel geht es darum, einen Teil der Grundlagen der Statistik und ihren Bezug zur Webanalyse zu verdeutlichen. Es ist zu erwarten, dass diese Bereiche stärker zusammenwachsen werden, je komplexer die Webanalyse werden und auf die bewährten Methoden der Statistik angewiesen sein wird. Aber die Beschäftigung mit der Statistik wird auch deswegen dringend empfohlen, weil ansonsten viele Berichte in den Webanalyse-Tools einfach falsch interpretiert werden – und das ist nicht die Ausnahme, sondern eher die Regel.

Für eine detaillierte Einführung in die Statistik ist Fahrmeir et al. 2011 zu empfehlen, deutlich unterhaltsamer aber ist Field 2016.

13.2 Verteilungen

Einige Konzepte wie der Mittelwert oder die Standardabweichung hängen von der Verteilung der Daten ab. Die bekannteste Verteilung ist die Normalverteilung, auch Gauß-Verteilung genannt (siehe Abbildung 13.1). Viele Beobachtungen in der Natur lassen sich auf einer Normalverteilung abbilden. Zupft man Blätter von einem Baum und misst ihre Länge, ist die Wahrscheinlichkeit hoch, dass viele Blätter mittellang sind, wenige Blätter länger, wenige Blätter kürzer und somit eine Normalverteilung entsteht.

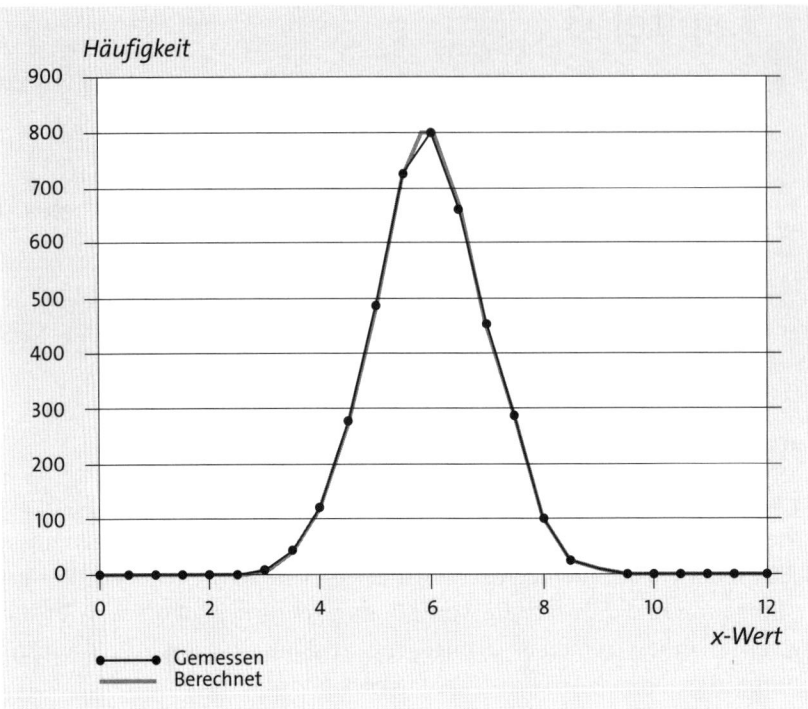

Abbildung 13.1 Normalverteilung

Auch in der Webanalyse existieren Normalverteilungen. Die in Abbildung 13.1 gezeigte Verteilung könnte zum Beispiel so zustande kommen, dass sich die meisten Nutzer 6 Seiten ansehen, einige 8 Seiten, einige 4 Seiten usw. Häufiger ist hier allerdings keine Normalverteilung anzutreffen, sondern eher eine rechtsschiefe Verteilung,[1] wobei sich die meisten Nutzer wenige Seiten ansehen und wenige Nutzer viele Seiten, der Graph also nach links »fällt«. Das Histogramm in Abbildung 25.4 zeigt eine solche Verteilung.

Dummerweise ist das, was die meisten Nutzer unter einem Mittelwert verstehen, in einem hohen Maße abhängig von einer Normalverteilung, die dann in den meisten Fällen aber nicht gegeben ist. Dieses Problem wird im nächsten Abschnitt im Detail beleuchtet.

13.3   The mean Mean

Mit dem Durchschnitt ist meistens das arithmetische Mittel gemeint, das nur einen von mehreren Mittelwerten darstellt (im Englischen wird das arithmetische Mittel

---

1 »Rechtsschief« wird auch als »linkssteil« bezeichnet und umgekehrt.

als *mean* bezeichnet). Das arithmetische Mittel wird gebildet, indem alle Zahlen summiert und die Summe durch die Anzahl der Elemente geteilt wird.

Auch in Google Analytics und allen anderen Webanalyse-Systemen wird meistens nur das arithmetische Mittel angezeigt, obwohl das zu Fehlinterpretationen führen kann, wenn keine Normalverteilung vorliegt. Dementsprechend wird das arithmetische Mittel auch manchmal als »the mean Mean« (»der böse Durchschnitt«) bezeichnet. So ist das arithmetische Mittel anfällig für die Schiefe der Daten, wie aus Abbildung 13.2 ersichtlich wird.

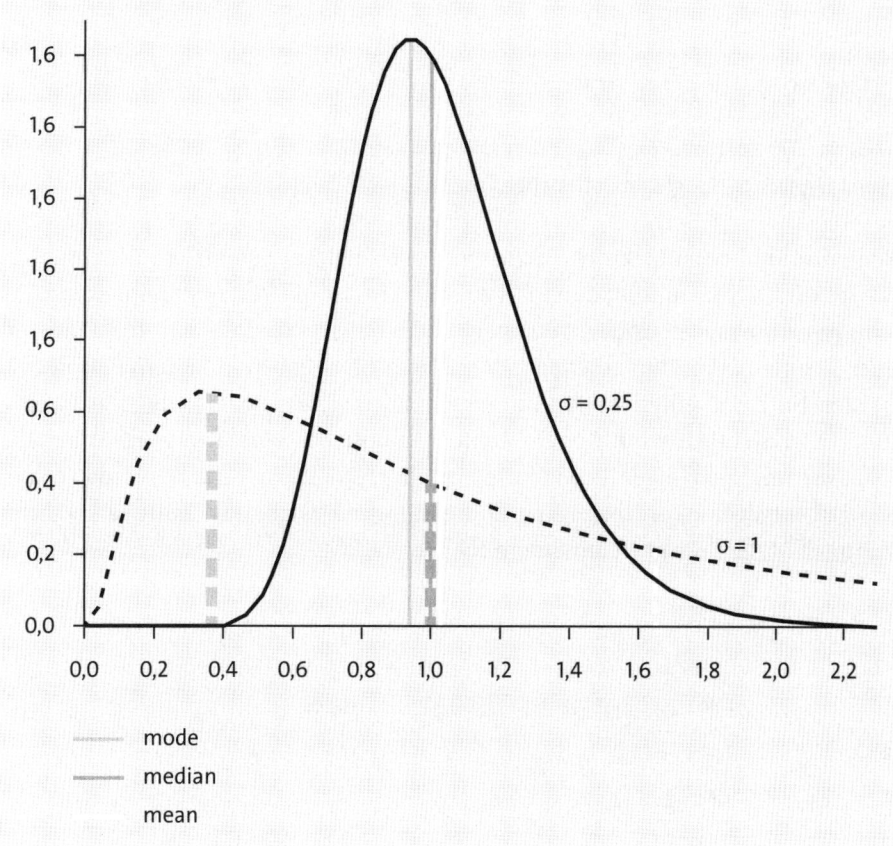

Abbildung 13.2 Verteilungen und der Unterschied zwischen Mean, Median und Modus (hier Englisch »mode«)

In der Abbildung sind zwei Verteilungen zu sehen: eine Verteilung, die der Normalverteilung sehr nahekommt, und eine zweite Verteilung, die ihren Gipfel weiter links hat und die als *rechtsschief* bezeichnet wird. Die der Normalverteilung ähnliche Verteilung hat ihr arithmetisches Mittel nahe dem Scheitel der Kurve, die rechtsschiefe Verteilung aber relativ weit rechts bei etwas über 1.6, weit entfernt vom Scheitel. Die

Schiefe verzerrt also das arithmethische Mittel, und auch Ausreißer könnten diesen Effekt haben.

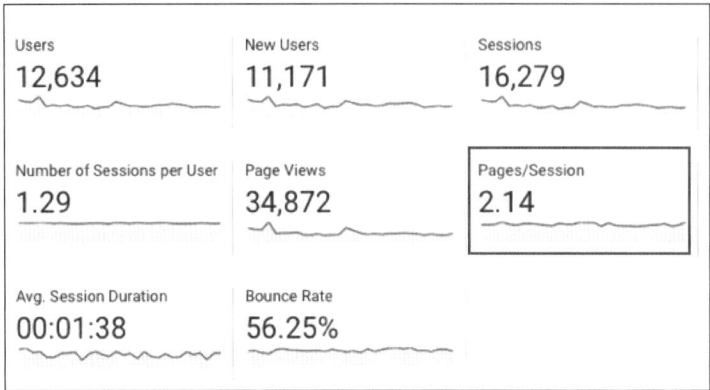

Abbildung 13.3 In Google Analytics angegebener Durchschnitt

Wenn also in der Benutzeroberfläche eines Webanalyse-Systems ein Durchschnitt anzeigt wird, wie es in Abbildung 13.3 zu sehen ist, ist die Verteilung unbekannt. Es kann keine Aussage getroffen werden, wie zum Beispiel dass die meisten Nutzer in einer Sitzung zwei Seiten gesehen hätten. Tatsächlich haben in diesem Beispiel die meisten Nutzer in einer Session nur eine einzige Seite gesehen, wie es aus Abbildung 13.4 ersichtlich wird. Google wählt hier übrigens eine etwas eigentümliche Visualisierung, denn eigentlich könnte dies ein Histogramm sein, wenn man es um 90 Grad entgegen dem Uhrzeigersinn drehen würde (siehe Abschnitt 25.5, »Histogramm«). Dieser Bericht ist außerdem sehr versteckt.

Page Depth	Sessions	Page Views
<1	66	0
1	10,005	10,005
2	2,465	4,930
3	1,425	4,275
4	742	2,968
5	495	2,475
6	288	1,728
7	201	1,407
8	134	1,072
9	110	990
10	96	960

Abbildung 13.4 Tatsächliche Verteilung der Seitenaufrufe (Page Views)

Der Vorteil des arithmetischen Mittels ist, dass es in einer Zahl Informationen verdichten kann. Der große Nachteil ist, dass es alleine nichts über die Verteilung der Werte aussagt und dementsprechend zu Fehlinterpretationen führen kann. Ein noch größerer Nachteil ist, dass die Verteilung der Daten in den meisten Webanalyse-Systemen unterschlagen wird und das arithmetische Mittel verwendet wird, auch wenn es dafür nicht geeignet ist. Dies soll in einem weiteren Beispiel mit Alternativen zum Durchschnitt erläutert werden.

Insgesamt ist aber jeder Durchschnitt, der über alle Nutzer erhoben wird, keine gute Idee, denn oftmals verhalten sich verschiedene Nutzergruppen sehr unterschiedlich, zum Beispiel Nutzer mit einem Mobiltelefon im Vergleich zu Nutzern mit einem Desktop-Rechner. Daher ist die Beschäftigung mit Segmenten immens wichtig, um das Verhalten unterschiedlicher Nutzertypen isolieren zu können.

13.4   Alternativen zum arithmetischen Mittel

Die Alternativen zum Durchschnitt sollen zunächst anhand eines Beispiels verdeutlicht werden, das nichts mit dem Thema Webanalyse zu tun hat. Die Teilnehmer in einem Kurs wurden nach ihrem Alter gefragt und haben die folgenden Werte abgegeben:

20, 21, 23, 24, 22, 23, 23, 25, 23, 24, 23, 22, 26, 23, 53

Das durchschnittliche Alter ist in diesem Fall genau 25 Jahre. Plottet man die Werte in ein Histogramm (siehe Abbildung 13.5), wird fast eine Normalverteilung deutlich, nur dass es weit rechts einen Ausreißer gibt. Gäbe es diesen einen Ausreißer nicht, läge das durchschnittliche Alter bei 23 Jahren. Der Ausreißer verzerrt den Durchschnitt. Daher werden weitere Mittelwerte genutzt, die weniger dem Effekt eines Ausreißers ausgesetzt sind, und in wissenschaftlichen Arbeiten auch zusätzlich zum Durchschnitt genannt werden.

Hier sei zunächst der Median erwähnt. Der Median ist der mittlere Wert, der sich ergibt, wenn man alle Daten nach ihrem Wert sortiert und dann den Wert genau in der Mitte der sich dann ergebenden Reihe auswählt.

20, 21, 22, 22, 23, 23, 23, 23, 23, 23, 24, 24, 25, 26, 53

In diesem Beispiel existiert eine gerade Anzahl von Elementen, sodass es nicht eine Zahl in der Mitte gibt, sondern zwei. Hier werden beide Zahlen summiert und das Ergebnis durch 2 geteilt. Da es sich beim siebten und achten Wert jeweils um den Wert »23« handelt, ergibt sich als Median der Wert »23«. Dies entspräche genau dem Ergebnis des arithmetischen Mittels, wenn es den Ausreißer nicht gäbe.

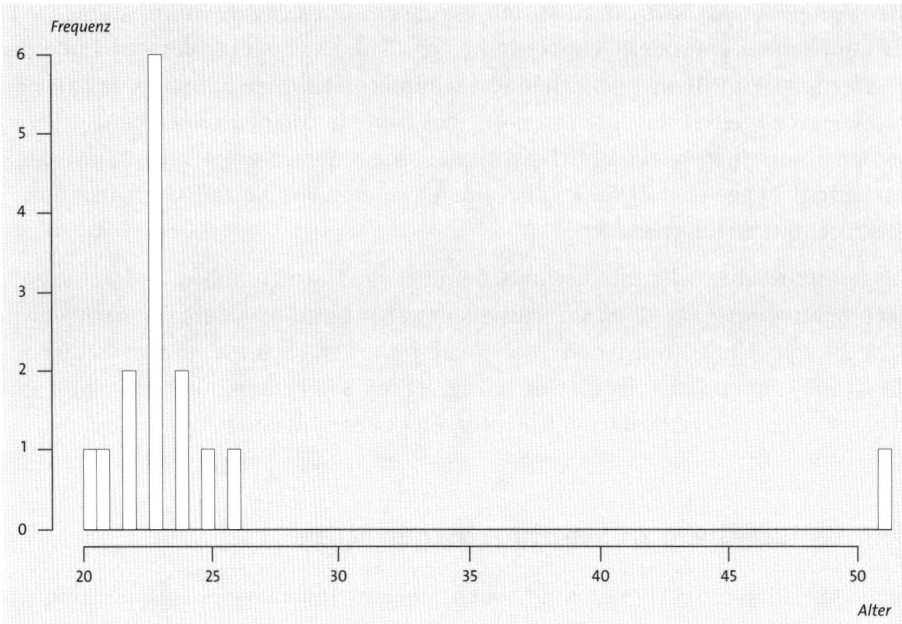

Abbildung 13.5 Alter von Teilnehmern eines Analytics-Kurses in einem Histogramm

Der Modus ist der häufigste Wert. In diesem Fall ist der häufigste Wert auch 23. Mit den drei Mittelwerten, Durchschnitt, Median und Modus, kann also bereits schon etwas über die Verteilung ausgesagt werden. Nur wenn alle drei Werte gleich wären, wäre es eine Normalverteilung. Es kann mehr als einen Modus geben.

Außerdem funktioniert der Modus auch mit kategorialen Daten. Schaut man sich Zugangsgeräteklassen an (Desktop, Mobil, Tablet), gibt es hier kein arithmetisches Mittel eines Zugangsgerätes, wohl aber einen Modus, also das häufigste Zugangsgerät.

Würde Google nicht nur den Durchschnitt, sondern auch den Median und den Modus zur Verfügung stellen, wäre sofort sichtbar, dass das arithmetische Mittel aus Abbildung 13.3 in die Irre führt. Der Modus läge bei »1« und der Median wahrscheinlich auch.

13.5   Standardabweichung

Oft interessiert nicht nur der Mittelwert, sondern auch die Streuung um diesen Mittelwert, also wie weit die Werte von dem Mittelwert entfernt sind. Je breiter die Streuung, desto weniger aussagekräftig ist ein Mittelwert. Die Streuung wird gemessen mit einer Art durchschnittlicher Abweichung vom Mittelwert. Allerdings können nicht einfach alle Abweichungen summiert und durch ihre Anzahl dividiert werden.

Das soll an dem Beispiel der Alterswerte der Kursteilnehmer verdeutlicht werden. Dazu wird der Ausreißer mit dem Alter von 53 Jahren einmal ausgeklammert, sodass von einem Mittelwert von 23 ausgegangen wird (siehe Tabelle 13.1).

Alter	Abweichung vom Mittelwert	Quadrierte Abweichung
20	−3	9
21	−2	4
22	−1	1
22	−1	1
23	0	0
23	0	0
23	0	0
23	0	0
23	0	0
23	0	0
24	1	1
24	1	1
25	2	4
26	3	9
Summe	0	30

Tabelle 13.1 Beispiel für die Berechnung der Varianz

Würde man einfach die Abweichungen summieren, ergäbe die Summe 0, da sich die negativen Werte und die positiven Werte gegenseitig aufheben würden. Dieses Problem wird mit einem kleinen Trick umgangen: So werden einfach erst einmal alle Abweichungen quadriert, sodass negative Vorzeichen entfallen. Der Durchschnitt dieser quadrierten Abweichungen wird als *Varianz* bezeichnet; in diesem Beispiel beträgt die Varianz 2,14. Dummerweise geht hier die ursprüngliche Maßeinheit (Länge, Gewicht, Minuten) verloren.

Wird nun die Wurzel aus der Varianz gezogen, erhält man wieder die ursprüngliche Maßeinheit und die sogenannte *Standardabweichung*. In diesem Beispiel beträgt die Standardabweichung 1,46 Jahre.

Aber warum ist eine Standardabweichung nun interessant? Wie eingangs beschrieben: Je höher die Standardabweichung ist, desto mehr Werte sind weiter von dem Mittelwert entfernt. Zwar wird die Standardabweichung manchmal auch so interpretiert, dass man damit identifizieren könne, was »normal« ist, aber nur weil ein Wert außerhalb von einer oder zwei Standardabweichungen liegt, bedeutet es eben nicht, dass er unnormal ist. Mit der Standardabweichung kann beschrieben werden, wie unterschiedlich die Messwerte sind.

In dem Beispiel wurde allerdings der Ausreißer entfernt, und das aus gutem Grund: Wäre der Ausreißer mit in den Daten, betrüge die Standardabweichung 7,62. Offensichtlich ist die Standardabweichung auch anfällig für Ausreißer, tatsächlich ergibt sie nur bei einer Normalverteilung Sinn. Die Standardabweichung spielt noch einmal in Kapitel 23, »Wie belastbar ist ein Testergebnis?«, eine Rolle.

Eine Alternative zur Standardabweichung, zum Beispiel wenn keine Normalverteilung vorhanden ist, sind Quartile.

```
summary(students_ages)
Min.   :20.0
1st Qu.:22.5
Median :23.0
Mean   :25.0
3rd Qu.:24.0
Max.   :53.0
```

Die Statistik-Software R berechnet mit dem summary-Befehl für den Beispieldatensatz die Quartile sowie Mean und Median. In dem Beispiel wird bereits dadurch, dass das Mean über dem 3. Quartil liegt, deutlich, dass keine Normalverteilung vorhanden ist, aber auch durch den Min- und den Max-Wert.

13.6   Korrelationen

Eine Korrelation ist ein statistischer Zusammenhang zwischen zwei Variablen. »Statistischer« Zusammenhang ist dabei als Einschränkung zu verstehen, denn nur weil es diesen gibt, heißt das nicht, dass auch tatsächlich ein Zusammenhang im Sinne einer Ursache-Wirkung-Beziehung existiert. So korreliert angeblich der Marktanteil des Internet Explorers mit der Anzahl der Morde in den USA, und es ist sehr unwahrscheinlich, dass es hier tatsächlich einen Zusammenhang gibt.[2]

Ein weiteres Beispiel ist in Abbildung 13.6 zu sehen.[3] In diesem Fall stellt sich auch die Frage, welche Variable Einfluss auf die andere Variable hätte: Hat ein höherer

---

2 *https://alby.link/2*
3 *https://alby.link/3*

Mozarellakonsum dazu geführt, dass mehr Bauingenieure ihre Doktorarbeit abschließen konnten, oder wurde nach der Vergabe der Doktorwürde zur Feier des Tages so viel Mozarella konsumiert, dass es sogar einen Effekt auf die Statistik hatte? Eine Korrelation bedeutet also, dass man weder eine Aussage über die Ursache-Wirkung-Verbindung treffen kann noch darüber, ob A B beeinflusst hat oder B einen Einfluss auf A hatte.[4]

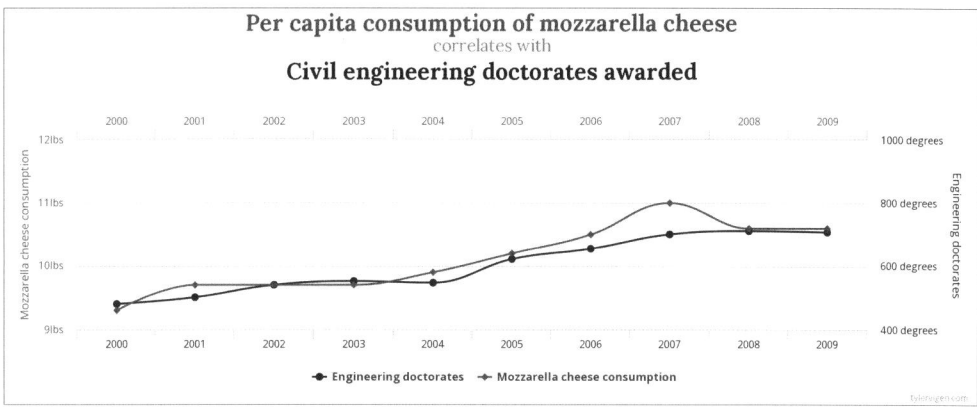

Abbildung 13.6 Korrelation von Mozarellakonsum und der Vergabe der Bauingenieur-Doktorwürde (http://www.tylervigen.com/spurious-correlations)

In der Webanalyse haben Korrelationen bisher wenig Prominenz erhalten. Dabei existieren mehrere Fragestellungen, bei denen Korrelationen spannend sein können, zum Beispiel wenn eine Display-Kampagne abgeschaltet wurde und nun überprüft werden soll, ob dies einen Einfluss auf die Anzahl der Nutzer hat, die direkt auf die Seite kommen. Ein anderes Beispiel ist der Einfluss des Wetters auf die Nutzung einer Website. Offensichtlich kann das Wetter nicht beeinflusst werden, sodass auch hier die Richtung bereits bekannt ist.

Wichtig zu wissen

▶ Ein Durchschnitt ist sinnlos, wenn keine Normalverteilung vorhanden ist.

▶ Die Verteilung der Daten ist in Webanalyse-Systemen entweder versteckt oder gar nicht zu finden, sodass die angezeigten Mittelwerte immer mit größter Vorsicht zu genießen sind.

▶ Eine Standardabweichung ist kein Maß dafür, ob etwas »normal« ist.

▶ Eine Korrelation bedeutet nicht, dass eine Ursache-Wirkung-Verbindung existiert.

---

4 Zumindest wenn es keinen logischen Zusammenhang gibt.

Kapitel 14
Interaktionen anstatt Verweildauer

Die Verweildauer wird häufig als Indikator für das Interesse an den Inhalten einer Website verstanden. Tatsächlich aber wird sie in einer Standardinstallation nicht korrekt erfasst, und ihr Nutzen ist darüber hinaus fraglich.

14.1   Warum die Verweildauer meistens falsch gemessen wird

Die von allen Systemen »ab Werk« gemessene Verweildauer, manchmal auch Sitzungsdauer genannt, entspricht nicht der tatsächlich vom Benutzer auf der Seite verbrachten Zeit. Das liegt daran, dass in der Regel nur der Seitenaufruf gemessen wird und somit die Verweildauer nur als Distanz zwischen zwei Seitenaufrufen berechnet wird. Schaut sich ein Benutzer nur eine Seite an, kann nicht gemessen werden, wie viel Zeit er auf der Seite verbracht hat. Bei Websites mit vielen Single Page Visits fehlen also ziemlich viele Daten. Schaut sich ein Nutzer mehr als eine Seite an, wird die Zeit auf der letzten Seite seines Besuchs nicht gemessen.

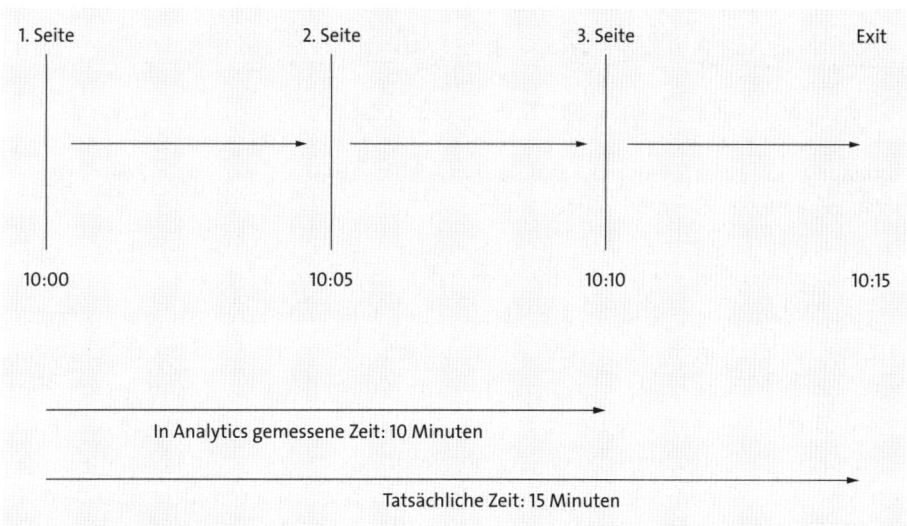

Abbildung 14.1 Tatsächliche und gemessene Verweildauer

Ein Nutzer kommt zum Beispiel um 10:00 Uhr auf eine Website, und dann wird das erste Mal das Tracking-Pixel ausgelöst. Der Nutzer schaut sich ein wenig um und klickt dann um 10:05 Uhr auf einen Link, sodass er auf eine weitere Seite der gleichen Website kommt, auf der wieder das Tracking-Pixel gefeuert wird. Zwischen den beiden Seitenaufrufen sind fünf Minuten vergangen, und genau diese fünf Minuten hat das Analytics-System erfasst.

Auf der zweiten Seite, auf der sich der Benutzer nun befindet, hält er sich wieder 5 Minuten auf, und um 10:10 Uhr, klickt er auf einen Link und schaut sich eine dritte Seite an, wieder für 5 Minuten. Er war nun also insgesamt 15 Minuten auf der Website, 5 auf der ersten, 5 auf der zweiten, und 5 auf der dritten Seite. Analytics weiß aber nur von den ersten 10 Minuten und wird auch nur diese 10 Minuten in die Statistik aufnehmen. Denn beim Verlassen der Seite wird nichts mehr gefeuert.[1]

Durch Ereignisse (siehe Kapitel 8, »Ereignisse und Datenschicht«) kann die Messung der auf der letzten Seite verbrachten Zeit verbessert werden. Dabei wird zum Beispiel ein Scrollen oder die Sichtbarkeit eines Elements erfasst und der Zeitstempel dieses Ereignisses als weitere zeitliche Distanzmessung verwendet. In dem obigen Beispiel sähe das so aus, dass der Benutzer um 10:14 Uhr ein Element sieht, die Sichtbarkeit ein Ereignis feuert und dieses nun für die Kalkulation der Zeit auf der Seite herangezogen wird. Die von Analytics ermittelte Gesamtzeit dieser Sitzung beträgt in diesem Fall 14 Minuten, was zwar immer noch nicht den tatsächlichen 15 Minuten entspricht, aber immerhin besser ist als die 10 Minuten.

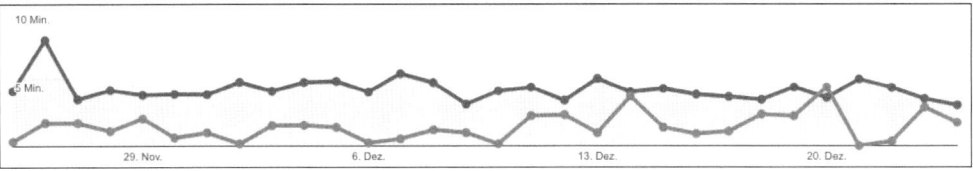

Abbildung 14.2 Zeiterfassung der Standardinstallation (untere Linie) versus Zeiterfassung der angepassten Installation (obere Linie)

Um die Unterschiede zwischen einer normalen und einer angepassten Erfassung der Zeit zu verdeutlichen, wird auf die Messung in Abbildung 14.2 verwiesen. Bis August 2017 betrug die durchschnittliche Sitzungsdauer auf dieser Seite im Durchschnitt eine Minute (untere Linie). Ab August 2017 steigt die durchschnittliche Sitzungsdauer auf fünf Minuten (obere Linie). Die Time on Site hat sich verfünffacht und wirkt auch viel realistischer, da die meisten Inhalte auf der Seite nicht in einer Minute gelesen werden können. Allerdings sind selbst diese fünf Minuten nicht die tatsächliche durchschnittliche Sitzungszeit, sondern nur eine Annäherung. Die in einer Stan-

---

1 Dies ist zwar mit JavaScript möglich, leider aber häufig auch unzuverlässig.

dardinstallation erfassten Daten eignen sich also nicht einmal als Anhaltspunkte, auch wenn in der Praxis zum Teil argumentiert wird, dass ein systemischer Fehler ja für alle Daten gilt und man dann auch mit einer ersten Einschätzung leben könne.

14.2   Ist die Verweildauer überhaupt ein guter KPI?

Ungeachtet dessen stellt sich aber die Frage, ob die Verweildauer überhaupt als KPI sinnvoll ist. Diese Metrik wird häufig dann verwendet, wenn keine »harten« Conversions existieren, zum Beispiel wenn Awareness eines der Marketing-Ziele ist und zunächst einmal nur Nutzer auf die Seite kommen sollen. Jede Minute, die ein Nutzer auf einer Website verbringt, kann er nicht auf der Website eines Marktbegleiters verbringen, so die Argumentation.

Vielleicht wird aber auch nur deswegen viel Zeit auf einer Seite verbracht, weil die gewünschten Informationen nicht schnell gefunden werden können (schon mal einen Treiber auf *hp.com* gesucht?). Mit anderen Worten, vielleicht ist eine kürzere Zeit sogar besser. Bei *hp.com* wäre eine Metrik wie Time to Download ein sinnvoller KPI, je kürzer, desto besser.

Benutzer haben in der Regel unterschiedliche Informationsbedürfnisse und werden, je nach Bedürfnis und eine einigermaßen korrekte Erfassung der Verweildauer vorausgesetzt, dementsprechend auch unterschiedlich viel Zeit auf einer Website verbringen (siehe hierzu auch Kapitel 27, »Datengetriebene Personas«).[2] Autoren wie Hassler schlagen vor, dass für die eigene Website gemessen werden soll, wie lange unerfahrene Benutzer brauchen, um eine Aufgabe auf der Website zu bewältigen. Durch eine solche Gruppierung sei es möglich zu beurteilen, was eine gute Verweildauer für die eigene Seite sei. Dies ist ein interessanter Ansatz, aber da Menschen sehr unterschiedlich sind, ist, bis auf wenige Ausnahmen, die Verweildauer wahrscheinlich nicht der richtige Indikator für die Performance einer Website.

14.3   Warum Interaktionen besser sind

Stellen wir uns vor, dass ein Benutzer auf einer Website recherchiert, sich eine Seite ansieht und zwischendurch ein Glas Wasser holt. Vielleicht kommt auch eine E-Mail herein, sodass der Nutzer kurz zu dem E-Mail-Programm wechselt. Es ist nicht komplett unwahrscheinlich, dass neben den Messbarkeitsschwierigkeiten auch noch ein nicht vollkommen konzentrierter Nutzer am Bildschirm sitzt. Am Ende des Tages in-

---

2 In Kapitel 13, »Minimale Statistikgrundlagen«, wird auf Verteilungen und den häufig irreführenden Durchschnitt eingegangen. Es ist eigentlich so gut wie nie eine gute Idee, alle Webseitenbesucher über einen Kamm zu scheren und sich die Zahlen für alle Nutzer anzusehen.

teressiert den Webanalysten auch nicht wirklich, wie viel Zeit ein Nutzer mit der Website verbracht hat (Ausnahmen bestätigen die Regel), sondern wie der Nutzer mit den Inhalten interagiert hat. Anders ausgedrückt: Ist es interessanter, ob ein Nutzer 3 Minuten auf einer Seite verbracht hat oder ob ein Text auf der Seite gelesen wurde, oder ob ein Video zu Ende gesehen wurde?

In Kapitel 5, »Hits, Seitenaufrufe und Sitzungen«, in Kapitel 6, »Daten: Roh oder aggregiert?«, und in Kapitel 8, »Ereignisse und Datenschicht«, wurde bereits auf diesen Ansatz eingegangen. So wurde gemessen, wie weit ein Nutzer heruntergescrollt hat, welches Video wie lange angesehen wurde, oder wie häufig ein Text bis zum Ende gelesen wurde. Aus solchen Daten ergeben sich *Actionable Insights*, wie es unter anderem bei Google heißt:

▶ Welche Inhalte werden tatsächlich zu Ende gesehen oder zu Ende gelesen? Was kann getan werden, damit die Inhalte vollständig konsumiert werden?

▶ Bei welchen Inhalten bleiben die Nutzer eher »hängen«?

▶ Was für Produktfotos haben eine positive Auswirkung auf einen Kauf?

▶ Bei welchen Schritten im Kaufprozess auf einer Seite brechen die Nutzer ab?

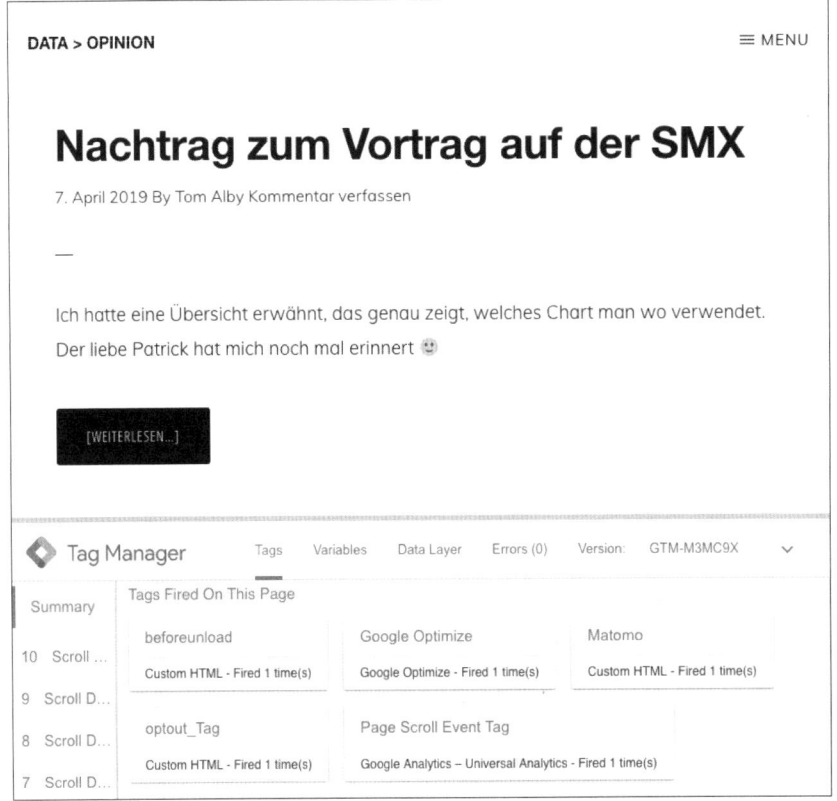

Abbildung 14.3 Ansicht der Events im Google Tag Manager

Dazu muss auch einbezogen werden, wie viel Inhalt auf einer Seite vorhanden ist. In Abbildung 14.3 ist ein Beispiel zu sehen, in dem der Inhalt so kurz ist, dass bereits beim Aufruf der Seite alle Ereignisse gefeuert werden, die einen Inhalt als gelesen markieren. In diesem Fall kann nicht davon ausgegangen werden, dass der Inhalt tatsächlich gelesen wurde.

Wichtig zu wissen

▶ Die in einer Standardinstallation eines Webanalyse-Systems gemessene Verweildauer ist falsch, da in der Regel nur ein Bruchteil der tatsächlich verbrachten Zeit gemessen wird.

▶ Das Messen von Interaktionen des Nutzers mit den Inhalten einer Website ermöglicht eine genauere Erfassung der Verweildauer.

▶ Die Nützlichkeit der Verweildauer ist jedoch in vielen Fällen fraglich.

14

Kapitel 15
Absprungrate verstehen

Die Absprungrate wird häufig als Indikator für das Interesse von Nutzern an einer Webseite interpretiert. Allerdings erlaubt die Standardabsprungrate keinen Rückschluss darauf, wie lange ein Nutzer auf einer Webseite war.

15.1 Definitionen der Absprungrate

Es existieren zwei verschiedene Definitionen der Absprungrate, auch Bounce Rate genannt:

1. Der Anteil der Nutzer, der auf eine Seite kommt und sich nur diese eine Seite ansieht (egal wie lange und ob mit oder ohne Ereignisse, solange diese keinen Einfluss auf den Absprung haben).

2. Der Anteil der Nutzer, der auf eine Seite kommt und diese nach wenigen zu definierenden Sekunden wieder verlässt (diese Version wird auch als *angepasste Absprungrate* oder *Adjusted Bounce Rate* bezeichnet).

In den populären Systemen wie Google Analytics oder Adobe Analytics ist die Absprungrate wie in der ersten Definition implementiert, was nicht offensichtlich ist und zu Fehlinterpretationen führen kann. Ein Absprung bedeutet in diesem Fall demnach nicht, dass Nutzer auf die Seite kommen und innerhalb kurzer Zeit wieder gehen. Eine hohe Absprungrate muss demnach nichts Schlechtes sein. Es kann sein, dass ein Benutzer mehrere Minuten auf einer Seite war, um die Inhalte gründlich zu lesen, und dann diese Seite wieder verlassen hat, weil sein Informationsbedürfnis befriedigt war. Gerade bei reinen Informationsseiten kann dies der Normalfall sein. Mit der Absprungrate wird diese Information aber nicht erfasst.

Die Absprungrate kann durch die Aktivierung von Interaktionsereignissen oder eines Timers verändert werden. Ähnlich wie bei der Verweildauer in Kapitel 14, »Interaktionen anstatt Verweildauer«, bewirkt ein solcher Trigger, dass es mehr als eine Interaktion auf der Seite gibt und damit ein weiterer Hit gesendet wird. Der Unterschied kann enorm ausfallen, wie es aus Abbildung 15.1 ersichtlich ist.

Eine Absprungrate von 0 % ist nicht möglich, da zum Beispiel manche Browser Preview-Bilder generieren und damit die Seite laden, aber keine weitere Interaktion ausführen.

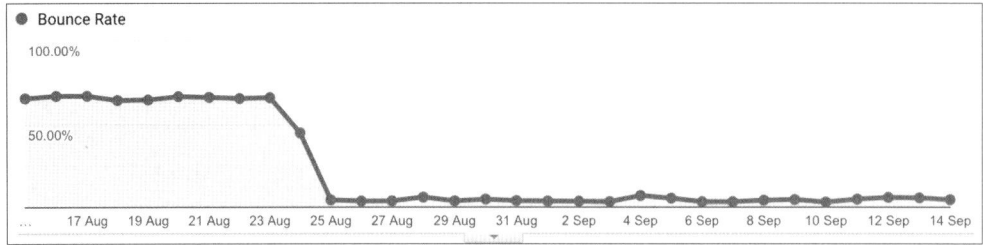

Abbildung 15.1 Die Absprungrate vor und nach der Anpassung

15.2   Nutzen der Absprungrate

Was kann man nun mit der Absprungrate anfangen? Dies hängt wiederum von den Zielen ab. Geht es darum, dass die Besucher so viele Seiten wie möglich sehen sollen, kann die normale Absprungrate pro Seite ein Indikator dafür sein, welche Seiten es nicht schaffen, die Nutzer auf der Website zu halten, nachdem sie sich diese erste Seite angesehen haben.

Es existieren unterschiedliche Meinungen zu der Frage, ob die Absprungrate angepasst werden soll oder nicht. Der Nachteil einer angepassten Absprungrate ist, dass für einen Analysten zunächst nicht auf Anhieb ersichtlich ist, ob die Absprungrate angepasst wurde oder nicht, sodass ein nichteingeweihter Analyst die Daten missverstehen könnte (natürlich sollte der Tracking-Plan aus Kapitel 9, »Einen Tracking-Plan erstellen«, das verhindern).

Der Vorteil einer angepassten Absprungrate ist, dass zum Beispiel für bezahltes Suchmaschinen-Marketing die Relevanz von Keyword- zu Landing-Page-Kombinationen analysierbar ist: Sind die Besucher einer Seite, die durch ein bezahltes Keyword auf eine Seite kommen, nach wenigen Sekunden wieder verschwunden, passt das Keyword nicht zur Landing Page.

Die normale Absprungrate kann allerdings auch missinterpretiert werden. So schreibt Reese 2009, dass diese Absprungrate »einen klaren Hinweis auf die Effektivität Ihrer Seite« gäbe. Dies kann vielleicht in einem A/B-Test so funktionieren, ist aber ohne direkten Vergleich zu einer anders gearteten Variante eine Überinterpretation. Vielleicht befindet sich ein Nutzer 10 Minuten auf der Seite und studiert sie genau, um sich umfassend zu informieren. Nur weil er sich danach keine weitere Seite ansieht, bedeutet das nicht, dass er nicht an einem anderen Tag wiederkommt und dann genau das Produkt kauft, das angesehen wurde.

Abbildung 15.2 zeigt einen Seitenbericht aus Google Analytics, in dem als sekundäre Dimension die Quelle der Nutzer ausgewählt ist. Die Anzahl der Seitenaufrufe ist zunächst einmal unwichtig, da sie nichts über die Qualität der Besuche aussagt. Sie sollte aber dennoch beachtet werden, da eine geringe Anzahl von Aufrufen die Aussagekraft der Verhaltensdaten schmälert. Es handelt sich in dieser Installation um die angepasste Absprungrate.

Page	Source	Page Views ↓	Unique Page Views	Avg. Time on Page	Entrances	Bounce Rate
		30,700 % of Total: 99.96% (30,713)	26,733 % of Total: 99.96% (26,745)	00:12:35 Avg for View: 00:12:35 (-0.05%)	20,893 % of Total: 99.94% (20,905)	13.54% Avg for View: 13.53% (0.02%)
1. /erfahrungen-als-airbnb-vermieter/	google	5,281 (17.20%)	4,993 (18.68%)	01:47:41	4,926 (23.58%)	14.87%
2. /1-jahr-erfahrung-mit-scalable-capital/	google	3,442 (11.21%)	2,874 (10.75%)	00:08:14	2,798 (13.39%)	4.83%
3. /vorwerk-thermomix-cook-key-cookidoo-von-unserioesen-beratern-und-weiteren-seltsamen-erfahrungen/	google	1,679 (5.47%)	1,578 (5.90%)	01:16:28	1,573 (7.53%)	14.71%
4. /erfahrungen-scalable-capital-und-quirion-im-direkten-vergleich/	google	1,474 (4.80%)	1,257 (4.70%)	00:09:22	327 (1.57%)	11.05%
5. /erfahrungen-mit-tado-gute-idee-schlechte-ausfuehrung/	google	1,278 (4.16%)	1,193 (4.46%)	01:08:25	1,190 (5.70%)	16.31%
6. /	google	898 (2.93%)	680 (2.54%)	00:02:13	441 (2.11%)	14.47%
7. /archiv/pc69/	google	815 (2.65%)	538 (2.01%)	00:08:52	530 (2.54%)	15.95%
8. /	(direct)	756 (2.46%)	662 (2.48%)	00:03:03	603 (2.89%)	41.51%
9. /5-gruende-warum-du-google-trends-falsch-verstehst/	google	681 (2.22%)	604 (2.26%)	00:29:01	543 (2.60%)	11.89%
10. /wie-man-ganz-viel-zeit-mit-einer-nas-verschwenden-kann/	google	671 (2.19%)	636 (2.38%)	00:39:48	603 (2.89%)	3.90%

Abbildung 15.2 Seitenbericht, aufgeteilt nach Quelle, mit Absprung- und Ausstiegsrate

Auffallend sind in diesen Daten zwei Werte: zum einen die Absprungrate der Homepage, zum andern die Absprungrate eines Artikels, die bei knapp 5 % liegt. Für die Homepage sollten also Maßnahmen ergriffen werden, um die Absprungrate zu reduzieren. Bei dem Artikel mit der niedrigen Absprungrate wurden bereits Links zu anderen Artikeln auf der Website im Inhalt selbst platziert, die anscheinend dafür sorgen, dass die Nutzer sich mehr als nur diese eine Seite ansehen.

Die hohen Verweildauern hingegen deuten auf einen Messfehler hin. Es ist unwahrscheinlich, dass Nutzer mehrere Stunden bei einem Artikel verharrten.

15.3   Unterschied zwischen Absprungrate und Ausstiegsrate

Wichtig zu erwähnen ist auch noch der Unterschied zwischen der Absprungrate und der Ausstiegsrate (Exit Rate): Bei der Ausstiegsrate geht es um den Anteil der Nutzer, die auf einer Seite ausgestiegen sind, nachdem sie sich diese und zuvor eventuell auch noch andere Seiten angesehen haben. Steigen die Nutzer zum Beispiel bei einem Shop häufig bei einer Seite über die Versandkosten aus, dann könnte das ein Indikator für nicht konkurrenzfähige Konditionen sein. Die Absprungrate und die Ausstiegsrate sind also nicht dasselbe. Bei der Absprungrate hat der Nutzer nur eine Seite gesehen, bei der Ausstiegsrate mindestens eine.

Wichtig zu wissen

▶ Es existieren zwei Arten von Absprungraten, die eine, die für Einzelseitenbesuche steht, und eine weitere, die für Besuche steht, die nach wenigen zu definierenden Sekunden abgebrochen werden. Die erste Variante ist die häufigste in Webanalyse-Systemen ab Werk.

▶ Es herrschen unterschiedliche Meinungen über die angepasste Absprungrate; sie ist vor allem im Google Tag Manager einfach zu implementieren und bietet auf jeden Fall schon aufschlussreichere Daten als die Standardabsprungrate.

Kapitel 16
Segmente verstehen

Segmente sind, streng genommen, das »Killer Feature« der Web-analyse. Sie ermöglichen die Analyse von Teilsegmenten, um deren Verhalten mit dem anderer Segmente zu vergleichen und Schluss-folgerungen daraus zu ziehen.

16.1   Was sind Segmente und warum sind sie wichtig?

Die Segmentierung ist ein grundlegender Baustein der Arbeit eines Webanalysten, denn durch den Vergleich von Teilpopulationen, wie sie in der Statistik genannt wer-den, können Unterschiede im Verhalten identifiziert und Veränderungsmaßnah-men vorgeschlagen werden (siehe Alby 2016a).

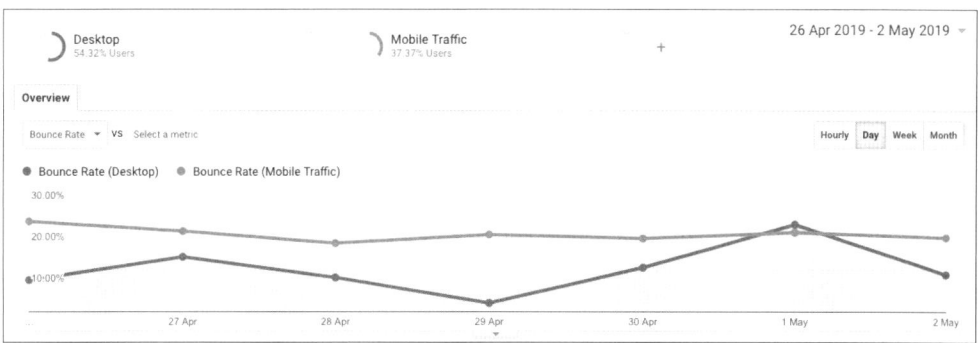

Abbildung 16.1 Vergleich der Absprungrate zwischen Desktop- und Mobile-Nutzern in Google Analytics

Häufige Vergleiche sind:

- Mobil versus Desktop (siehe Abbildung 16.1)
- demografische Merkmale wie Alter (siehe Abbildung 16.4)
- Akquisekanäle
- Kohorten

Von iOS-Nutzern wird zum Beispiel gedacht, dass sie gewinnbringendere oder weni-ger preissensitive Kunden sind. Auch existiert der Glaube, dass iPad-Nutzer häufiger teurere Modelle eines Produktes kaufen. Tatsächlich kann dies der Fall sein (und in manchen Bereichen war das in der Vergangenheit auch so, als ein iOS-Gerät noch exklusiver war), aber nur durch den Vergleich des iOS-Segments mit dem Verhalten anderer Segmente kann Gewissheit erlangt werden.

Da das Ziel in der Regel immer das Erzeugen von Umsatz und Gewinn ist, werden Segmente für Analysen genutzt, um herauszufinden, welche Teilpopulationen mehr oder weniger einen Beitrag zur Zielerfüllung leisten beziehungsweise um Segmente zu identifizieren, die einen geringeren Beitrag leisten, um ihre potenziellen Probleme zu identifizieren. Daraus sollen handlungsrelevante Schlussfolgerungen entstehen, welche Optimierungen für ein Segment vorgenommen werden können. Segmente sind auch wichtig für die Personalisierung, da oft für bestimmte Segmente eine Personalisierung erfolgen soll (»Nutzer, die bereits einmal da waren, sollen Produkte auf der Homepage sehen, die sie beim vorherigen Besuch angeschaut hatten«), siehe Kapitel 28, »Ein Personalisierungskonzept erstellen«.

Am Beispiel von Abbildung 16.1 ist zu erkennen, dass Nutzer mit einem Mobilgerät eine höhere Absprungrate haben als Nutzer von einem Desktop-Gerät. Zu hinterfragen wäre zum einen aber auch der Peak der Absprungrate bei den Desktop-Nutzern, da die Absprungrate bei den Mobilgerätenutzern nahezu konstant ist. Generell ist es ratsam, längere Zeiträume anzusehen, wenn möglich, vorausgesetzt, dass es keine signifikanten Änderungen gegeben hat. Dennoch lassen die vorhandenen Daten darauf schließen, dass ein Problem für die mobilen Nutzer existiert. Dies kann ein Messfehler sein, zum Beispiel weil die angepasste Absprungrate durch das fehlende Auslösen von Events nicht korrekt ist, aber auch tatsächlich durch das Verhalten der Nutzer zustande kommen. Der erste Schritt könnte also sein, zu prüfen, ob vielleicht ein Mobilbetriebssystem bei der Absprungrate heraussticht.

Genau dies wird in Abbildung 16.2 getan, und tatsächlich ist die Absprungrate von Nutzern auf iOS-Systemen um einiges höher. Dies könnte natürlich auch an dem Browser liegen, der auf iOS-Systemen vorinstalliert ist (Safari). Und tatsächlich ist auch dies der Fall (wenngleich die Absprungrate von über 50 % auf dem Google-Chrome-Browser unter iOS auch besorgniserregend ist). Im nächsten Schritt sollte dann die Messung unter iOS überprüft werden.

Dieses Beispiel zeigt bereits, wie wenig den Daten ohne Segmentierung vertraut werden kann, denn ein Ausreißer in den Daten verzerrt bereits den Durchschnitt. Segmentierung ist also nicht nur wichtig für die Analyse, sondern auch für die Verifizierung der Datenakquise.

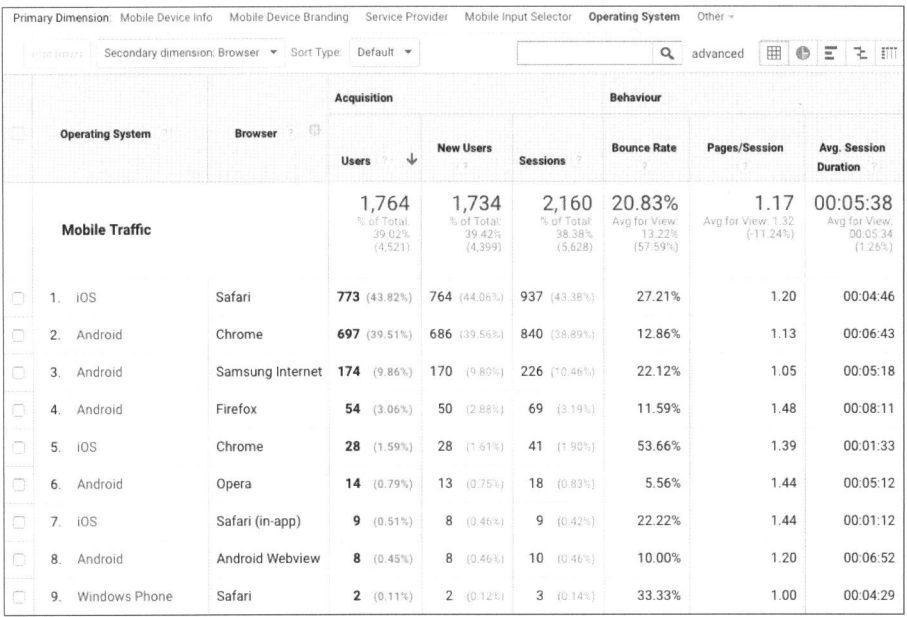

Abbildung 16.2 Absprungrate zwischen Betriebssystemen und Browsern vergleichen

16.2   Wie findet man relevante Segmente?

Neben den bereits erwähnten häufigen Segmenten, sind vor allem in einer explorativen Datenanalyse oft weitere Segmente notwendig, um Fragen sinnvoll zu beantworten. So kann es Sinn ergeben, den Unterschied zwischen Mobile- und Desktop-Nutzern weiter zu beleuchten.

Somit kann die Suche nach den richtigen Segmenten auch zu einer Suche nach einer Nadel im Heuhaufen werden, da es viele Dimensionen gibt, die auch noch mit anderen Dimensionen verknüpft werden können (zum Beispiel Frauen zwischen 25 und 34 mit einem iPhone, die konvertiert sind).

Eine Alternative zur manuellen Segmentierung kann das automatisierte Clustering darstellen (siehe hier als Einführung vor allem Provost 2013 und Chapman 2015). Einige Webanalyse-Systeme bieten auch erste automatisierte Analysen an, in denen automatisch anders performende Segmente aufgezeigt werden.

16.3   Mengenlehre

Fast alle Webanalyse-Systeme bieten Segmente ab Werk, aber Webanalysten können sich in der Regel nicht mit diesen Bordmitteln zufrieden geben. Dabei geht es häufig um Kombinationen von Attributen oder Abfolgen von Schritten, zum Beispiel:

▶ Nutzer, die über ein Werbemittel gekommen sind und in einem danach folgenden Besuch die Website direkt aufgerufen haben.

▶ Nutzer, die mehr als einmal auf der Website waren und in jeder Session etwas gekauft haben.

▶ Nutzer, die im Funnel abgebrochen haben und ein Mobilgerät benutzen.

Die Kenntnis der booleschen Algebra oder Mengenlehre ist für die Erstellung solcher Segmente extrem hilfreich. Dies soll anhand von Abbildung 16.3 verdeutlicht werden.

Abbildung 16.3 Segmente und ihre unerwarteten Auswirkungen

In diesem Fall soll herausgefunden werden, wie viele Nutzer bereits beim ersten Besuch etwas gekauft haben. Hierzu wird zunächst das Segment »Neue Nutzer« mit der Bedingung »hat einen Kauf getätigt« verknüpft. Dass das nicht so funktioniert, wie vielleicht erwartet, wird in der Abbildung deutlich: Die Anzahl der Nutzer, die einen Kauf getätigt haben, ist summiert (neue Nutzer und wiederkehrende Nutzer, also 691 + 684) höher als die tatsächliche Zahl (954). In diesem Fall liegt es daran, dass ein neuer Nutzer in dem Zeitraum neu war, aber vielleicht schon in einer früheren Session einen Kauf getätigt hatte. Zusätzlich kann ein Nutzer in dem Zeitraum sowohl neu als auch wiederkehrend sein. Durch eine UND-Verknüpfung (neu und hat in der 1. Session einen Kauf getätigt) kommen die erwarteten Werte zurück.

Leider funktionieren die Systeme sehr unterschiedlich, so dass das Wissen von einem System nicht unbedingt auf das andere System übertragen werden kann.

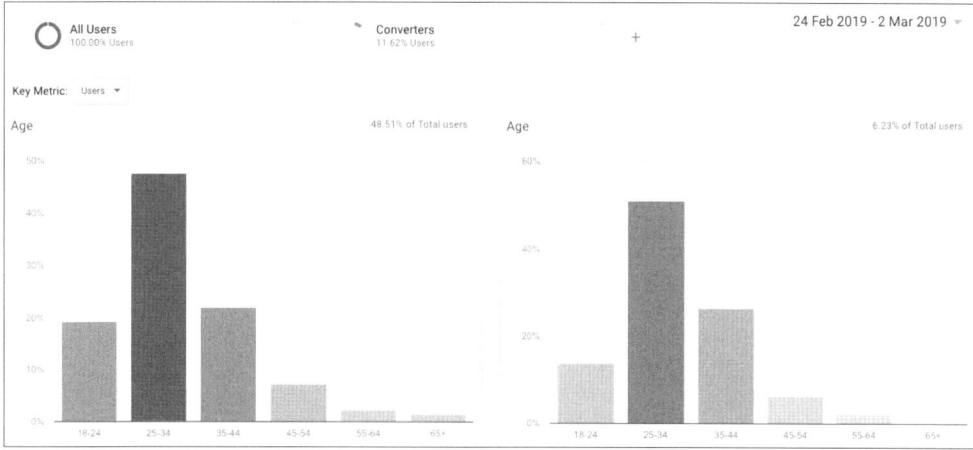

Abbildung 16.4 Vergleich der Altersklassen aller Nutzer (links) und der Nutzer, die etwas gekauft haben (rechts)

Ein weiteres Beispiel für einen irreführenden Ansatz ist in Abbildung 16.4 zu sehen. Sie zeigt den Vergleich eines Segments (einer Teilpopulation, hier der Nutzer mit Conversion, rechts) zu allen Nutzern (der Gesamtpopulation, links). In diesem Beispiel sind zwei Fehler zu beobachten: ein handwerklicher Fehler sowie ein Denkfehler. Der handwerkliche Fehler kommt hier von Google selbst, denn die Skalen der beiden Grafiken sind nicht auf der gleichen Höhe, obwohl sie nebeneinanderliegen. Die 60 %-Linie der Konvertierten rechts liegt auf der Höhe der 50 %-Linie aller Nutzer links – die Balken sind also nicht miteinander vergleichbar. So ist der Balken für die 25- bis 34-Jährigen rechts niedriger als der Balken der gleichen Altersklasse links, aber rechts geht der Balken bis leicht über 50 %, links liegt der höhere Balken bei unter 50 %. Auch wirkt der Balken der 26- bis 35-Jährigen rechts kleiner; tatsächlich ist der Anteil der konvertierenden Nutzer in dieser Altersgruppe aber auch höher.

Der potenzielle Denkfehler besteht darin, dass eventuell nicht beachtet wird, dass die Nutzer der rechten Grafik auch in der linken Grafik enthalten sind. In diesem Fall sind über 11 % der Nutzer konvertierend, sodass diese Gruppe Einfluss haben kann, aber nicht das komplette Ergebnis verändern wird.[1] Der Unterschied eines Segments wird deutlicher, wenn das Segment einer anderen Teilpopulation entgegengestellt wird.

---

1 Zu berücksichtigen ist hier auch, dass das Alter nicht von allen Nutzern erfasst ist, sondern meistens nur zwischen 40 % und 50 % der Nutzer des Betriebssystems einbezogen werden. So kann das Verhalten von Mobile- und Desktop-Nutzern auf den ersten Blick gleich sein, im Detail verhalten sich die iPhone-Nutzer dann aber eventuell doch anders.

Wichtig zu wissen

▶ Segmente sind das Standardverfahren eines Webanalysten, um Unterschiede zwischen Teilpopulationen zu ermitteln.

▶ Die richtigen Segmente zu identifizieren kann manchmal wie die Suche nach der Nadel im Heuhaufen sein. Maschinelle Ansätze können hier unterstützen. Zum Teil bieten Webanalyse-Systeme dies schon an.

Kapitel 17
Akquisekanäle verstehen

Eine Website ist nichts ohne die Nutzer, die die Site besuchen. Die unterschiedlichen Kanäle, von denen Nutzer kommen können, funktionieren nach eigenen Regeln, deren Kenntnis dem Analysten bei der Arbeit helfen.

17.1   Was ist ein Akquisekanal?

Ein Nutzer kann über verschiedene Kanäle auf eine Website gelangen, sei es über eine Suchmaschine oder über einen Link, der in einer Chat-Nachricht angeklickt wurde. Der Kanal, der verantwortlich für den Besuch eines (neuen) Nutzers ist, wird Akquisekanal genannt.

Insbesondere bei kommerziellen Angeboten müssen Akquisekanäle »bespielt« werden, in denen eine relevante Zielgruppe vermutet wird. Nicht alle Akquisekanäle sind immer gleich relevant; war Facebook Mitte der 2000er Jahre noch der Kanal, um junge Leute zu erreichen, war diese Altersgruppe Ende der 2010er Jahre kaum noch auf Facebook, dafür aber auf Instagram zu finden.

Es ist übrigens nicht das Ziel eines Website-Betreibers, möglichst viel Traffic auf die eigene Seite zu bekommen. Stattdessen wird »qualifizierter Traffic« benötigt, Besucherströme, die tatsächlich an einem Angebot interessiert sind und die nicht nur durch einen fehlgeleiteten Klick auf die Website gelenkt werden.

		Wiederkehrende Besucher	
		wenig	*viel*
Neue Besucher	*viel*	gutes Marketing schlechter Inhalt	gutes Marketing guter Inhalt
	wenig	schlechte Website	schlechtes Marketing guter Inhalt

Tabelle 17.1 Ein 2×2-Framework, hier von Christopher S. Penn auf Webseitenbesucher angewandt (Digital Innovation Playbook)

Tabelle 17.1 zeigt den Zusammenhang zwischen Marketing und Webseite auf eine reduzierte Weise: Zwar muss man bei der Interpretation der Werte »wiederkehrende« und »neue Nutzer« vorsichtig sein (siehe Kapitel 4, »Nutzer- und geräteübergreifendes Tracking«), aber rein logisch erschließt sich die Interpretation dieses Ansatzes. Die Akquisekanäle stehen also nie für sich alleine, sondern immer im Bezug zur Website. Diesen Zusammenhang aufzuzeigen, ist auch eine Aufgabe der Webanalyse.

In der Webanalyse geht es häufig darum, die Effektivität einer Kampagne und eines Akquisekanals zu bestimmen und zu überwachen. Dafür gibt es verschiedene KPIs, die in Abschnitt 18.1, »Was ist Erfolg?«, beschrieben werden. Nutzer verwenden allerdings häufig nicht nur einen Kanal, gerade bei kostspieligen Angeboten. Um jedem Kanal den gerechten Anteil an der Vermittlung eines neuen Kunden zuzuordnen, werden verschiedene Attributionsansätze verwendet, die in Kapitel 19, »Attribution berechnen«, besprochen werden.

Häufig wird zwischen Push und Pull Marketing unterschieden. In einem Push-Kanal werden die Nutzer mit einer Werbung aktiv angesprochen (zum Beispiel durch Bannerwerbung), im Pull Marketing kommt der Nutzer selbst, zum Beispiel, indem er eine Suche nach einem Produkt bei Google eingibt.

Content Marketing wird auf den folgenden Seiten nicht als eigener Akquisekanal beschrieben, da alle Akquisekanäle dafür sorgen können, dass Inhalte Traffic bekommt.

17.2   Direkt

Direkt kommen alle Nutzer, die entweder durch die Eingabe einer URL oder durch ein Lesezeichen auf eine Website gelangen. Tatsächlich können sich hier auch andere Kanäle »verstecken«. Wird zum Beispiel eine URL über einen Messenger wie WhatsApp verschickt, und der Empfänger klickt auf diesen Link, zählt er als direkter Besucher.

Mitunter fällt in manchen Analysedaten auf, dass der Anteil neuer direkter Besucher sehr hoch ist, auch wenn die Website noch relativ unbekannt ist. Dies kann zum Beispiel dadurch zustande kommen, dass Nutzer zunächst über einen anderen Kanal gekommen sind, danach ihre Cookies gelöscht oder den Browser gewechselt und danach die URL eingegeben oder einen Bookmark genutzt haben. Auch dieses Beispiel zeigt, wie sehr Webanalyse-Daten mit Vorsicht zu genießen sind.

17.3   Organische Suche

In Suchmaschinen wird zwischen organischen und bezahlten Ergebnissen unterschieden. Auf bezahlte Ergebnisse wird in Abschnitt 17.4, »Suchmaschinen-Marketing«, genauer eingegangen. Unter Suchmaschinen-Optimierung wird die Optimierung der eigenen Seite für das Ranking in den organischen Suchergebnissen verstanden. Irreführenderweise klingt der populäre Begriff *Suchmaschinen-Optimierung* so, als ob eine Suchmaschine optimiert würde, aber tatsächlich wird die eigene Seite für die Listung in einer Suchmaschine optimiert und nicht die Suchmaschine selbst (Alby und Karzauninkat 2007).[1]

Eine Suchmaschine besteht im Prinzip aus drei Teilen:

▶ einem Crawler oder Spider, der die Seiten holt,[2]

▶ einem Indexer, der die Seiten indexiert,

▶ einer Retrieval Engine, die Ergebnisse für eine Suchanfrage aus dem Index holt.

Diese drei Komponenten sind natürlich um einiges komplexer als es hier dargestellt ist. Auch werden zusätzliche Technologien genutzt, wie zum Beispiel der Knowledge Graph bei Google (siehe hier vor allem Lewandowski 2015). Aber diese Dreifaltigkeit hilft zu verstehen, an welchen Schrauben ein SEO-Experte drehen kann und muss. Ganz grob gesagt, muss sich ein SEO demnach um vier Bereiche kümmern:

▶ Die Seiten müssen gecrawlt werden.

▶ Die Seiten müssen indexiert werden.

▶ Die Seiten müssen für relevante Begriffe auf den ersten Suchergebnisseiten erscheinen (»ranken«).

▶ Die Seiten, die ranken, müssen auch angeklickt werden.

Wenn eine Seite keine Besucher von Suchmaschinen bekommt, kann das also mehrere Ursachen haben:

▶ Die Seite wurde vielleicht noch nicht gecrawlt.

▶ Die Seite wurde gecrawlt, aber noch nicht indexiert.

▶ Die Seite wurde indexiert, aber sie wird für relevante Suchanfragen nicht auf den ersten Suchergebnisseiten gefunden.

▶ Die Seite rankt sogar, aber sie wird kaum angeklickt.

Die genaue Ursache herauszufinden und zu beheben ist Aufgabe eines SEO. Suchmaschinen bieten dafür Online-Tools an (zum Beispiel die Google Search Console in Abbildung 17.1), über das Crawlverhalten geben aber auch die eigenen Weblogs Aufschluss (siehe Abschnitt 3.4, »Server- und Client-basiertes Tracking«).

---

1   Bei unserem Buch über Suchmaschinen-Optimierung wurden Stefan und ich vom Verlag gefragt, ob wir den Titel »Suchmaschinen-Optimierung« nicht ändern könnten, denn das würde ja niemand verstehen, dass es um die eigene Seite ginge.

2   »Spider« deswegen, weil man sich in den frühen Tagen des World Wide Webs vorstellte, wie ein Crawler wie eine Spinne durch das Web marschiert.

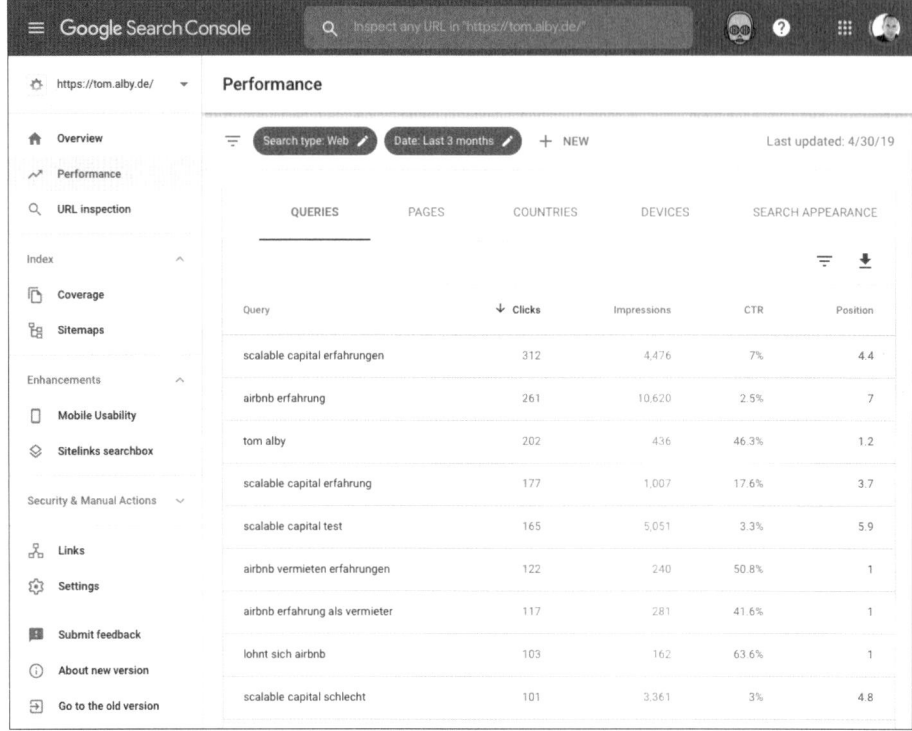

Abbildung 17.1 Google Search Console

Der Suchmaschinen-Crawler »besucht« Webseiten und erfasst dabei deren Inhalte und die Struktur der Webseite. Neue Seiten findet ein Crawler entweder dadurch, dass er Links von anderen Seiten verfolgt oder indem die Seiten bei den Suchmaschinen »angemeldet« werden.

Da die Suchmaschinen-Crawler nicht jeden Tag jede Seite besuchen können, um zu überprüfen, ob sich etwas geändert hat, werden Änderungen an einer Seite nicht sofort im Google-Index sichtbar. Auch werden neue Inhalte nicht sofort entdeckt. Die Suchmaschinen-Crawler arbeiten nach Prioritäten, das heißt, dass sie vor allem die Seiten häufiger und tiefer crawlen, die »wichtiger« sind. Der *PageRank* war einer von mehreren Faktoren, der die Wichtigkeit einer Seite bestimmte.

Nicht jede von den Crawlern besuchte Seite ist auch später im Index zu finden. Auch »rennen« die Crawler nicht blind durch eine Website. So kann man zum Beispiel Wikipedia kostenlos herunterladen und sich eine eigene Kopie basteln, diese mit Werbung versehen und wieder ins Netz stellen. Da diese Idee von vielen Menschen verfolgt wurde und die Nutzer keinen Mehrwert durch mehrere (und meist nicht mehr aktualisierte) Wikipedia-Kopien auf der Suchergebnisseite haben, werden solche Inhalte so früh wie möglich identifiziert, damit der Crawler nicht unnötig Ressourcen verschwendet. Jede Seite, die er in eine solche billige Kopie investiert, kann er nicht für andere, wirklich wichtige Seiten verwenden.

Nachdem der Crawler eine Seite »geholt« hat, können die Inhalte indexiert werden. Dabei werden zunächst linguistische Verfahren angewandt, unter anderem die Entfernung von sogenannten Stop Words wie *der, die, das, ein, einen* oder die Dekomposition von Komposita wie *Länderdreieck*, damit auch Dokumente gefunden werden können, in denen der Begriff *Dreiländereck* verwendet wird. Ein weiteres verwendetes Verfahren ist das sogenannte Stemming, bei dem der Wortstamm verwendet wird, sodass für eine Suche nach *Traum* auch Dokumente mit dem Wort *Träume* gefunden werden.

Neben den Informationen in dem Dokument werden außerdem Informationen über das Dokument verarbeitet. Die Sprache des Dokuments wird identifiziert, aber auch das Land, wofür das Dokument relevant ist. So möchten deutsche Benutzer nicht in allen Fällen deutsche Ergebnisse aus Österreich bekommen und umgekehrt. Ein Pizzaservice in Hamburg ist nicht für einen Benutzer in Wien interessant. Ähnlich ist es mit spanischen Inhalten, die auch aus Südamerika kommen können, aber nicht unbedingt für Benutzer in Spanien relevant sind.

Zwei Parameter stehen im Information Retrieval im Vordergrund: der Recall und die Precision. Beim Recall geht es darum, ob alle im Index gespeicherten relevanten Dokumente auch gefunden werden, bei der Precision darum, ob die relevantesten Dokumente auch als erste angezeigt werden. Die Suchanfrage wird dafür aber zunächst präpariert, bevor sie auf den Index »geworfen« wird. Denn da beim Indexieren Stop Words entfernt wurden sowie Stemming usw. angewandt wurde, muss das Gleiche noch einmal für die Suchanfrage passieren. Gleichzeitig wird die Suchanfrage mit Informationen, wie zum Beispiel dem Ort des Nutzers, angereichert, um die Relevanz der Ergebnisse für den Nutzer zu steigern.

Waren es in den 90er Jahren die Keywords, wurden es in den 2000er Jahren die Backlinks, die als wichtigste Waffe im Kampf um die oberen Ränge in den Suchmaschinen eingesetzt werden konnten. Tatsächlich hat es schon immer mehrere Ranking-Faktoren gegeben, und das Wissen um die Gewichtung dieser Faktoren ist schon seit langer Zeit ein Ziel der Begierde von Suchmaschinen-Optimierern sowie von Politikern. Letztere würden gerne Google zwingen, den Algorithmus freizugeben, damit der Verdacht der Parteilichkeit und der Verdacht der Manipulation ausgeräumt werden können, insbesondere angesichts des Quasi-Monopols von Google. Aber jede dieser Forderungen aus der Politik offenbart nur das fehlende Verständnis, wie eine Suchmaschine tatsächlich funktioniert.[3]

Als OnPage- oder OnSite-Optimierung bezeichnet man die Optimierung aller Faktoren, auf die der Webmaster direkt auf der Seite selbst Einfluss hat. In der OffPage-

3 Siehe hierzu vor allem *https://alby.link/6*

oder OffSite-Optimierung werden die Faktoren optimiert, auf die der Webmaster keinen direkten Einfluss hat.

17.4   Suchmaschinen-Marketing

In manchen Ländern beinhaltet das Search Engine Marketing beziehungsweise das Suchmaschinen-Marketing die Bereiche Search Engine Advertising und Search Engine Optimization; ansonsten wird der Begriff SEM in Deutschland nicht unbedingt als Oberbegriff verstanden, sondern als Synonym für die bezahlten Anzeigen der Suche. In England und den USA wird SEM/SEA auch als PPC (Pay-per-Click) bezeichnet.

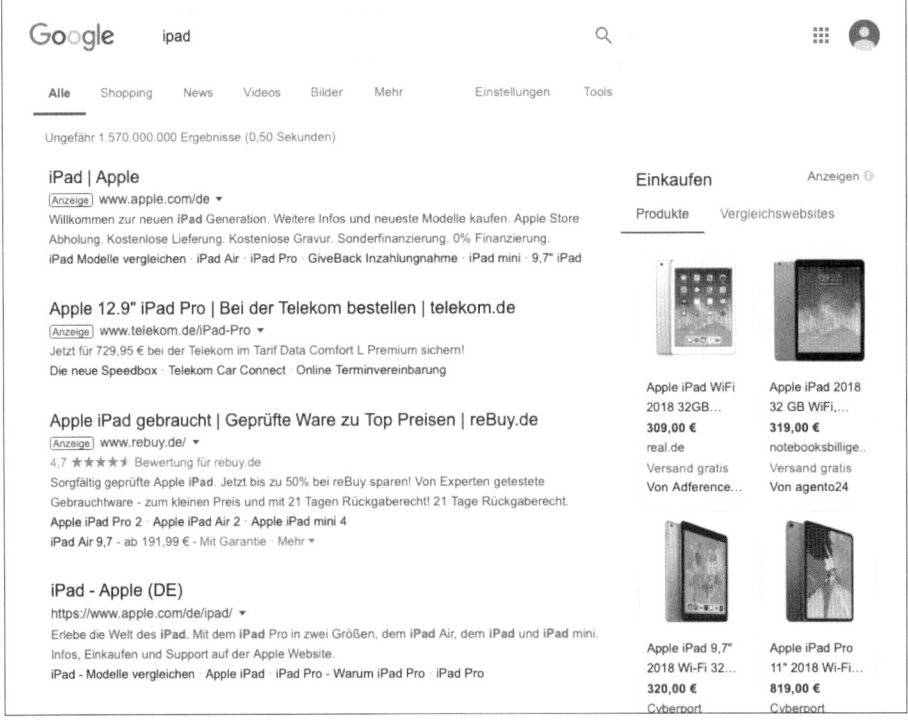

Abbildung 17.2 Eine Google-Suchergebnisseite mit Anzeigen

Auf Google und anderen Suchmaschinen werden für kommerzielle Begriffe ober- und unterhalb der organischen Ergebnisse bezahlte Suchtreffer angezeigt, wie es in Abbildung 17.2 zu sehen ist. Bei Google heißt der Dienst, mit dem die Suchanzeigen eingestellt und verwaltet werden können, Google Ads (früher Google AdWords). Darin können neben Anzeigen für die Suche auch Anzeigen für das Google Display Network und YouTube erstellt werden. Für SEOs ist Google Ads aber auch deswegen spannend, weil der daran angebundene Keyword Planner Zahlen über die Suchvolumina aller bei Google gesuchten Begriffe bietet.

Anders als bei der organischen Suche bestimmt hier nicht ein Relevanzalgorithmus die Reihenfolge der Ergebnisse, sondern zunächst einmal das Gebot für einen Begriff. Allerdings hat Google auch hier gewisse Relevanzkriterien hinzugefügt:

▶ die bisherige Klickrate des Keywords und der zugehörigen Anzeige bei Google

▶ die bisherige Performance

▶ die bisherige Klickrate der angezeigten URLs in der Anzeigengruppe

▶ die Qualität der Landing Page

▶ die Relevanz des Keywords für die Anzeigen in der dazugehörigen Anzeigengruppe

▶ die Relevanz des Keywords und der dazugehörigen Anzeige für die Suchanfrage

▶ die Performance in der geografischen Region, in der die Anzeige erscheinen soll

▶ andere Faktoren, die Google nicht offenlegt

Der Grund für den Einsatz des mit diesen Faktoren gefütterten Qualitätsfaktor ist, dass wenn die Position allein vom Gebot abhinge, sich nicht unbedingt die relevantesten Anzeigen oben befinden und diese eventuell nicht angeklickt werden (und Google damit auch kein Geld verdienen würde).

Beim Suchmaschinen-Marketing wird pro Klick bezahlt. Der Vorteil ist, dass sehr kurzfristig agiert werden kann, anders als bei der Suchmaschinen-Optimierung, bei der Effekte in der Regel nur mittel- oder langfristig erkennbar sind. Auch kann ganz genau skaliert werden, wie viele Benutzer auf die eigene Seite kommen sollen. Zu guter Letzt kann man auch noch verschiedene Arten von Targeting durchführen:

▶ **Regio-Targeting**
Anzeigen werden nur in bestimmten Regionen gezeigt, zum Beispiel in Schleswig-Holstein oder Hamburg.

▶ **Ethno-Targeting**
Benutzern mit einem türkischen Browser werden in Deutschland Anzeigen auf Türkisch gezeigt.

▶ **Device Targeting**
Benutzern mit einem iPhone werden spezielle Anzeigen gezeigt.

▶ **Carrier Targeting**
Benutzern, die über eine Telekom-SIM-Karte unterwegs sind, werden auf sie abgestimmte Angebote angezeigt.

▶ **Retargeting/Remarketing**
Nutzern, die bestimmte Aktionen auf der eigenen Seite oder bei YouTube vorgenommen haben, werden andere Anzeigen gezeigt als unbekannten Nutzern.

Google Ads ist für SEOs aber auch deswegen interessant, weil damit kurzfristig Seitentitel oder Meta-Descriptions getestet werden können (siehe Abschnitt 22.1, »A/B-Tests«).

17.5   Display

Das Display Advertising, kurz Display genannt, ist eine der ältesten Werbeformen im Internet. Grob gesagt, geht es darum, dass den Benutzern Werbebanner angezeigt werden, wenn sie eine Webseite besuchen oder eine App nutzen. Dabei gibt es viele unterschiedliche Varianten von Werbebannern, Interstitials, die den Content überdecken und nur durch einen Klick zu entfernen sind, Bewegtbildbanner, Homepage-Takeovers, die die ganze Seite kurz übernehmen usw.

In Abbildung 17.3 sind zwei verschiedene Werbebanner der Deutschen Bank zu sehen, zum einen unter dem Kopf der Seite vor dem ersten Artikel, zum andern um den Content-Bereich herum. Es werden häufig neue Formate erfunden, um die Bannermüdigkeit der Nutzer zu überwinden. Auch wenn die meisten Internetnutzer sagen, dass sie die Banner nicht beachten, ist erwiesen, dass Bannerwerbung Einfluss auf Internetnutzer und ihr Kaufverhalten nimmt.

Abbildung 17.3 Mehrere Display-Banner auf der »spiegel.de«-Homepage

Früher wurden Banner als Platzierung auf *TKP-Basis* gebucht, heute wird mehr und mehr Display-Werbung über Programmatic Advertising ausgespielt. Hier wird, ähnlich wie bei Google Ads, in einer Auktion die Einblendung des Werbebanners dem Bieter überlassen, der das höchste Gebot elektronisch übermittelt hat. In der Regel dauert der ganze Vorgang wenige 100 Millisekunden. Die Werbetreibenden können so bei jeder Impression entscheiden, ob sie mitbieten wollen oder nicht. Die Entscheidung hängt dann in der Regel davon ab, was die Werbetreibenden beziehungsweise ihre Agenturen bereits über den Nutzer wissen, an den die Werbeeinblendung ausgespielt werden soll. In der Regel kommt dieses Wissen aus einer Data-Management-Platform. Webanalytics spielt hier eine große Rolle, denn aus Besuchersegmenten können neue *Audiences* generiert werden, die über eine Data-Management-Platform Werbung an diese Nutzer oder statistische Zwillinge ausspielen. Ein Beispiel dafür sind Retargeting Audiences, mit denen ein Nutzer über Display-Werbung noch einmal angesprochen wird, nachdem sich dieser Nutzer auf einer Webseite ein Produkt angesehen hat.

Dies erklärt auch das heutige Dilemma der Verlage, denn anstatt dass sie einfach behaupten können, dass eine werberelevante Zielgruppe die Webseite besucht, die 20 EUR TKP wert ist, entscheiden nun die Werbetreibenden selbst, was ihnen der Nutzer wert ist, der auf die Webseite kommt.

17.6   Affiliate

Beim Affiliate Marketing nutzt der Werbetreibende den Traffic seiner Partner, den sogenannten *Affiliate*, um Käufer für seine Produkte zu finden. Dabei bekommt der Affiliate nur dann Geld, wenn der Besucher auch tatsächlich die gewünschte Aktion durchführt, wie zum Beispiel etwas zu bestellen oder sich für einen Newsletter anzumelden. Für den Werbetreibenden ist das Risiko also im Prinzip relativ gering, nur kann es sein, dass er Provisionen für Conversions an Affiliates auszahlt, die er auch ohne die Affiliates bekommen hätte.

Gerade im Affiliate-Bereich, aber auch im Display-Bereich ist das Thema Attribution (siehe Kapitel 19, »Attribution berechnen«) wichtig, da hier unterschieden werden kann, ob ein Nutzer zuerst durch den Affiliate oder durch einen anderen Kanal gekommen ist.

17.7   E-Mail

Besuche von Links aus E-Mails müssen in der Regel zusätzlich konfiguriert werden. Werden Links in E-Mails nicht richtig konfiguriert, erscheinen die Besuche unter *Direkt* oder *Referrals*. Manche E-Mail-Tools sind zum Teil schon vorkonfiguriert, allerdings auch nicht in jedem Webanalyse-System. Wichtig ist, dass hier nur die Klicks auf die Links gemessen werden, nicht aber die Öffnungsrate einer E-Mail; für diesen Zweck existieren andere Tools, die genau solche Metriken zu messen versprechen.

17.8   Social

Social Media kam in den 2000ern erst durch MySpace und später durch Facebook zur Disziplin des Online-Marketings dazu. Hier wird versucht, die Nutzer so einzubinden, dass sie Fans der eigenen Seite werden und mit den Inhalten interagieren. Neben den organischen Posts existieren auch bezahlte Posts, die den Nutzern auf der Basis von Targeting-Kriterien angezeigt werden. Da die Nutzer auf Facebook & Co. mehr von sich preisgeben als auf anderen Plattformen, sind die Targeting-Kriterien sehr granular (Nutzer, die in Hamburg leben, Student an der HAW sind und sich außerdem für Carrera-Bahnen interessieren. Tatsächlich ist es nicht einmal notwendig, dass die Nutzer alles von sich preisgeben. Dadurch, dass auf vielen Webseiten Like-Buttons eingebunden sind, kann Facebook auch ohne Interaktion auf der eigenen Plattform ein Profil eines Nutzers aufbauen.

Manche Social-Media-Plattformen, wie zum Beispiel Twitter, werden außerdem von Google prominent eingebunden, sodass eine Optimierung in diesem Bereich dem eigenen Ranking zum Vorteil gereichen kann. Allerdings ist Twitter in Deutschland eher eine Plattform der Intelligentsia.

17.9   Referral

Referrals (manchmal auch inkorrekterweise Referals) sind Besuche von anderen Webseiten. Streng genommen, sind natürlich auch Besuche von Google und Facebook Referrals; diese werden aber aufgrund ihrer Prominenz anders aufgeführt. Grundsätzlich ist ein Referral zunächst mal ein Link von einer anderen Website. Wenn eine Website auf meine Website verlinkt, und ein Nutzer klickt auf diesen Link und kommt zu meiner Site, dann ist dies ein Besuch, die durch einen Referral zustande gekommen ist.

17.10   Benutzerdefinierte Kanäle

In den meisten Webanalyse-Systemen lassen sich auch eigene Akquisekanäle anlegen. Diese können zum Beispiel spezielle Partner beinhalten, aber auch Kanäle, die nur mit speziellen Zusatzinformationen als solche erkennbar sind.

Wichtig zu wissen

▶ Je nach Kanal werden unterschiedliche Informationen über die Herkunft eines
Nutzers auf einer Website übermittelt.

▶ Informationen aus einem Kanal lassen sich nicht immer mit Kanälen aus anderen Kanälen verbinden.

▶ Manche Kanäle können nicht zuverlässig gemessen werden und tauchen dann
unter Direct Traffic auf.

17

Kapitel 18
Kampagnenerfolg auswerten

Kampagnen sind elementar, um Nutzer auf die Website zu bekommen. Da die meisten Kampagnen mit Kosten verbunden sind, ist die Auswertung des Erfolgs von Kampagnen ein wichtiger Bestandteil der Aufgaben eines Webanalysten.

18.1 Was ist Erfolg?

Der Erfolg einer Kampagne hängt davon ab, was das Ziel ist. Da Kampagnen zeitlich befristete Aktionen sind, sollte nach einer S.M.A.R.T.-Definition (siehe Kapitel 1, »Ziele der Webanalyse«) ein Erfolg relativ einfach messbar sein. Das klingt trivial, ist aber dennoch nicht immer üblich, sodass erst im Nachhinein überlegt wird, wie man etwas als Erfolg darstellen kann, obwohl zuvor kein Ziel definiert worden war oder weil das eigentliche Ziel verfehlt wurde (Postrationalisierung).[1] Zwar bietet die Statistik einige Tricks, wie man etwas gut aussehen lassen kann, auch wenn es nicht gut ist, aber ein echter Mehrwert wird hier nicht geschaffen.

Allerdings lohnt es sich manchmal auch, etwas tiefer in die Daten zu schauen, wenn der Erfolg sich nicht so eingestellt hat wie erwartet. So kann es sein, dass Nutzer sich zwar nach einem Klick auf ein Banner nicht sofort ein Produkt gekauft haben, aber gleichzeitig Tage später der Abverkauf gestiegen ist.

18.2 Kampagnen-Tagging

Um Kampagnen granular tracken zu können, werden einzelne Bestandteile einer Kampagne getaggt. Solche Taggings können die folgenden Inhalte haben:

► Creative (also zum Beispiel Text oder Bildvariation)

► Placement (wo das Creative zu sehen war)

► Kampagnenname

► Begriff beziehungsweise Keyword, zum Beispiel bei SEA

---

1 Das hat der Autor mehr als einmal erlebt, bis hin zu der Aussage, dass Rückfragen zu den Zielen leider nicht möglich seien, man aber doch Experte sei, und man doch bitte nicht alles immer so kompliziert gestalten solle.

- Medium, sei es eine E-Mail oder ein Banner
- Zeitraum

Die granularen Informationen erlauben detaillierte Auswertungen, zum Beispiel ob dasselbe Banner auf unterschiedlichen Placements unterschiedlich performt. Für Google Analytics wird häufig der UTM Builder verwendet.[2] Diese Parameter sind dann im Referrer angehängt und werden automatisch von Google Analytics ausgewertet. Ähnlich funktioniert dies für andere Webanalyse-Tools. Manche Kanäle werden auch automatisch getaggt, wie zum Beispiel Google Ads in Google Analytics, wenn die Konten verbunden sind.

18.3 Die Währungen im Online-Marketing

Um den Erfolg zu messen, aber auch die Kosten für den Erfolg einzubeziehen, werden verschiedene KPIs verwendet, je nach Kampagnenziel, aber auch je nach übergeordnetem Ziel. In Abbildung 18.1 ist das Kampagnen-Reporting für den Google Merchandising Store zu sehen.

	Campaign	Acquisition			Behaviour			Conversions E-commerce		
		Users	New Users	Sessions	Bounce Rate	Pages/Session	Avg. Session Duration	E-commerce Conversion Rate	Transactions	Revenue
		12,822 % of Total: 8.40% (152,628)	10,772 % of Total: 7.39% (145,787)	16,305 % of Total: 7.75% (210,449)	43.74% Avg for View: 42.27% (3.47%)	4.15 Avg for View: 4.40 (-5.59%)	00:02:51 Avg for View: 00:02:55 (-2.32%)	0.23% Avg for View: 0.12% (91.02%)	37 % of Total: 14.80% (250)	US$2,340.12 % of Total: 16.04% (US$14,588.33)
1.	Data Share Promo	6,353 (49.09%)	5,392 (50.06%)	7,524 (46.15%)	53.54%	3.07	00:02:29	0.03%	2 (5.41%)	US$57.87 (2.47%)
2.	AW - Apparel	3,888 (30.04%)	3,059 (28.40%)	5,441 (33.37%)	31.41%	5.45	00:03:36	0.35%	19 (51.35%)	US$1,408.05 (60.17%)
3.	AW - Google Brand	805 (6.22%)	640 (5.94%)	1,081 (6.63%)	36.36%	4.64	00:03:11	0.46%	5 (13.51%)	US$185.41 (7.92%)
4.	AW - YouTube	730 (5.64%)	706 (6.55%)	780 (4.78%)	63.08%	2.14	00:00:32	0.00%	0 (0.00%)	US$0.00 (0.00%)
5.	AW - Bags	547 (4.23%)	439 (4.08%)	699 (4.29%)	30.62%	6.04	00:03:11	0.86%	6 (16.22%)	US$306.75 (13.11%)
6.	AW - Office	395 (3.05%)	330 (3.06%)	505 (3.10%)	29.31%	5.75	00:03:25	0.79%	4 (10.81%)	US$358.05 (15.30%)
7.	AW - Drinkware	127 (0.98%)	117 (1.09%)	157 (0.96%)	45.86%	5.32	00:02:39	0.64%	1 (2.70%)	US$23.99 (1.03%)
8.	AW - Accessories	81 (0.63%)	79 (0.73%)	98 (0.60%)	66.33%	2.67	00:00:56	0.00%	0 (0.00%)	US$0.00 (0.00%)
9.	AW - Android Brand	12 (0.09%)	10 (0.09%)	14 (0.09%)	50.00%	5.00	00:01:17	0.00%	0 (0.00%)	US$0.00 (0.00%)
10.	AW - YouTube Brand	3 (0.02%)	0 (0.00%)	5 (0.03%)	60.00%	2.80	00:01:09	0.00%	0 (0.00%)	US$0.00 (0.00%)

Abbildung 18.1 Kampagnen-Reporting in Google Analytics

Die einzelnen Kampagnen werden anhand von verschiedenen Metriken dargestellt:

- **Neue Nutzer**
  Wie viele Awareness bei neuen Nutzern wurde geschaffen?
- **Sessions**
  Kamen die Nutzer wieder?

2 *https://alby.link/5*

▶ **Bounce Rate**

In Abbildung 18.1 erscheint leider nur die nicht angepasste Bounce Rate, sodass nicht zwischen Single Page Visits und echten Bouncern unterschieden werden kann.

▶ **Seiten pro Sitzung**

Diese Angabe könnte man als Metrik für das Interesse der Nutzer interpretieren.

▶ **Durchschnittliche Sitzungsdauer**

Die durchschnittliche Sitzungsdauer wird in Kapitel 14, »Interaktionen anstatt Verweildauer«, behandelt.

▶ **Conversion Rate (CVR)**

Dies ist der Anteil der Nutzer, der etwas kauft (kaufende Nutzer geteilt durch alle Nutzer).

▶ **Revenue**

Wie viel Geld wurde eingenommen?

Darüber hinaus existieren viele weitere KPIs, die im Online-Marketing eingesetzt werden:

▶ **CLV/Customer Lifetime Value**

Ein Kunde kauft eventuell nicht nur einmal, sondern mehrmals. Der erste Kauf ist für den Verkäufer nicht profitabel, die weiteren Käufe aber schon. Ein gutes Beispiel sind hier Drucker und Tintenpatronen.

▶ **CPA/Cost per Acquisition**

Diese KPI ist ähnlich wie CPO, wird aber für Transaktionen genutzt, die keine Order sind, zum Beispiel Kosten pro Fan bei Facebook.

▶ **CPC/Cost per Click**

Hierbei handelt es sich um die Kosten pro Klick. Bei Google Ads wird der Preis für einen Klick auf eine Anzeige, zum Beispiel in einer Auktion, bestimmt.

▶ **CPO/Cost per Order**

Hierbei handelt es sich um die Kosten pro Bestellung. Angenommen, wir bezahlen für die 100 Nutzer im vorangehenden Beispiel 100 EUR (1 EUR CPC), dann läge der CPO bei einer CVR von 1 % bei 100 Euro.

▶ **CPM/TKP (Cost per Mille oder Tausendkontaktpreis)**

Der TKP ist eine Währung, die schon bei Printmagazinen genutzt wurde und beschreibt, wie viel Geld man für eine Anzeige bei einer Auflage von 1.000 Stück zahlt.

▶ **CTR (Click Through Rate)**

Hierbei handelt es sich um die Klickrate. Wird eine Anzeige zum Beispiel hundertmal eingeblendet und zweimal angeklickt, ergäbe dies eine Klickrate von 2 %.

18

▶ **CVR (Conversion Rate oder Konversionsrate)**
Von 100 Besuchern auf einer Website kauft nur einer etwas im Shop, sodass die CVR dann bei 1 % liegt.

▶ **KUR (Kosten-Umsatz-Relation)**
Dies ist eine Alternative zum CPO. Hier werden die Gesamtkosten durch den Umsatz geteilt, auch nach Retouren.

▶ **ROAS (Return on Advertising Spend)**

Je nach Situation werden auch gerne neue KPIs erstellt, wie zum Beispiel eine Engagement-Rate. Wichtig ist, dass nicht blind die KPIs verwendet werden, die auch andere Analysten verwenden oder die hier im Buch vorgeschlagen werden, sondern dass die KPIs identifiziert werden, die zu der eigenen Situation passen.

18.4   Customer Journey versus Datensilos

Unter einer Customer Journey wird der Weg eines Nutzers zu einem Zielvorhaben verstanden. Das Ziel ist es, Hürden auf dem Weg zur Conversions zu verstehen und auszuräumen. Eine komplette Sicht der Customer Journey ist aus technischen Gründen allerdings in der Regel unmöglich, auch wenn sie sich nur auf den digitalen Raum beschränkt. Schuld daran sind unter anderem Datensilos.

Während einige Anbieter sehr transparent sind, können Daten verschiedener Anbieter nicht immer übereinandergelegt werden. So ist es nicht möglich zu erkennen, ob ein Nutzer eine Werbung auf Facebook gesehen hat und dadurch später bei Google nach einem Produkt gesucht und dadurch auf eine Website gekommen ist.

Ist zumindest ein Teil der Customer Journey nachvollziehbar, ist es möglich, den jeweiligen Touchpoints in einer Customer Journey, je nach Mitwirkung, einen Teil des Erfolgs zuzuschreiben. Dies wird Attribution genannt und in Kapitel 19, »Attribution berechnen«, ausführlich behandelt.

Wichtig zu wissen

▶ Kampagnenziele sind nach dem S.M.A.R.T.-Prinzip aufzusetzen.

▶ Nicht alle Daten können immer miteinander verbunden werden, da manche Anbieter eher als Silo agieren, dessen Daten nur in sich selbst analysiert werden können.

Kapitel 19
Attribution berechnen

Die Attribution gilt als heiliger Gral des Online-Marketings, da die verschiedenen Marketing-Kanäle unterschiedlichen Anteil am Erfolg haben können, das Marketing-Budget aber möglichst eingesetzt werden soll.

19.1 Warum ist Attribution wichtig?

Unter Attribution wird die Zuordnung von Erfolgsanteilen verschiedener Kanäle an einer Conversion verstanden. Ein Benutzer wird zum Beispiel durch ein Display-Banner auf eine Website aufmerksam, kauft nach dem Klick aber nichts. Tage später kauft der Nutzer aber nach einem Klick auf ein Suchergebnis. Diesem letzten Kanal wird die Conversion zugeordnet. Hätte der Nutzer das Display-Banner aber nicht gesehen, hätte er nicht Tage später nach dem Produkt gesucht und es auch nicht gekauft. Und vielleicht hat der Nutzer das Banner nicht einmal angeklickt, sondern nur gesehen (*View through Conversion*). Auch innerhalb eines Kanals können Attributionsmodelle angewandt werden, zum Beispiel, wenn Nutzer zunächst nach einem generischen Begriff suchen (Handy) und sich dann nach einer Recherche für ein Modell entschieden haben und nach der Marke suchen (iPhone), siehe hierzu auch Alby und Funk 2011 und Alby 2016b. Dies wird auch *Spill-over-Effekt* genannt.

Manche Tools, wie Google Analytics, bieten bereits in der kostenlosen Variante verschiedene statische Modelle zur Attributionsberechnung an. In den meisten Tools, wie auch Google Ads, wird in der Standardansicht lediglich der letzte Kanal aufgeführt, den ein Nutzer auf dem Weg zur Conversion genutzt hat.

Ein Werbebudget soll möglichst effizient und effektiv eingesetzt werden. Angeblich soll Henry Ford gesagt haben, dass die Hälfte seines Marketing-Budgets verschwendet sei, er wisse nur nicht, welche Hälfte. Es ist nicht gesichert, ob er das wirklich jemals gesagt hat, aber unbestritten ist, dass Werbung nicht immer ihr Ziel erreicht, auch wenn der genaue Anteil des verschwendeten Budgets unbekannt ist. So wurde in Kapitel 1, »Ziele der Webanalyse«, bereits das AIDA-Modell vorgestellt, bei dem in der Awareness-Phase einer Kampagne auch Personen Werbung sehen können, die für sie nicht relevant ist. Diese Streuverluste lassen sich nicht immer verhindern, selbst in der Online-Werbung. Es könnte jedoch auch sein, dass die Nutzer über einen

19

Werbekanal auf ein Produkt aufmerksam gemacht worden sind, aber erst später über einen anderen Kanal das Produkt kaufen.

Hinzu kommt, dass die meisten Nutzer nicht einfach irgendwann nachts aufwachen und sich überlegen, einen Steinway-Flügel kaufen zu wollen, an den Rechner gehen, den erstbesten Flügel auf der Steinway-Site auswählen und diesen dann auch sofort kaufen. Gerade bei komplexen oder teuren Produkten recherchieren Nutzer meist etwas länger und haben mehrere Kontaktpunkte.

Das bedeutet auch, dass man sich bei der Attributionsmodellauswahl überlegen muss, wie lange ein typischer Recherchezyklus dauert. Dementsprechend muss das Zeitfenster ausgewählt werden, das vor der Conversion berücksichtigt werden soll. Ein Autokauf kann zum Beispiel länger als 2 Monate dauern, ein neuer Handyvertrag wenige Wochen, bei Tintenpatronen wird die Entscheidung in wenigen Minuten gefällt.

In dem Beispiel mit dem Steinway-Flügel könnte es sein, dass der Nutzer irgendwo eine Werbung von Steinway gesehen hat, vielleicht sogar auf diese klickte, dann vielleicht in einen Laden ging und sich beraten ließ und den Flügel dann irgendwann online bestellte. Welcher von diesen Kontaktpunkten bekommt nun den »Credit« für den Kauf? War es der erste Kontaktpunkt, der den Nutzer überhaupt dazu brachte, sich für einen Steinway-Flügel zu interessieren? War es der Verkäufer im Steinway-Verkaufsraum, der die Vorzüge des Flügels noch einmal herausstellte? War es die Website, der »Goal Getter«, die den Nutzer zum Schluss noch einmal überzeugen konnte? Tatsache ist, dass es ohne den ersten Kontaktpunkt wahrscheinlich keinen Kauf gegeben hätte, aber auch nicht ohne die Punkte dazwischen.

19.2   Statische Attributionsmodellierung

In der statischen Attributionsmodellierung finden vordefinierte Modelle Anwendung; die häufigsten Modelle sind:

▶ First Click
Der erste Klick zählt, also der Klick, durch den der Benutzer zum ersten Mal auf die eigene Website kam.

▶ Last Click
Der letzte Klick zählt, das heißt, egal durch welchen Kanal ein Benutzer vorher auf die Seite kam: Es zählt nur der letzte Kanal.

▶ Last Non-Direct-Click
Der letzte Klick, der nicht direkt war, zählt als der letzte Kanal.

▶ **Lineares Modell**
Alle Kanäle bekommen die gleiche Attribution, geteilt durch die Anzahl der Kontaktpunkte.

▶ **U-Shape/Badewannenmodell**
Dem ersten und dem letzten Kanal werden jeweils die gleichen Werte zugewiesen.

▶ **Time Decay**
Der Wert eines Kanals nimmt ab, je länger der Kontaktpunkt zurückliegt.

Die Verwendung eines Modells richtet sich nach mehreren Fragen:

▶ Sind die Marke und das Produkt unbekannt? Dann wäre ein First-Click-Modell zunächst angebrachter, da auf beides erst einmal aufmerksam gemacht werden muss.

▶ Ist die Marke bekannt, das Produkt aber nicht? Hier könnte ein Badewannenmodell interessant sein, da für das Produkt Aufmerksamkeit generiert werden muss, die Marke aber stark genug sein sollte, um im Last Click die Nutzer abzuholen.

Die Wahl des geeigneten Modells richtet sich also nach den Voraussetzungen.

19.3   Beispiel First Click versus Last Click

Die Interpretation der Attributionsdaten wirft häufig zunächst Fragen auf, sodass diese an einem Beispiel erläutert werden. In Abbildung 19.1 ist der Vergleich zwischen Last Click und First Click zu sehen. In der linken Spalte sind die Last Interaction Conversions zu sehen, zum Beispiel 1.468 Conversions, die dadurch zustande kamen, dass Nutzer direkt auf die Website kamen und den Abschluss gemacht haben. In der SPALTE FIRST INTERACTION rechts daneben sind 1.074 Conversions zu sehen, also Conversions, die dadurch zustande kamen, dass der Nutzer zuerst direkt über die Website kam, später aber vielleicht über einen anderen Kanal den Abschluss gemacht hat.

MCF Channel Grouping	Spend (for selected time range)	Last Interaction		First Interaction		% change in Conversions (from Last Interaction)
		Conversions ↓	CPA	Conversions	CPA	First Interaction
1. Direct	—	**1,468.00** (83.55%)	—	1,074.00	—	-26.84% ↓
2. Organic Search	—	**233.00** (13.26%)	—	185.00	—	-20.60% ↓
3. Referral	—	**37.00** (2.11%)	—	46.00	—	24.32% ↓
4. Paid Search	€43,243.77	**16.00** (0.91%)	€2,702.74	433.00	€99.87	2,606.25% ↓
5. Email	—	**2.00** (0.11%)	—	7.00	—	250.00% ↓
6. (Other)	—	**1.00** (0.06%)	—	—	—	—
7. Display	€16,721.02	**0.00** (0.00%)	€0.00	12.00	€1,393.42	0.00% ↓

Abbildung 19.1 Attribution Last Interaction versus First Interaction in Google Analytics

Das bedeutet, dass mehr Conversions dadurch zustande gekommen sind, dass jemand zuletzt direkt auf die Website gekommen ist, als wenn es der erste Schritt gewesen wäre. Im Vergleich dazu hat der Kanal Paid Search nur 16 Conversions in der letzten Interaktion geschafft, aber über 400 Conversions als ersten Interaktionspunkt. Es könnte also gut sein, dass Nutzer zuerst über Paid Search auf die Seite gekommen sind, keine Conversion stattfand, die Nutzer dann aber in einem späteren Besuch direkt auf die Website gegangen sind und die Conversion dann durchgeführt wurde. Mit anderen Worten: Auch wenn Paid Search auf den ersten Blick (und das ist Last Interaction meistens) nicht so performant aussieht, wäre es fatal, hier das Budget zu kürzen, da dann sehr wahrscheinlich weniger Nutzer direkt kommen und den Abschluss machen würden.

Mitunter wird Attribution mit einem Fußballteam verglichen: Der Stürmer schießt die Tore, aber ohne den Spieler, der ihn angespielt hat, hätte er das Tor nicht geschlossen. Die Last Interaction ist der Stürmer, der das Tor macht, die Kanäle davor sind die anderen Spieler, die dem Stürmer die Vorlage geliefert haben. Ein Fußballspiel besteht nicht nur aus Stürmern.

19.4   Vor- und Nachteile statischer Attributionsmodelle

Bei all diesen Modellen geht es in der Regel nur um Klicks, nicht um Impressions. Diese sind in der Regel nicht für alle Kontaktpunkte messbar (oder sind messbar, aber die Daten werden nicht zur Verfügung gestellt). Manche Tools erlauben außerdem, dass man sich ein eigenes Modell bastelt. Hier ist die große Herausforderung, sich zu überlegen, welchen Wert man einem Kontaktpunkt zuschreibt. Google Analytics erlaubt es zum Beispiel, auch, einer Impression (die im Google Display Network stattgefunden hat) einen Wert zuzuweisen. Aber welcher Wert sollte das sein? 0,1? 0,5? Hier muss zunächst eine Hypothese erstellt werden, die dann verifiziert oder widerlegt werden muss.

Der große Nachteil statischer Modelle ist, dass man sich zum einen erst einmal für eines entscheiden muss, zum andern aber auch, dass die starren Werte nicht unbedingt der Realität entsprechen. Es kann sein, dass ein Shop viele verschiedene Artikel hat, von Tintenpatronen über Bürostühle. Tintenpatronen werden nicht in einer tagelangen Recherche ausgewählt, einen Bürostuhl kauft man jedoch nicht im Vorbeigehen. Ein und derselbe Laden müsste also verschiedene Attributionsmodelle für verschiedene Produktgruppen haben.

Das Thema Cross-Device wird hier noch gar nicht berücksichtigt. Auch die Konstellation online/offline ist hier nicht zu finden, obwohl sie unter bestimmten Umständen möglich wäre. Der ROPO-Effekt (Research online/Purchase offline, aber auch umgekehrt Research offline/Purchase online) findet in der realen Welt statt, kann aber in den meisten Fällen kaum nachgewiesen werden. Auf jeden Fall ist es auffällig, wenn in den eigenen Daten ein Nutzer auf die Seite kommt und sofort ein hochpreisiges Produkt kauft. Die Wahrscheinlichkeit, dass dies nicht der erste Kontaktpunkt in der Customer Journey ist, ist groß.

19.5 Dynamische Attributionsmodellierung

In der dynamischen Modellierung wird kein vorgefertigtes Modell gewählt, sondern das Modell ständig angepasst. Die Premiumversion von Google Analytics bietet zum Beispiel datengetriebene Attribution an, auf deren Basis ein Modell entwickelt wird, das für eine Woche in die Zukunft gültig ist (siehe Abbildung 19.2). Hier werden alle Kombinationen der Kontaktpunkte, ausgehend von einer Conversion, durchgerechnet. Anders als bei anderen Ansätzen wird hier in die Zukunft geschaut und nicht allein in die Vergangenheit. Das Problem, dass einzelne Warengruppen eventuell mit einem anderen Attributionsmodell besser fahren, ist hier aber auch nicht gelöst, es sei denn, die Modellierung findet auf einer granulareren Ebene statt. Dies ist allerdings nicht in der Premiumversion von Google Analytics enthalten, sondern wäre nur manuell mit eigenen Mitteln möglich.

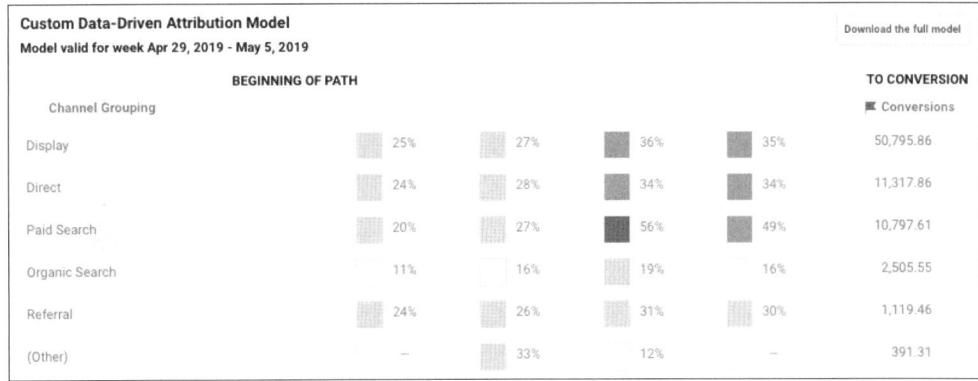

Abbildung 19.2 Das Data-Driven Attribution Model in Google Analytics 360

Eine dynamische Modellierung kann, sofern die Rohdaten vorhanden sind, zum Beispiel über eine logistische Regression stattfinden. Hier können sehr individuelle Fragestellungen gelöst werden, auch zwei Probleme, die wir in den vorangehenden Abschnitten gesehen haben:

▶ Viele Anbieter erlauben keine Messung der Impressions.

▶ Nutzer verwenden mehr als ein Gerät, ohne dass dieser Wechsel für den Werbetreibenden sichtbar ist.

Dadurch können zwar nicht die fehlenden Impression-Daten kompensiert, aber der Effekt von Impressions zumindest modelliert werden.

Wichtig zu wissen

▶ Mit Attributionsmodellen soll der ideale Marketing-Mix identifiziert werden, sodass möglichst wenig Geld für eine maximale Anzahl an Conversions ausgegeben wird.

▶ Statische Modelle vergleichen meistens den letzten Klick vor der Conversion mit einem anderen Klick oder mehreren Klicks davor.

▶ Je nach Produkt- und Markenbekanntheit sind unterschiedliche Attributionsmodelle anzuwenden. Neue Produkte und Marken benötigen eher eine First-Click-Attribution.

▶ Unterschiedliche Produkte in einem E-Commerce-Shop können unterschiedliche Attributionsmodelle erforderlich machen.

▶ Dynamische Modelle haben keine starre Systematik, sondern verwenden datengetriebene Algorithmen, um den idealen Marketing-Mix zu identifizieren.

Kapitel 20
Interne Suche messen

Am Beispiel der Suche soll der komplette Weg vom Erfassen der Ziele und der KPIs bis zu deren Abbildung in Reports dargestellt werden, um daraus Optimierungsmaßnahmen abzuleiten.

20.1 Warum ist die interne Suche interessant?

Die Suchfunktion einer Website ermöglicht das schnelle Auffinden von Inhalten, sofern der Nutzer den Begriff dessen kennt, was er sucht. Die Annahme ist, dass Nutzer, die direkt auf eine Website kommen, eher eine Suchbox nutzen als sich durch die Navigation zu hangeln, vorausgesetzt, dass die Suchbox prominent genug platziert ist. Gleichzeitig sollte eine interne Suche keine Entschuldigung für eine schlechte Navigation sein. Eine Suchfunktion ist aber vor allem dann elementar, wenn es um einen E-Commerce-Shop geht und Nutzer die Suchbox nutzen, um ein bestimmtes Produkt zu finden, anstatt sich durch die Navigation zu hangeln.

Findet ein Nutzer etwas nicht, obwohl das Gesuchte auf der Seite existiert, kann keine Conversion stattfinden. Die Qualität der Suche spielt also eine Rolle für die Umsatzziele. Ziel muss es demnach sein, auf so viele Suchen wie möglich relevante Suchergebnisse anzuzeigen, die dann auch angeklickt werden. Da die Suchergebnisse selbst nicht manuell evaluiert werden können, muss ein Umweg definiert werden, über den die Qualität abgeleitet werden kann. Im ersten Schritt bedeutet das, dass Qualität dadurch gemessen wird, dass zum einen überhaupt Suchergebnisse für eine sinnvolle Suchanfrage gefunden werden und zum andern, dass diese auch angeklickt werden. Dass dieser Umweg nicht optimal ist, wird in weiteren Abschnitten beleuchtet. Das Verhältnis von Suchanfragen zu angeklickten Ergebnissen wird häufig als Pick-to-Match Rate bezeichnet. Sollte es nur einen einzigen KPI für die Suche geben, wäre die Pick-to-Match Rate wahrscheinlich der wichtigste darzustellende Wert, da er sowohl Suchen beinhaltet, die keine Ergebnisse hervorrufen, als auch solche, die Ergebnisse hatten. Je höher diese Rate ist, desto besser ist es – zumindest auf den ersten Blick. Allerdings fehlen hier Details, die den KPI »actionable« machen.

20.2   Welche KPIs sind wichtig?

Wie bereits in Abschnitt 17.3, »Organische Suche«, erwähnt, werden Suchmaschinen anhand zweier Parameter gemessen: Recall und Precision. Zum einen sollen alle relevanten Dokumente in die Fundstellenliste gelangen, zum andern sollen die relevantesten Dokumente als erste sichtbar sein. Wie im vorangehenden Abschnitt erwähnt, wird Relevanz hier nicht subjektiv gemessen, sondern anhand eines Umwegs abgeleitet.

Fundstellen müssen so relevant sein (oder zumindest so aussehen, was man als *wahrgenommene Relevanz* bezeichnet), dass der Benutzer nach der Durchsicht der Ergebnisse auf mindestens eine Fundstelle klickt. Als zu akquirierender Datenpunkt neben der Anzahl der Suchen wird der Klick auf eine Fundstelle inklusive Position gemessen; dafür kann eventuell eine eigene benutzerdefinierte Dimension notwendig sein, um zu messen, auf welcher Position sich die angeklickte Fundstelle befunden hat.

Die Suchanfragen selbst sind spannend, weil dadurch deutlich wird, welche Informationen für die Nutzer schwierig zu finden waren (oder wo Nutzer keine Geduld für die Navigation mitbrachten und gleich die Suchbox verwendet haben). Aus diesem Bericht kann sich aber auch ergeben, dass Nutzer nach etwas suchen, was es auf dieser Website nicht gibt oder was man eventuell gar nicht kommunizieren will.[1] Das bedeutet, dass eine Result Rate von 100 % eventuell gar nicht wünschenswert ist.

Idealerweise findet ein Benutzer durch einen Suchvorgang sofort, was er gesucht hat. In diesem Fall ist das Verhältnis zwischen Suche und Klick auf ein Ergebnis (in diesem Fall auch *Pick* genannt) gleich eins. Ist die Pick Rate höher, wird im Durchschnitt pro Suche also mehr als ein Ergebnis angeklickt. Daraus kann nicht abgeleitet werden, dass die Ergebnisse schlecht waren.

Es kann auch bedeuten, dass ein Nutzer ein Thema recherchiert oder dass eine Seite allein nicht die Antwort ist, weil das Informationsbedürfnis umfassender ist. Sucht ein Nutzer nach einem schwarzen Rollkragenpulli, ist es unwahrscheinlich, dass sich der Nutzer nur ein einziges Ergebnis ansieht; sofern es mehrere schwarze Rollkragenpullis gibt, wird hier wahrscheinlich mehr als ein Modell angesehen.

Klickt ein Nutzer kein Ergebnis an, kann das zwei Gründe haben: Entweder war keines der Ergebnisse relevant, oder es gab einfach kein Ergebnis. Man kann im ersten Fall also die Relevanz der Suchergebnisse überprüfen, im zweiten Fall den sogenannten Recall, also ob überhaupt Dokumente für eine Suchanfrage gefunden wurden. Gibt der Benutzer eine Suchanfrage ein, für die es keine relevanten Dokumente auf der Seite gibt, kann man sich überlegen, ob die Suchanfrage relevant genug ist, um

---

1   Auf der Website eines vom Autor betreuten Automotive-Konzerns wurde häufig nach »hotel« und nach »preisliste« gesucht. Hotels gab es gar nicht, eine Preisliste in der gesuchten Form auch nicht.

ein solches Dokument anzulegen. Ist man sich sicher, dass geeignete Dokumente vorhanden sind, diese aber nicht angezeigt wurden, muss an der Relevanzberechnung der internen Suchmaschine gearbeitet werden.

Dies wäre auch eine notwendige Aktion, wenn sich anhand der Daten herausstellen würde, dass nicht die ersten Ergebnisse häufig angeklickt werden, sondern eher die hinteren Ergebnisse. Das mentale Modell der Nutzer, durch jahrelanges Googeln angewöhnt, ist, dass die ersten Ergebnisse relevanter sind als die hinteren Ergebnisse. Dies ist durch Klickraten auf Suchergebnisse belegt.

Die folgenden Daten sollten also gesammelt werden:

▶ die Suchanfrage

▶ die Anzahl der Ergebnisse, die ein Benutzer für eine Suchanfrage erhält

▶ die Position des Ergebnisses, das ein Benutzer anklickt
  (Hinweis: Er kann mehr als ein Ergebnis anklicken)

▶ die Fundstelle, die ein Benutzer anklickt
  (Hinweis: Er kann mehr als einmal dasselbe Ergebnis anklicken)

▶ die Zeit, die ein Nutzer nach dem Anklicken auf ein Ergebnis
  auf der Zielseite verbringt

Kein Webanalyse-Tool bietet diese Daten mit Bordmitteln, da dazu Daten aus der Seite selbst an das Webanalyse-System übertragen werden müssen, zum Beispiel die Position. Auch die Zeit auf der Zielseite wird vielleicht einigermaßen korrekt erfasst, die Zuordnung zu einer Suche ist allerdings in keinem Standardbericht vorhanden.

20.3   Wie darstellen?

Auf Basis der im vorangehenden Abschnitt besprochenen Daten ergeben sich die folgenden Berichte:

▶ Als Haupt-KPI wird die Pick-to-Match Rate gewählt (ausgehend von der zu bestätigenden Annahme, dasss ein Match eher zu einer umsatzrelevanten Conversion führt) Das Ziel ist hier eine möglichst hohe Pick-to-Match Rate; idealerweise wird dies mit einem Umsatzziel verbunden (siehe den letzten Punkt).

▶ Suchanfragen, bei denen es kein Ergebnis gegeben hat (Aktion: Überprüfen, ob solche Dokumente tatsächlich existieren und ob es sich lohnt, für diese Suchanfragen Dokumente anzulegen). Ziel: Nur für die Suchanfragen keine Ergebnisse ausgeben, für die es keine Ergebnisse geben soll oder kann.

▶ Suchanfragen, für die es zwar Ergebnisse gab, aber keine Picks (Aktion: Suchanfrage und Suchergebnisseite-Kombinationen überprüfen; sind die gefundenen Dokumente tatsächlich nicht relevant? Oder ist die wahrgenommene Relevanz nicht hoch genug?). Ziel: die Anzahl der No-Picks auf 0 reduzieren.

▶ Zielseiten, auf denen weniger Zeit verbracht wird als bei Nutzern, die auf einem anderen Weg auf die jeweilige Seite kommen (Aktion: Überprüfen der Suche-Ziel-seite-Kombination auf Relevanz).

▶ Verteilung der Klicks auf Positionen in einem Histogramm (Aktion: Sind die häufigsten Klicks nicht auf den oberen Plätzen, muss an der Relevanzsortierung gefeilt werden; Ziel ist es, die meisten Klicks auf den oberen Rängen zu haben).

▶ Der Umsatz, der nach einer Suche erzielt wird; hier sollte überprüft werden, dass die Nutzer im Vergleich zur Gesamtpopulation aller Nutzer nicht weniger Umsatz generieren.

Wie es in Kapitel 24, »Wie handlungsrelevante Berichte entstehen«, ausführlicher beschrieben wird, richtet sich die Gestaltung eines Berichts nach der Funktion des Empfängers in der Organisation. Einen Geschäftsführer interessiert vor allem die Umsatzvariable, die mit erfolgreichen Suchen in Zusammenhang steht. Die Technik ist eher an den Daten interessiert, die eine Optimierung der Suche ermöglichen.

20.4   Beispiel einer Auswertung in Google Analytics

Google Analytics bietet nach einer kleinen Anpassung (der Definition des Query-Parameters in der URL) bereits einen Bericht an, der eine Auswertung des Verhaltens der Nutzer bei einer Suche bietet. Wie beschrieben, sind Daten wie die Position des angeklickten Ergebnisses oder die Pick-to-Match Rate hier nicht vorhanden.

In Abbildung 20.1 ist der Suchbegriffsbericht zu sehen, der für jeden Suchbegriff anzeigt, wie sich die Nutzer im Durchschnitt nach einer Suche verhalten haben. Der Bericht wäre relativ sinnfrei, wenn nicht noch eine zweite Dimension hinzugefügt worden wäre, nämlich auf welche Seite die Nutzer nach der Suche gekommen waren (der Standardreport enthält – warum auch immer – diese Information nicht).

Spannend ist es auch, wie viel Prozent der Nutzer die Suche verlässt, ohne anscheinend ein Ergebnis angeklickt zu haben.[2] Schon aus diesen Daten wird deutlich, dass es anscheinend nicht jedem Nutzer recht gemacht werden kann (siehe dazu vor allem den nächsten Abschnitt).

---

2 Hier muss einschränkend gesagt werden, dass in diesem Bericht auch einbezogen wird, wenn ein Nutzer ein Ergebnis angeklickt hat und danach zur Suche zurückkehrt und die Site dann verlässt, ohne eine weitere Aktion vorzunehmen.

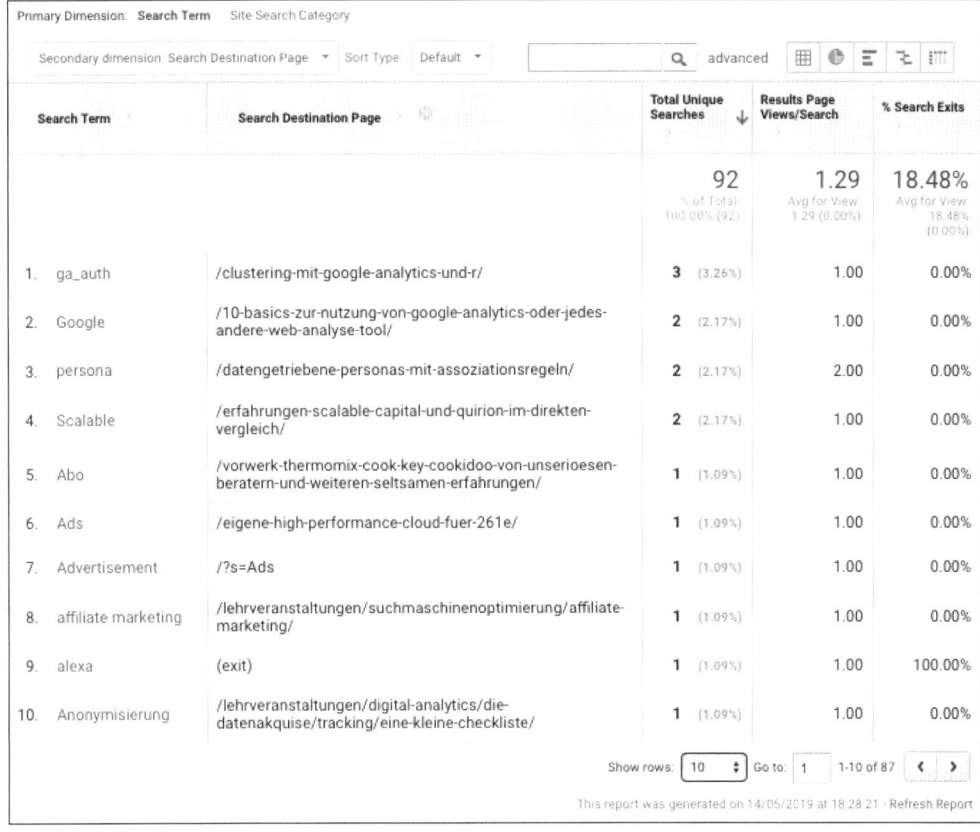

Abbildung 20.1 Screenshot der Search-Term-Auswertung in Google Analytics

20

20.5   Wie wird eigentlich Relevanz gemessen?

»Die Suchergebnisse sind schlecht.« Dies ist keine seltene Aussage, die häufig aber in dem Bereich der anekdotischen Evidenz zu verorten ist. Ein Nutzer ist mit einem Resultat nicht zufrieden und schließt von diesem einen Resultat darauf, dass auch alle anderen Resultate schlecht sein müssen. Wie häufig diese Suchanfrage tatsächlich vorgenommen wird, steht auf einem anderen Blatt.

Die Relevanz eines Suchergebnisses zu bestimmen, ist keine triviale Angelegenheit. Insbesondere bei Ein-Wort-Suchanfragen ist die Suchintention nicht immer klar zu bestimmen, aber auch bei spezifischeren Suchanfragen ist nicht unbedingt offensichtlich, was für ein Ergebnis der Benutzer eigentlich erwartet hat. Und selbst wenn die Suchintention klar ist, bedeutet das noch lange nicht, dass sich zwei Personen darüber einig sind, was das beste Ergebnis für eine Suchanfrage ist. Für eine Modellsuchanfrage auf einer Automotive-Site wird ein Verkäufer des Unternehmens eher eine Call-to-Action-Seite als erstes Ergebnis sehen wollen, aber ein Ingenieur eher die technischen Daten. Wird also die Qualität der Suchergebnisseite als suboptimal angesehen, wäre eine Beurteilung von Suchanfragen und ihrer Ergebnisse durch mehrere Rater notwendig. Die dann gemessene Inter-Rater Reliability zeigt dann zum einen, wie unterschiedlich Relevanz wahrgenommen wird, bietet aber auch im besten Fall eine Indikation, wo die Ergebnisse tatsächlich schlecht sind, wenn sich Rater über ein schlechtes Ergebnis einig sind.[3]

Wenn die Suchergebnisse verbessert werden sollen, ist eine solche Messung unbedingt notwendig, um das Vorher/Nachher sehen zu können. Ansonsten können nur die Pick-to-Match Rate sowie der damit verbundene Umsatz herangezogen werden.

Wichtig zu wissen

▶ Die Standardreports der Webanalyse-Systeme sind für eine handlungsrelevante Analyse der internen Suche nicht optimal. Es ist erforderlich, zusätzliche Daten zu sammeln, um zu *Actionable Insights* zu kommen.

▶ Relevanz ist subjektiv, sodass zwei oder mehr Personen unterschiedliche Meinungen zu den Ergebnissen haben können. Im Zweifel entscheidet dann die Mehrheit durch ihr Klickverhalten und ihre Interaktion auf den Folgeseiten.

---

3 Selbst Google arbeitet mit Human Quality Raters, deren Feedback genutzt wird, um die Algorithmen zu trainieren.

TEIL IV
Testen

Kapitel 21
Eine Hypothese formulieren

Eine Hypothese ist der Grundstein für einen A/B-Test, aber auch für eine Analyse. Die Herausforderung besteht häufig darin, Daten zu finden, die eine Hypothese untermauern.

21.1 Datengetriebene Hypothesen und kontinuierliches Testen

Aus den qualitativen Daten einer Umfrage oder eines Usability-Tests sowie aus Analyseergebnissen ergeben sich Optimierungmöglichkeiten, deren tatsächliches Potenzial getestet werden muss. Manchmal existiert auch nur eine Meinung (»die Navigation ist schlecht«) oder eine Erfahrung aus anderen Projekten.[1] Um den Testprozess zu strukturieren, empfiehlt sich eine einheitliche Vorgehensweise bei der Erstellung der Test-Cases. Das stetige Analysieren, Testen und Optimieren einer Site oder App wird auch als Conversion-Optimierung bezeichnet.

Die Voraussetzung für einen Test ist eine Hypothese. Diese Hypothese ist eine Annahme oder, wörtlich genommen, eine »Unterstellung«, denn es wird etwas angenommen, von dem nicht klar ist, ob es so ist. Dabei ist es wichtig, dass es sich um etwas Messbares handelt. Einfach zu sagen, dass eine Webseitennavigation schlecht ist, reicht nicht aus. Welche Daten belegen diese Annahmen?

Natürlich sind nicht immer Daten vorhanden. So müssen manchmal auch Erfahrungswerte oder Best Practices in Anspruch genommen werden, um einen Ansatz für einen Test zu haben. Allerdings müssen auch in diesem Fall Daten gesichtet werden, da ohne Daten auch keine Verbesserung gemessen werden kann. Man kann der Definition von Erfolgsfaktoren also nicht aus dem Weg gehen, auch wenn eine solche Definition häufig anstrengend ist.

Bewährt hat sich der Ansatz, eine Hypothese in drei Teile zu teilen:[2]

1. Auf Basis [qualitativer und quantitativer Daten]

2. wird erwartet, dass [Änderung] für [Population] einen [Einfluss] hat,

---

1 Hier wird manchmal auch von einem HIPPO gesprochen, Highest Paid Person's Opinion, die dann nur noch von der HIPPWO überflügelt werden kann, Highest Paid Person's Wife's Opinion. Was wie ein Witz klingt, beleuchtet ein tatsächliches Problem: Ist man bereit die Ergebnisse zu akzeptieren, wenn sie anders ausfallen als das, was man gerne gesehen hätte?

2 *https://medium.com/@optimiseordie/hypothesis-kit-2-eff0446e09fc*

3. der [KPI verändert] innerhalb von [Geschäftszyklus].

Die in eckigen Klammern geschriebenen Teile müssen dann an die jeweilige Hypothese angepasst werden. Auf das Beispiel der Navigation bezogen sieht das so aus:

1. Auf Basis der Absprungrate von 80 % von neuen Nutzern wird erwartet,

2. dass eine Änderung der Labels in der Navigation vor allem neue Nutzer besser abholt,

3. sodass die Absprungrate von neuen Nutzern innerhalb eines Monats auf unter 40 % gedrückt werden kann.

Somit ist eine datenbasierte Annahme getroffen, und KPIs sind definiert worden, die helfen, den Effekt einer Variante zu messen.

21.2   Welcher Test zuerst?

Im Idealfall existiert eine lange Liste von Hypothesen, die getestet werden können. Allerdings können nicht immer unbegrenzt viele Tests gleichzeitig laufen, es sei denn, es steht immens viel Traffic zur Verfügung. Tests können sich gegenseitig beeinflussen. Werden zum Beispiel die Beschriftungen einer Navigation für einen Test geändert und gleichzeitig in einem anderen Test die Suchbox prominenter platziert, kann es sein, dass die prominentere Suchbox dazu führt, dass die Navigation weniger genutzt wird. Eine solche Beeinflussung muss auf jeden Fall verhindert werden, und es ist daher empfehlenswert, dass Testaktivitäten zentral koordiniert werden.

Der Traffic einer Website könnte natürlich auch unterteilt und jeder Teil einem Test zur Verfügung gestellt werden (siehe hierzu vor allem den Abschnitt 22.1, »A/B-Tests«), aber dies würde auch bedeuten, dass jeder Test länger läuft, da nicht so viele Beobachtungen zustande kommen. Es sei denn, wie eingangs erwähnt, es steht ausreichend Traffic zur Verfügung.

Für die meisten Websites bedeutet dies, dass nur wenige Tests gleichzeitig laufen können und dementsprechend entschieden werden muss, welche Tests wann laufen sollen. Ein bewährtes Verfahren ist, dass mit jedem Test ein monetärer Wert verknüpft ist.

Dazu muss zunächst einmal analysiert werden, wie viele Nutzer überhaupt von einer Änderung betroffen sein werden. In dem Beispiel mit der Navigation ist zum Beispiel zunächst nur die Zielgruppe der neuen Besucher auf der Site definiert worden (ausgehend davon, dass wiederkehrende Nutzer seltener abspringen). Beträgt der Anteil der neuen Nutzer 30 %, muss von dieser Basis aus gerechnet werden, welche monetären Auswirkung eine Änderung hätte.

Da der Ziel-KPI immer auf das Hauptziel einzahlen wird, kann also für jeden Test berechnet werden, wie viel Geld der Test einbringt (oder wie viel Verlust durch ihn verhindert werden kann), wenn er erfolgreich ist. Wenn also mehrere Tests anstehen, kann dadurch priorisiert werden, welcher Test zunächst durchgeführt werden soll.

Für das Beispiel der Navigation heißt das: Kann durch eine Verbesserung der Navigation die Anzahl der Abbrüche reduziert und somit die Anzahl der Conversions erhöht werden, muss dieses »Mehr« auf die Dauer eines Jahres quantifiziert werden. Entstehen zum Beispiel durch eine bessere Navigation täglich 20 Conversions mehr mit einem durchschnittlichen Wert von 100 EUR, wäre der Test 730.000 EUR wert (20 Conversions × 100 EUR × 365 Tage).

Wichtig zu wissen

▶ Hypothesen müssen datengetrieben sein, zumindest aber müssen der Test einer Hypothese und dessen Effekt messbar sein.

▶ An jede Hypothese sollte ein monetärer Effekt angeheftet sein, um die Tests priorisieren zu können.

21

Kapitel 22
A/B- und multivariate Tests

A/B-Tests und multivariate Tests sind ein wichtiger Weg, um die eigene Website zu optimieren und Hypothesen zu validieren. In diesem Kapitel geht es um Unterschiede und Fallstricke der einzelnen Methoden.

22.1 A/B-Tests

In einem *A/B-Test*, auch Split Testing genannt, wird eine modifizierte Variante einer Webseite oder einer Anzeige mit einer Kontrollvariante verglichen. Die modifizierte Variante wird auch Testvariante genannt. Bei der Modifikation handelt es sich üblicherweise um ein Element auf der Website. Ein Beispiel für einen A/B-Test ist zum Beispiel eine andere Farbe für einen Bestellknopf, um zu testen, ob Nutzer dann häufiger auf den Knopf klicken.

In einem A/B-Test kann nicht nur eine Variante mit nur einer einzelnen veränderten Komponente getestet werden, sondern auch eine ganze Seite, zum Beispiel bei einem Relaunch. Ob eine komplette Änderung der Seite tatsächlich eine gute Idee für einen A/B-Test ist, dazu existieren unterschiedliche Meinungen. Denn wenn sich KPIs in der Variante mit der Relaunch-Website verändern, ist nicht klar, was genau für diese Änderung gesorgt hat.

22.2 Multivariate Tests

Bei einem multivariaten Test werden mehrere Elemente auf einer Seite gegeneinander getestet. Wie bei einem A/B-Test wird der Traffic auf die verschiedenen möglichen Varianten aufgeteilt und dann der Effekt der Variantenkombinationen auf das Ziel getestet. Es heißt übrigens tatsächlich *multivariat* und nicht *multivariant*, da der Begriff nicht von Varianten, sondern von Variablen stammt.

Für multivariates Testing ist mehr Traffic notwendig, da die unterschiedlichen Varianten ausreichend Fallzahlen erzielen müssen, um ihre Leistung mit den anderen Varianten vergleichen zu können. Je nachdem, welche Art von Conversion im Vordergrund steht, kann ein multivariater Test keine Option für eine Website mit wenig Traffic darstellen.

22.3 Unterschied A/B/n-Test und multivariater Test

A/B-Tests werden manchmal auch als *A/B/n-Tests* bezeichnet, wenn mehr als eine Variante neben der Kontrollvariante getestet werden soll. Im Prinzip könnte ein multivariater Test somit auch als A/B/n-Test angesehen werden; allerdings geht es bei einem A/B-Test darum, Variationen eines Elements auf einer Seite gegeneinander zu testen, wohingegen es beim multivariaten Testen darum geht, die Interaktion der verschiedenen Variationen der Elemente miteinander auf einer Seite zu testen.

Dies soll an einem Beispiel verdeutlicht werden, hier an der Website des Autors. Die Kontrollvariante ist in Abbildung 22.1 zu sehen. Hier wird zunächst der Header geändert, wie in Abbildung 22.2 dargestellt. Bis hierhin wäre es »nur« ein A/B-Test, da eine Testvariante mit einer Kontrollvariante verglichen wird.

Abbildung 22.1 Die Website des Autors im Normalzustand

Nun wird im nächsten Schritt die Sidebar geändert; diese Änderung ist in Abbildung 22.3 zu sehen. Auch hier könnte man von einem A/B-Test sprechen, wenn nur diese Variante gegen die Kontrollvariante getestet wird. Tatsächlich aber existieren nun vier Varianten:

1. die Kontrollvariante
2. die Variante, bei der die Navigation über dem Seitentitel liegt
3. die Variante, bei der die Reihenfolge in der Sidebar verändert wird
4. eine Variante, bei der sowohl die Navigation über dem Seitentitel als auch die Reihenfolge in der Sidebar verändert wird

Bei einem A/B/n-Test hätte man nur die Versionen 1–3 gehabt, aber nun werden auch die veränderten Elemente gegeneinander getestet. Würde man eine weitere Variante zu dem Header hinzufügen, hätte man anstatt vier nun sechs mögliche Kombinationen. Hier wird auch schnell deutlich, warum man viel mehr Traffic haben muss, um in kurzer Zeit zu Ergebnissen kommen zu können.

Abbildung 22.2 Änderung des Headers; die Navigation wird über den Seitentitel gelegt

Abbildung 22.3 Änderung der Sidebar; es wird zunächst ein anderes Modul angezeigt

Die Kombination von den Änderungen beider Elemente ist in Abbildung 22.4 zu sehen.

165

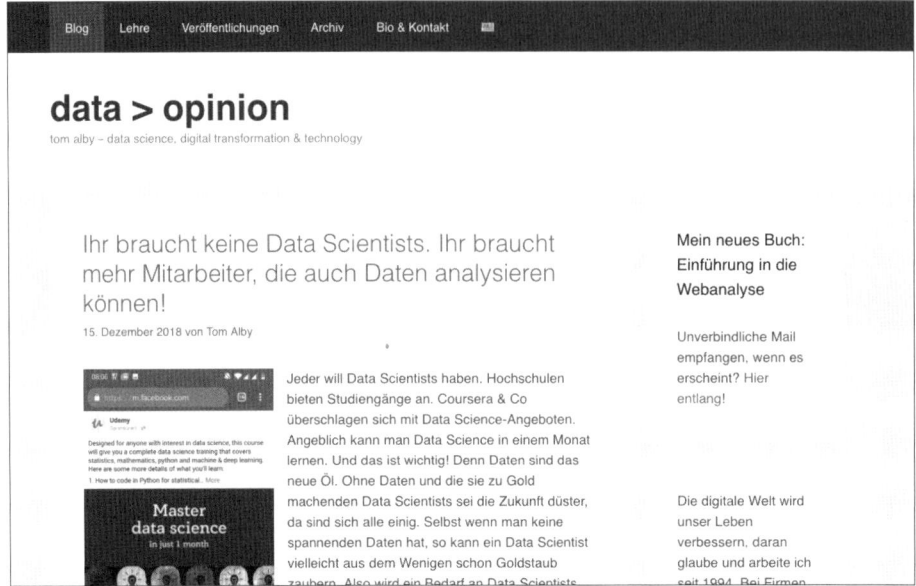

Abbildung 22.4 Änderung der Sidebar und des Headers gleichzeitig

22.4   Wie groß muss ein Sample sein?

Eine häufige Frage ist, wie groß ein Sample sein muss, damit das Ergebnis eines Tests »statistisch signifikant« ist, beziehungsweise, wie viele Fallzahlen benötigt werden, um einen aussagekräftigen Test zu haben. Um mit einem Facebook-Beziehungsstatus zu antworten: It's complicated. Tatsächlich sogar »very complicated«. Es hängt zum einen von der Teststatistik ab (siehe Kapitel 23, »Wie belastbar ist ein Testergebnis?«), aber auch von der Populationsgröße, dem gewünschten Konfidenzintervall und dem Konfidenzniveau, das man bereit ist zu akzeptieren. Die Erläuterung der Formeln würde den Umfang dieses Buches überschreiten, im Zweifel sollte ein Statistiker die Werte berechnen. Die meisten Test-Tools rechnen selbst aus, wann etwas ausreichend ist; darüber hinaus existieren Rechner im Netz, die Sample-Größen berechnen. Hier ist aber immer Vorsicht geboten.

Eine mathematische und gleichzeitig unterhaltsame Einführung in die Berechnung von Sample-Größen bietet Lippe 2011.

22.5   Vorgehensweisen im Testing

Jede Art von Test erfordert eine genaue Definition des zu erstellenden Tests, um Nebeneffekte auszuschließen. Einige Fallstricke:

- Es ist notwendig, dass der zu testende Effekt isoliert wird. Wird zum Beispiel ein Bild mit einem Text auf einer Webseite im ersten Viewport angezeigt, sollte entweder der Text oder das Bild für einen A/B-Test geändert werden, aber nicht beides. Ansonsten ist nicht klar, ob es der Text, das Bild oder die Kombination von beidem gewesen ist, was das Ergebnis beeinflusst hat.

- Manchmal besteht die Gefahr einer Überinterpretation. So kann vielleicht ein oranger Button eine höhere Klickrate erzeugen, aber damit ist nicht gesagt, dass Menschen generell Orange schöner finden. Die einzige Schlussfolgerung, die hier erfolgen kann, ist, dass in dem Kontext der Seite mit den vorhandenen Farben der orange Button besser funktioniert (siehe Ash 2008).

- In manchen Situationen ist es nicht möglich, eine Variante mit der Originalversion gleichzeitig zu testen, zum Beispiel wenn auf einer Website Events angeboten werden, die aber nicht gleichzeitig beworben werden können. Von einem seriellen Test, also dem Testen einer Variante und dem Testen einer anderen Variante danach, sollte aber dennoch so weit wie möglich Abstand genommen werden, da andere Effekte, sogenannte unkontrollierte Variablen, für Unterschiede in den Ergebnissen sorgen.

- Es muss sichergestellt sein, dass ein Nutzer, der in einer Testvariante war, bei zukünftigen Besuchen wieder auf dieser Testvariante landen wird. Dies kann natürlich nicht sichergestellt werden, wenn der Nutzer seine Cookies löscht, da die Information, in welcher Variante der Nutzer war, in Cookies gespeichert ist.

- Ergebnisse in einem Land können nicht unbedingt auf ein anderes Land übertragen werden.

- Nicht zu viel, nicht zu wenig, so lautet eine alte Regel im Testing. Eine zu kleine Änderung kann bedeuten, dass der Nutzer sie überhaupt nicht wahrnimmt, eine zu große Änderung kann, wie oben beschrieben, andere Effekte nach sich ziehen.

- Die Test- und die Kontrollgruppe sollten ähnlich oder gleich zusammengesetzt sein. So sollten sich in der Testgruppe nicht nur Apple-Nutzer befinden, während in der Kontrollgruppe eher Android-Nutzer sind.

Für weitere Details sei hier auf Sauro und Lewis 2016, King, Churchill und Tan 2014 und Siroker und Koomen 2013 verwiesen.

22.6 Aufsetzen eines Tests

Viele Testsysteme erlauben eine Veränderung der Seite in einem visuellen Editor, zum Beispiel Google Optimize, das auch in einer kostenlosen Variante verfügbar ist.

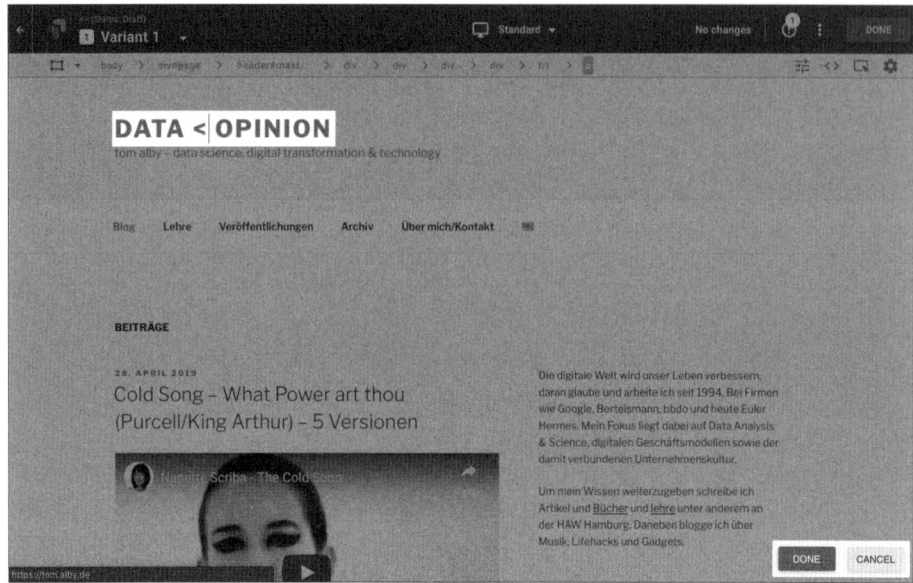

Abbildung 22.5 Erstellen eines Tests in Google Optimize

Egal, ob die Veränderung aber in einem visuellen Editor oder per JavaScript stattfindet, am Ende des Tages wird zunächst die normale Seite geladen und dann, nachdem sie im Browser geladen worden ist, die Seite nachträglich geändert. Dies hat zur Folge, dass die Seite unter Umständen etwas flackert (Flickering), was durch zusätzliche Skripte unterbunden werden kann. In dem Beispiel in Abbildung 22.5 würde das < eventuell schnell in > umspringen. Dieses Unterbinden hat aber auch den Nachteil, dass die Seite später angezeigt wird.

Die Einrichtung eines solchen Tests kann dann in Verbindung mit Google Analytics direkt auf Daten und Segmente in Analytics zugreifen.

Wichtig zu wissen

▶ Es wird zwischen A/B-Tests und multivariaten Tests unterschieden. Für den Anfang werden A/B-Tests empfohlen.

▶ Ein A/B-Test mit mehr als einer Testvariante wird auch als A/B/n-Test bezeichnet.

Kapitel 23
Wie belastbar ist ein Testergebnis?

»Statistisch gesehen ist der sicherste Platz bei einem Gewitter die Kirchturmspitze – seit Menschengedenken gab es dort keine Blitzschlagopfer.« (Unbekannt)

23.1   Was genau ist statistische Signifikanz?

Die meisten Test-Tools berechnen auch ein Testergebnis, wobei je nach Tool unterschiedliche Methoden verwendet werden. In diesem Zusammenhang wird häufig auch von *statistischer Signifikanz* gesprochen und diese als Bestätigung einer Annahme interpretiert. Tatsächlich hat der Begriff statistische Signifikanz eine etwas andere Bedeutung.

Neben der notwendigen Isolation einer Testvariablen (siehe Kapitel 21 über Hypothesen) kommt in fast allen Experimenten ein häufig unterschätzter Faktor hinzu, der Zufall. Da die Teilnehmer eines Experiments zufällig ausgewählt werden (müssen), kann es passieren, dass sich in einer Testgruppe mehr Teilnehmer befinden, die auf eine Testvariante (manchmal auch Treatment genannt) anders reagieren als die Mehrheit einer Gesamtpopulation oder einer Vergleichsgruppe.

Nehmen wir das Beispiel eines Bestellknopfes auf einer Webseite, bei dem getestet werden soll, ob die Beschriftung »Order!« besser funktioniert als die jetzige Beschriftung »Bestellen!«. Die Annahme ist, dass die Nutzer den englischen Begriff cooler finden und deswegen eher auf den Button klicken. Es wird zunächst eine Nullhypothese gebildet, die davon ausgeht, dass zwischen Kontroll- und Testvariante kein Unterschied besteht. Die Alternativhypothese ist unsere Annahme, dass das Treatment »englischer Bestellknopf« einen Einfluss auf das Verhalten der Nutzer hat. Das Ziel ist nun, dass die Nullhypothese widerlegt werden soll und somit unsere Alternativhypothese bestätigt wird.

Durch Zufall könnte es nun passieren, dass in der Testgruppe mehr Teilnehmer landen, die kein Englisch verstehen und sich über den Begriff *Order* wundern. Die Wahrscheinlichkeit einer solchen Verteilung bei zufällig ausgewählten Teilnehmern ist vielleicht nicht hoch, aber es ist auch nicht komplett ausgeschlossen, dass eine solche Verteilung zustande kommt.

Da wir den Zufall nicht ausschließen können, wird die Wahrscheinlichkeit berechnet, dass ein Ergebnis durch einen Zufall erfolgt ist, die sogenannte Irrtumswahrscheinlichkeit. Denn wir würden uns ja irren, wenn wir die Alternativhypothese annehmen oder ablehnen, obwohl der Zufall seine Finger im Spiel hatte. In einem Signifikanztest (der im Englischen übrigens selten Signifcance Test heißt, sondern Hypothesis Testing oder Null Hypothesis Significance Testing) wird vor dem Test bestimmt, welche Irrtumswahrscheinlichkeit wir bereit sind zu akzeptieren. Die Grenze ist das sogenannte Signifikanzniveau, das häufig bei 5 %, manchmal auch bei 1 % liegt. Jeder kann selbst entscheiden, welche Grenze er bereit ist zu akzeptieren, die Grenze sollte aber dem Untersuchungsgegenstand angemessen sein.

Eine Alternativhypothese wird angenommen und die Nullhypothese abgelehnt, wenn die Irrtumswahrscheinlichkeit das Signifikanzniveau nicht überschreitet. Liegt die Wahrscheinlichkeit, dass die Teilnehmer in der Testgruppe sich durch Zufall so verhalten haben, dass häufiger auf den Bestellknopf mit der englischen Beschriftung geklickt wurde, bei 4 %, und liegt das vorher festgelegte Signifikanzniveau bei 5 %, ist das Ergebnis des Tests statistisch signifikant. Es ist also immer noch möglich, dass man sich irrt; diese Irrtumswahrscheinlichkeit wird aber akzeptiert. Der berühmt-berüchtigte p-Wert sagt also auch nichts darüber aus, wie stark ein Effekt ist.[1] Deutlich wird das in der Abbildung 23.1.

Abbildung 23.1 Eine Conversion weniger, und schon ist die Konfidenz dahin

Bei 123 Conversions ist das Ergebnis nicht statistisch signifikant, bei 124 Conversions schon. An diesem Beispiel wird deutlich, dass die Grenze zur statistischen Signifikanz einfach nur deswegen da ist, weil die Grenze vorher so gezogen wurde. Wäre das Konfidenzniveau bei 99 % gewählt worden, wäre die Grenze wieder eine andere.

Es kann auch sein, dass die Alternativhypothese verworfen wird, weil die Irrtumswahrscheinlichkeit über dem Signifikanzniveau liegt, was aber nicht bedeutet, dass

---

1 Wem das kompliziert erscheint, der wird nicht überrascht sein, dass es selbst Wissenschaftlern schwer fällt, den p-Wert zu erklären: *https://alby.link/4*

es den Effekt nicht gäbe. Die ursprüngliche Annahme, dass der englische Begriff einen Einfluss hat, ist also nicht wahr oder falsch; die einzige Aussage ist, dass wir das Ergebnis, das wir erhalten haben, nach der zuvor festgelegten Regel in Bezug auf die Irrtumswahrscheinlichkeit annehmen oder ablehnen. Es kann sein, dass, wenn ein Test wiederholt wird, ein anderes Ergebnis zustande kommt.

Zu beachten ist in dem Beispiel des englischen Begriffs, dass das Ergebnis auch sein kann, dass die Nutzer auf diese Variante schlechter ansprechen als auf die Kontrollvariante. In diesem Fall handelt es sich um einen sogenannten zweiseitigen Test, was Auswirkungen auf die Teststatistik hat. So würde ein Signifikanzniveau von 5 % bedeuten, dass sowohl die Wahrscheinlichkeit berechnet wird, dass die Nutzer den Button durch Zufall häufiger anklicken, als auch die Wahrscheinlichkeit, dass sie ihn durch Zufall seltener anklicken, und jede dieser Wahrscheinlichkeiten jeweils 2,5 % beträgt.

23.2 Frequentists versus bayessche Inferenz

Test-Tools wie Optimizely, Adobe Test & Target oder Google Optimize zeigen dem Endanwender in der Regel nur sehr wenig Details darüber, welcher Test verwendet wurde und wie die Testparameter aussehen. Nicht besser sieht es mit Signifikanzrechnern im Netz aus, bei denen einfach nur die Anzahl der Teilnehmer und die Conversions eingegeben werden müssen. Gleichzeitig ist die Auswahl des korrekten Testverfahrens kompliziert, sodass sie dem Nutzer ohne Statistikkenntnisse wahrscheinlich nicht zugemutet werden kann.

Typische Tests sind:

▶ t-Test (bei einer Normalverteilung und kontinuierlichen Daten)

▶ Chi-Square-Test (bei kategorialen Variablen)

▶ Man-Whitney-U-Test (bei ordinalen Daten und bei kontinuierlichen nicht normalverteilten Daten)

▶ Pearson-Korrelation (bei Normalverteilung)

▶ Spearman-Korrelation oder Kendall-Korrelation (bei ordinalskalierten Daten)

Für einen Test ohne Tool sei hier auf die einschlägige Literatur verwiesen, zum Beispiel Fahrmeir et al. 2011.

Ein besonderer Unterschied besteht allerdings zwischen diesen sogenannten Frequentists-Verfahren und der bayesschen Inferenz. Das Problem, das an dem Frequentist-Verfahren haftet, ist, dass ein Effekt signifikant sein kann, nur weil das Sample sehr groß ist; ebenso kann er nicht signifikant sein, weil das Sample zu klein

23

ist.[2] Je größer das Sample ist, desto wahrscheinlicher ist es, dass ein Effekt signifikant wird, egal wie groß er ist.

Ein weiterer Kritikpunkt an diesen Verfahren ist, dass, wenn man das Prinzip verstanden hat, nicht mehr sicher ist, was man überhaupt mit dem Ergebnis anfangen kann. Dies soll an einem durch Andy Field inspirierten Beispiel erläutert werden (Field 2016).

Seine Argumentation: Wenn die Nullhypothese korrekt ist, ist es hochunwahrscheinlich, dass ein bestimmtes Testergebnis zustande kommt. Das Testergebnis ist eingetreten, also ist die Nullhypothese hochunwahrscheinlich.

Field ersetzt »Nullhypothese« durch »Person spielt Gitarre«:

▶ Wenn eine Person Gitarre spielt, ist es hochunwahrscheinlich,
   dass sie bei Iron Maiden spielt.

▶ Eine Person ist Mitglied von Iron Maiden, also ist es höchstunwahrscheinlich,
   dass sie Gitarre spielt.

Tatsächlich hat Iron Maiden 3 Gitarristen, aber da es auf der Welt angeblich 50 Millionen Gitarristen gibt, ist die Wahrscheinlichkeit, dass diese 3 Menschen bei Iron Maiden Gitarristen sind, sehr gering, sie liegt bei 3/50.000.000. Natürlich ist diese Schlussfolgerung falsch. Aber sie zeigt, wie schwierig es ist, mit diesen Wahrscheinlichkeiten logisch zu argumentieren.

Der Frequentists-Ansatz wird häufig so formuliert: P(data|model). Ein Frequentist würde fragen, wie hoch die Wahrscheinlichkeit P für Daten ist, wenn die Nullhypothese wahr ist. Im Gegensatz dazu ist der Ansatz der bayesschen Inferenz P(model|data). Der Bayes-Anhänger würde fragen, wie hoch die Wahrscheinlichkeit ist, dass eine Hypothese auf Basis vorhandener Daten wahr ist. Dieser kleine, aber feine Unterschied, lässt sich wieder in einem von Field verwendeten Beispiel verdeutlichen: Die Wahrscheinlichkeit, dass jemand Musiker ist, nachdem er Millionen von Songs verkauft hat (P(Musiker|Millionen verkaufter Songs)) ist höher als dass jemand Millionen von Songs verkauft, weil er Musiker ist (P(Millionen verkaufter Songs|Musiker).

In der bayesschen Inferenz werden also bekannte Daten verwendet (sogenannte Priors); auch während eines Experiments können Daten das Modell beeinflussen. Google Optimize nutzt zum Beispiel die bayessche Inferenz, wohingegen Adobes Test & Target Frequentists-Ansätze verwenden (unter anderem den Man-Whitney-U-Test). Dies soll nicht bedeuten, dass ein Ansatz unbedingt besser oder schlechter ist; die Unterscheidung erlaubt es aber zu verstehen, warum zwei verschiedene

---

2   Es reicht übrigens nicht aus, 30 Teilnehmer zu haben, auch wenn das häufig in diesem Kontext erwähnt wird.

Tools beim demselben Test unterschiedliche Ergebnisse liefern. Gleichzeitig zeigt dies die Fallstricke der herkömmlichen Vorgehensweise von Null- und Alternativhypothesen.

23.3 A/A-Tests

Der Sinn eines A/A-Tests, also das Splitten des Traffics auf zwei exakt gleiche Versionen einer Seite, mag sich auf den ersten Blick nicht erschließen. Tatsächlich aber bietet solch ein Test einen Einblick auf die Abweichungen, die sich durch den Zufall ergeben.

Abbildung 23.2 zeigt das Ergebnis eines A/A-Tests, der in Google Optimize durchgeführt wurde. Die Testvariante wurde nicht verändert und entsprach exakt der Kontrollvariante.

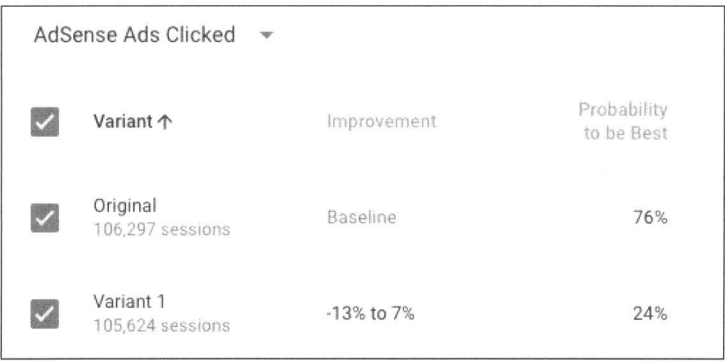

Abbildung 23.2 Übersicht eines A/A-Tests in Google Optimize

Neben der Google-AdSense-Klickrate wurden auch die Absprungrate sowie die Scroll-Tiefe gemessen. Auch nach knapp 3 Monaten konnte Google Optimize trotz mehr als 200.000 Sitzungen im Experiment keinen Gewinner berechnen, wollte den Test aber auch nicht abbrechen. Ginge Google Optimize davon aus, dass kein Gewinner ermittelt werden kann, würde der Test automatisch beendet werden.

Ein A/B-Test, in dem getestet werden soll, ob eine unterschiedliche Platzierung von Werbung einen Einfluss auf die Klickrate hat, ist ein häufiger Anwendungsfall. Wenn aber bereits bei derselben Platzierung eines Werbeblocks unterschiedliche Klickraten entstehen, was bedeutet das dann für einen Test mit unterschiedlichen Platzierungen?

In dem beschriebenen Szenario werden in dem jeweiligen Werbeblock unterschiedliche Werbungen gezeigt, es wird also nicht dasselbe Motiv gegeneinander getestet. Da nicht kontrolliert werden kann, dass beide Gruppen zumindest in gleichen Anteilen die verschiedenen Werbemotive sehen, kann es also gut sein, dass die Kontrollgruppe (in dem Screenshot »Original« genannt) durch Zufall relevantere Werbung gesehen hat und deswegen mehr Klicks entstanden sind. Um das Grundrauschen einer Platzierung zu sehen, müsste also dasselbe Werbemotiv an derselben Stelle gegeneinander getestet werden (und selbst dann ist nicht gesichert, dass die Klickrate genau dieselbe wäre).

Umgekehrt bedeutet das, dass die Veränderung der Position von Google-AdSense-Werbung oder generell programmatischer Werbung (übrigens ein häufiger Fall in der Online-Welt) Einflüssen unterliegt, die als unkontrollierte Variable bezeichnet werden. Gerade bei programmatischer Werbung haben die Daten, die über einen Nutzer vorhanden sind, erheblichen Einfluss auf das Ausspielen von subjektiv relevanter Werbung, zum Beispiel beim Retargeting. In einem Testszenario, in dem tatsächlich die Platzierung programmatischer Werbung getestet werden soll, muss dieses Grundrauschen in die Planung des Tests einbezogen und idealerweise vorher ein A/A-Test mit demselben Creative an derselben Position durchgeführt werden.

Wichtig zu wissen

▶ Die Test-Tools verwenden verschiedene Teststatistiken unter der Motorhaube, die zu unterschiedlichen Ergebnissen kommen können.

▶ In der Statistik wird vor allem zwischen den Frequentists und den Anhängern der bayesschen Inferenz unterschieden; Test-Tools unterscheiden sich in der Verwendung dieser Ansätze.

▶ Ein p-Wert sagt nichts darüber aus, wie stark ein Effekt ist.

▶ Auch bedeutet ein Testergebnis nicht, dass eine Hypothese wahr oder falsch ist.

▶ Ein A/A-Test kann eine Übersicht verschaffen, wie stark die Abweichungen auf der eigenen Seite ohne irgendeine Änderung sind.

TEIL V

Reporting und Anwendungen

Kapitel 24

Wie handlungsrelevante Berichte entstehen

Berichte müssen eine Handlungsrelevanz bieten, denn ansonsten werden sie nur für die Mülltonne erstellt. Gleichzeitig muss bedacht werden, für wen ein Bericht erstellt wird und welche Aussage getroffen werden soll, um die bestmögliche Rezeption zu bewirken.

24.1 Produktivitätskiller Reporting

In vermutlich jedem Unternehmen werden Berichte erstellt, und je nach Gewissenhaftigkeit wird dafür ein signifikanter Aufwand in Bezug auf Zeit und Personal erzeugt. Vermutlich wird aber nur ein Bruchteil der Berichte tatsächlich gelesen,[1] was mehrere Gründe haben kann:

▶ Es sind keine klaren Ziele definiert worden, sodass die Zahlen in dem Bericht keine Handlungsrelevanz besitzen.

▶ Die dargestellten Daten und KPIs lassen keinen unmittelbaren Aufschluss zu, ob ein Ziel erreicht wird.

▶ Es wird zu viel Wissen bei dem Benutzer vorausgesetzt oder zu viel Transferleistung erwartet. Wird zum Beispiel eine Conversion Rate von 1,02 % in dem Bericht erwähnt, ist dem Empfänger des Berichts eventuell nicht bewusst, dass das Ziel höher lag.

▶ Die Datenvisualisierungen sind so gewählt, dass die gewünschte Aussage nicht deutlich genug oder gar nicht hervortritt.

▶ Ein Report ist einfach zu lang, weil jede erdenkliche Zahl aufgelistet wird, und nicht nur die Zahlen, die tatsächlich für den Empfänger relevant sind.

▶ Es fehlt eine »Story« im Report.

---

1 Dies kann einfach getestet werden, indem zum Beispiel ein leerer Bericht verschickt wird oder ein Report auf einer Seite einen Gutschein für ein Fischbrötchen enthält. Meldet sich niemand, um sich über den leeren Report zu beschweren oder den Gutschein einzulösen, ist die Wahrscheinlichkeit groß, dass der Bericht nicht gelesen wurde. Umso mehr stellt sich dann die Frage, was getan werden muss, damit der Bericht gelesen wird. Alternativ kann das Erstellen des Berichts auch eingestellt werden, was für viele Empfänger aber keine Option ist, da sie dann zugeben müssten, dass sie die Arbeit zuvor nur für die Mülltonne haben produzieren lassen.

Es können auch mehrere dieser Gründe zutreffend sein. Berichte sind so zu erstellen, dass sie Handlungsbedarfe für jeden Empfänger deutlich aufzeigen, sodass der Empfänger so wenig Zeit wie möglich für das Verstehen der Daten und ihrer Handlungsrelevanz aufwenden muss. Viele Empfänger wechseln schnell von einem Thema zum nächsten, haben sich nicht wie der Analyst in ein Thema »reingedacht« und kennen auch die Herleitung nicht. Eine Zahl spricht nicht für sich, sie muss in einen Kontext gesetzt werden, der den Grundkern der Information hervorhebt.

24.2   Ziele der Stakeholder verstehen

In Abschnitt 2.2, »Von Daten zur Aktion«, wurde bereits die Notwendigkeit der Handlungsrelevanz verdeutlicht. Dies gilt natürlich auch für Berichte, die an Stakeholder verschickt werden. Ein Stakeholder ist entweder am einem Projekt/Produkt beteiligt oder durch die Auswirkungen einer Handlung in irgendeiner Weise betroffen. Handlungsrelevanz entsteht für einen Empfänger nur, wenn sie oder er die gleichen Ziele hat, die im Report herausgestellt werden und diese Ziele nach dem S.M.A.R.T.-Prinzip definiert sind. sind. Bevor also ein Bericht versendet wird, muss verstanden werden, wer welche Ziele hat und welche KPIs für wen wichtig sind.

24.3   Zweck des Reports definieren

Dazu gehört auch die Antwort auf die Frage, was ein Bericht bei dem jeweiligen Empfänger oder einer Empfängergruppe bezwecken und bewirken soll (siehe hierzu vor allem Kirk 2012). Nicht jede Ebene in einem Unternehmen, auch wenn alle dieselben Ziele verfolgen, benötigt die gleiche Detailtiefe. Die Geschäftsführung möchte vor allem wissen, ob die Ziele erreicht werden und wer angesprochen werden muss, wenn das Erreichen der Ziele in Gefahr gerät. Ein Verantwortlicher für das Online-Marketing möchte hingegen wissen, welche Kampagne nicht die Nutzer auf die Website bringt, wie es für die Zielerreichung erhofft war.

Ebenso können Reports so erstellt werden, dass ihre Wirkung dramatisch oder beruhigend sein kann. Abbildung 24.1 wirkt beunruhigend, denn anstatt die Todesopfer des Kriegs in einem Liniendiagramm über eine Zeitachse darzustellen, läuft hier das Blut die nach unten verlaufende Y-Achse herunter. Natürlich muss eine Wirkung nicht so drastisch hervorgerufen werden. Viele Reports verwenden Signalfarben, aber auch diese müssen mit Bedacht genutzt werden, damit sie nicht inflationär wirken. Auch hier können Informationen in einen Kontext gebettet werden, der Relationen verdeutlicht. Möchte man zum Beispiel die Dramatik der Todesopfer des Irak-Kriegs nehmen (bitte nicht falsch verstehen, jeder Tote ist zu viel), so könnte auch eine Grafik gebaut werden, die anzeigt, dass von allen Kriegen der Vereinigten Staaten der Irak-Krieg der war, der die wenigsten Toten in Bezug auf die gleichzeitig lebende US-Bevölkerung hatte (*https://en.wikipedia.org/wiki/United_States_military_casualties_of_war*). Das Beispiel zeigt, wie die gewünschte Wirkung allein durch die Hervorhebung von Daten in Bezug zu vergleichbaren Daten erzeugt werden kann.

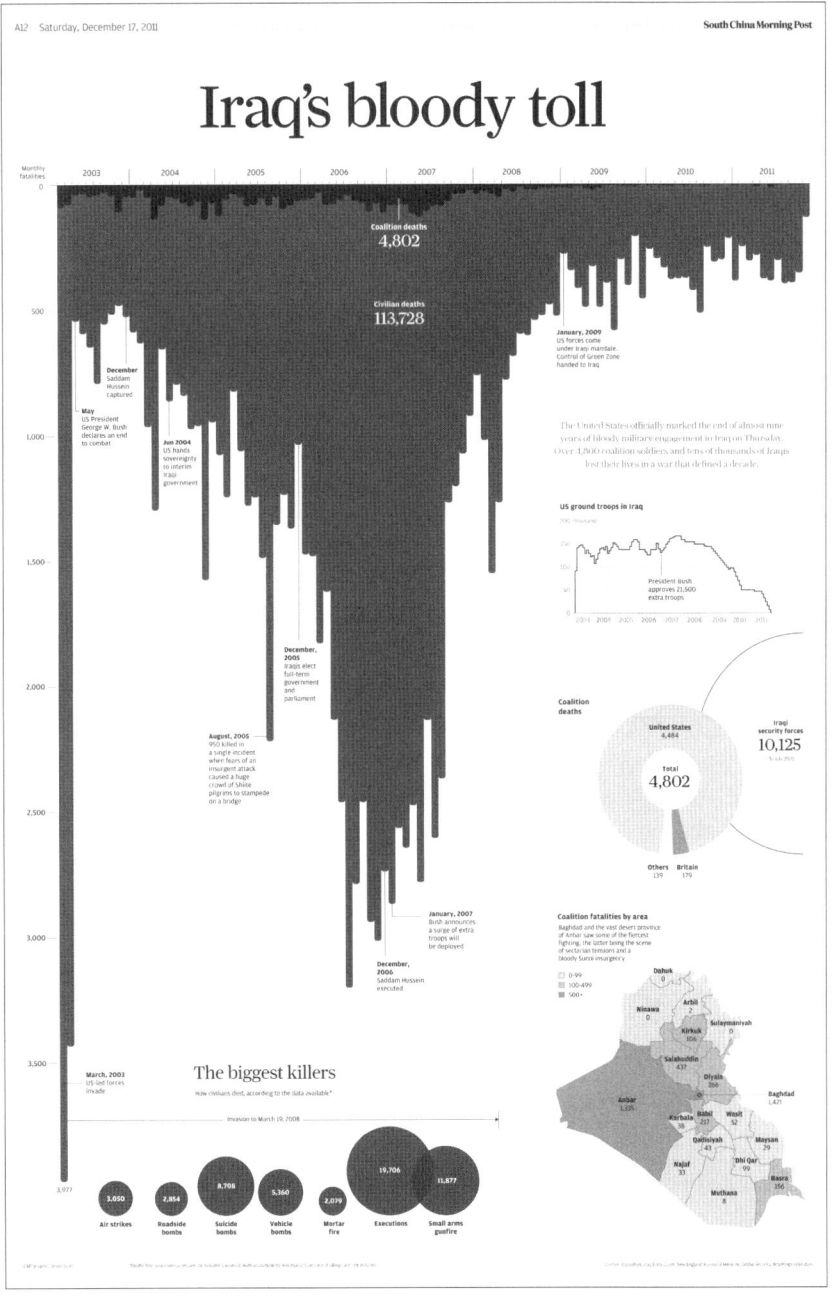

Abbildung 24.1 Iraq's Bloody Toll von Simon Scarr (www.simonscarr.com)

24.4   Top-down-Methode

Eine bewährte Herangehensweise ist die Top-down-Methode: Oben im Report wird das oberste Ziel genannt, darunter kommt die erste Ebene der Unterziele und darunter dann die KPIs, die auf diese Ziele einzahlen. Dieser Aufbau ist schon in Kapitel 1, »Ziele der Webanalyse«, für den Measurement-Plan genutzt worden; einmal erstellt ist er also nicht nur für die Zielfindung, sondern auch für das Reporting nutzbar. Ist die Zielstruktur anhand der Vorlage mit allen Stakeholdern so gemeinsam erstellt oder zumindest bereits besprochen worden, entsteht hier ein Wiedererkennungswert.

24.5   Benchmarking

Eine Zahl alleine (»Gestern hatten wir 18.000 Besucher!«) ist selten hilfreich. Ein Ziel als Bezugspunkt ist eine Möglichkeit, einer Zahl Kontext zu geben. Eine andere Möglichkeit ist Benchmarking, also die Zahl in Bezug zu setzen zu den gleichen Zahlen von zum Beispiel Marktbegleitern (siehe dazu zum Beispiel Kaushik 2007). Dies ist vor allem dann sinnvoll, wenn nicht klar ist, welches ein gutes Ziel wäre.

Als Beispiel soll hier die Seitenladegeschwindigkeit dienen. Ist eine Seitenladezeit von 3 Sekunden gut oder schlecht? Für eine Fotografenseite wäre das sicherlich ein phänomenaler Wert, für eine Suchergebnisseite wahrscheinlich eher nicht. Aber die Zahl bleibt dennoch abstrakt. Wird aber die Ladezeit der eigenen Site in Bezug zu den Ladezeiten der Marktbegleiter-Websites gesetzt, dann wird schnell klar, dass man auf keinen Fall langsamer sein möchte.[2]

24.6   Prognosen

Eine weitere Herangehensweise zur Erzeugung von Handlungsrelevanz in Berichten ist die Berechnung von Prognosen, im Neudeutschen auch manchmal als Forecast bezeichnet. Wenn zum Beispiel ein Ziel ist, eine bestimmte Anzahl von Conversions zu erreichen ist, kann in einem täglichen Dashboard angezeigt werden, wie viele Conversions bis zum Ende des Zielzeitraums wahrscheinlich auf Basis der gegenwärtigen Zahlen vorhanden sein werden. Der Vorteil einer Prognose ist, dass die Konsumenten eines Berichts nicht mehr selbst die Transferleistung erbringen müssen, um zu berechnen, ob das Ziel auf Basis der gegenwärtigen Daten erreicht werden kann. Wird ein Zielwert wahrscheinlich nicht erreicht, sollte es das Dashboard ermöglichen, dass

---

2   Natürlich können alle Websites einer Industrie eine dramatisch schlechte Ladezeit haben, sodass auch die schnellste Seite langsamer sein kann als die große Masse der Websites aller Industrien.

der Grund für die Verfehlung deutlich wird. Die Detailtiefe hängt dabei, wie oben beschrieben, vom Empfänger ab.

Prognosen, vor allem mittel- und langfristige, gehören nicht zum Standardrepertoire der meisten Tools. Das liegt nicht daran, dass die Erfinder der Tools das nicht könnten. Tatsächlich aber sind, wie bereits erwähnt, die Ziele für fast jede Website zumindest leicht unterschiedlich, sodass eine solche Prognose nicht so einfach darstellbar ist.

24.7 Storytelling mit Daten

Ein Aspekt, der insbesondere bei Präsentationen, weniger bei Reports, Nützlichkeit bewiesen hat, ist ein Kontext, der weniger Zahlen, aber dafür mehr Geschichte drumherum enthält, neudeutsch manchmal auch *Storytelling* genannt. Personen mit geringerer Affinität zu Zahlen wird durch die passende »Story« um die Daten herum die Aufnahme der Daten und das Verständnis vereinfacht. Ein Verhältnis von 80 % Story zu 20 % Zahlen wird als angemessen angesehen.

Das Konzept des Storytellings mit Daten wird von Knaflic 2015 und Few 2012 ausführlich beschrieben, eine gute Einführung in das Storytelling allgemein bietet Pyczak 2018.

24.8 Signale vom Rauschen trennen

Zum Schluss noch der Hinweis auf die Notwendigkeit, die wichtigen Signale von dem Rauschen der Daten zu trennen. Dazu ist die Auswahl eines geeigneten Diagramms notwendig, was im nächsten Kapitel behandelt wird. Gleichzeitig sollten so wenige KPIs wie nur möglich in ein Dashboard gepackt werden.

Wichtig zu wissen

▶ In Berichten geht es vor allem darum *Actionable Insights* zu liefern, die auch eine Änderung im Verhalten des Empfängers bewirken.

▶ Unterschiedliche Empfänger erhalten unterschiedliche Berichte, je nach Funktion.

▶ Berichte sollten immer auch eine Prognose beinhalten, um aufzuzeigen, ob die gesteckten Ziele auch erreicht werden.

▶ Ohne Ziele ist jeder Bericht belanglos.

▶ Storytelling ist ein wichtiger Aspekt des Daten-Reportings, um die Aufnahme von Informationen für viele Personen zu erleichtern.

24

Kapitel 25
Die Kunst, das richtige Diagramm zu wählen

Diagramme können die Informationsaufnahme für den Empfänger stark vereinfachen; allerdings ist die Auswahl des richtigen Diagrammtyps ein richtiges Handwerk.

25.1 Vorsicht, Diagramm!

Viele Programme wie Excel, Tableau und die meisten Analytics-Tools bieten eine Vielzahl von Visualisierungsmöglichkeiten. Google bietet mit dem Data Studio ein eigenes Tool nur für das Erstellen von Berichten (Kertzel und Mylluks 2018). Gleichzeitig fehlt häufig das Wissen darüber, welches Diagramm am besten geeignet ist. Stattdessen besteht die Gefahr, dass einfach das genommen wird, was Excel und Co. zur Verfügung stellen. Eine gute Datenvisualisierung erfordert Gehirnschmalz, da sie dem Konsumenten von Informationen einen deutlichen Mehrwert bei der Vermittlung von Sachverhalten erbringen soll.

Auch hier ist es sinnvoll, nicht den Vorgaben eines Tools zu vertrauen. Ein Beispiel aus Google Analytics soll das verdeutlichen. Abbildung 25.1 zeigt ein Tortendiagramm, dass viele Jahre zum Standard-Dashboard gehörte, das ein Nutzer nach dem Login sah. Es zeigt das Verhältnis von neuen und wiederkehrenden Nutzern innerhalb eines Zeitraums, meistens 4 Wochen.

Hier kommen gleich mehrere Fehler zusammen. So würde man bei einem Tortendiagramm davon ausgehen, dass Nutzer, die in einem Tortenstück sind, nicht gleichzeitig in dem anderen Tortenstück sein können. Allerdings kann ein Nutzer sowohl das erste Mal in einem Zeitraum auf eine Website kommen als auch diese im gleichen Zeitraum ein zweites Mal besuchen. Tatsächlich tauchen in Google Analytics solche Nutzer in beiden Tortenstücken auf, und das entspricht nicht der gewohnten Aussage eines Tortendiagramms.

Hinzu kommt, dass es das Ziel vieler Websites ist, die Anzahl neuer und wiederkehrender Nutzer zu erhöhen. Wird eine Marketing-Kampagne durchgeführt, ist in der Regel von einer Steigerung der Anzahl neuer Nutzer auszugehen (es sei denn, beste-

25

hende Nutzer sollen noch einmal angesprochen werden), und der Anteil der wiederkehrenden Nutzer erscheint kleiner, selbst wenn die absolute Zahl dieser Nutzer un-
verändert bleibt. Was nützt also das Verhältnis zueinander, wenn beide Zahlen sich
unabhängig voneinander bewegen können? Schlimmer noch: Bei beiden Werten
wird eine positive Veränderung erwartet, und Veränderung bedeutet, dass ein Tortendiagramm nicht sinnvoll ist. Denn Tortendiagramme werden für statische Ver-
hältnisse verwendet, nicht für Entwicklungen, wie sie hier vorhanden sind.

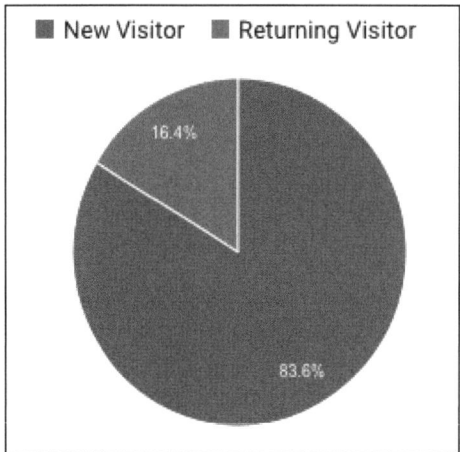

Abbildung 25.1 Tortendiagramm aus Google Analytics
in einem Standard-Dashboard

Zu guter Letzt stellt sich die Frage, was mit einem solchen Tortendiagramm erreicht
werden soll (siehe Kapitel 24, »Wie handlungsrelevante Berichte entstehen«). Welche
Aktion soll abgeleitet werden?

Tatsächlich ergeben die beiden Zahlen unabhängig voneinander mehr Sinn, denn
wenn weniger neue Nutzer auf die Seite kommen, ist es ein Problem des Marketings
(sofern neue Nutzer das Ziel sind und nicht nur die Steigerung des CLV der bestehenden Nutzer). Wenn weniger Nutzer wiederkehren, sind es die Inhalte, die optimiert
werden müssen, es sei denn, die Nutzer konnten auf der Website etwas final abschließen, sodass sie nicht mehr wiederkommen müssen. Wenn die Zahlen unterschiedliche Maßnahmen erfordern, sollten sie auch getrennt berichtet werden, zumal sie
im Verhältnis zueinander nicht sinnvoll interpretiert werden können.

In den folgenden Beispielen werden verschiedene Diagrammtypen und ihre geeignete Nutzung erläutert. Diese Beispiele sind lediglich eine Auswahl von Diagrammen
ohne Anspruch auf Vollständigkeit. Für eine weiterführende Beschäftigung mit diesem Thema werden Few 2013, Healy 2019 und Wilke 2019 empfohlen.

25.2 Welches Diagramm für was?

Diagramme können in vier unterschiedliche Typen unterteilt werden:

▶ **Vergleiche**
Welche Gruppe hat mehr oder weniger Items?
Wie hat sich eine Gruppe über die Zeit verändert?

▶ **Zusammensetzungen**
Aus welchen Komponenten besteht eine Menge,
und wie hoch sind die jeweiligen Anteile?

▶ **Beziehungen**
Was haben verschiedene Werte miteinander zu tun?

▶ **Verteilungen**
Haben wir eine Normalverteilung? Oder eine andere Verteilung?

Darüber hinaus wird zwischen statischen und sich verändernden beziehungsweise einer oder mehreren Variablen unterschieden. Manchmal sind die Grenzen nicht ganz eindeutig.

25.3 Liniendiagramm

Liniendiagramme sind vor allem für Vergleiche über einen Zeitraum spannend, um eine Entwicklung eines oder mehrerer Werte zu beobachten.

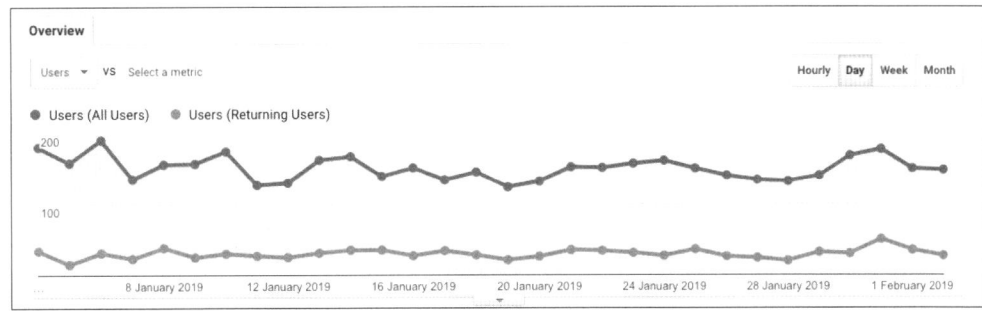

Abbildung 25.2 Liniendiagramm

In dem Diagramm in Abbildung 25.2 werden die Daten aus dem Tortendiagramm aus Abbildung 25.1 auf ein Liniendiagramm übertragen. Deutlich wird in dieser Visualisierung, dass die Ratio von neuen zu wiederkehrenden Nutzern nicht immer parallel läuft, aber auch, dass mehr neue Nutzer nicht nachhaltig für zusätzliche wiederkehrende Nutzer sorgen.

25.4 Säulendiagramm/Balkendiagramm

Das Säulendiagramm ist eines der einfachsten Diagramme und wird vor allem dazu verwendet, einen Vergleich zwischen Elementen zu ermöglichen, wenn nur eine Variable pro Element existiert.

Ein Säulendiagramm sollte nicht mit einem Histogramm verwechselt werden (siehe Abschnitt 25.5). In dem Beispiel in Abbildung 25.3 werden Sessions und Nutzer über Geräteklassen miteinander verglichen. Aus diesem Chart kann interpretiert werden, dass Desktop-Nutzer mehr Sessions haben als Tablet-Nutzer. Das Säulendiagramm ist hier wahrscheinlich die effektivste Darstellung dieses Unterschieds, da er so am schnellsten wahrgenommen werden kann.

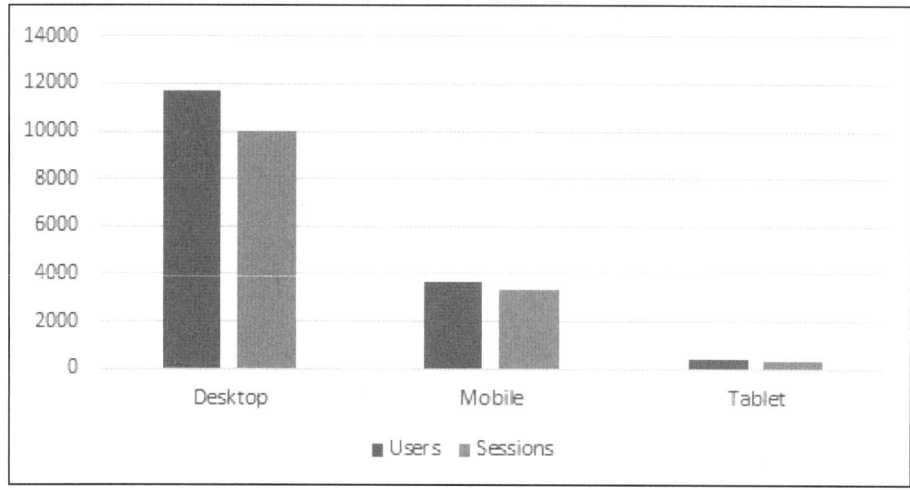

Abbildung 25.3 Säulendiagramm

Es existieren drei populäre Variationen des Säulendiagramms: das Balkendiagramm, das gruppierte Säulendiagramm und das gestapelte Säulendiagramm. Das Balkendiagramm wird vor allem dann verwendet, wenn viele Elemente angezeigt werden sollen, da die Säulen in die Waagerechte gelegt werden. Gestapelte Säulendiagramme werden verwendet, wenn die Zusammensetzung einer Gruppe ersichtlich sein muss. Gruppierte Säulendiagramme zeigen mehrere Kategorien in einer Gruppe nebeneinander, und es werden mehrere Gruppen miteinander verglichen. Abbildung 25.3 zeigt ein gruppiertes Säulendiagramm.

25.5   Histogramm

Ein Histogramm (siehe Abbildung 25.4) zeigt eine Häufigkeitsverteilung von Merkmalsausprägungen an. Dieses Histogramm wurde bereits in Abschnitt 13.3, »The mean Mean«, erwähnt, als es darum ging, die Verteilung von Seiten pro Besuch zu visualisieren.

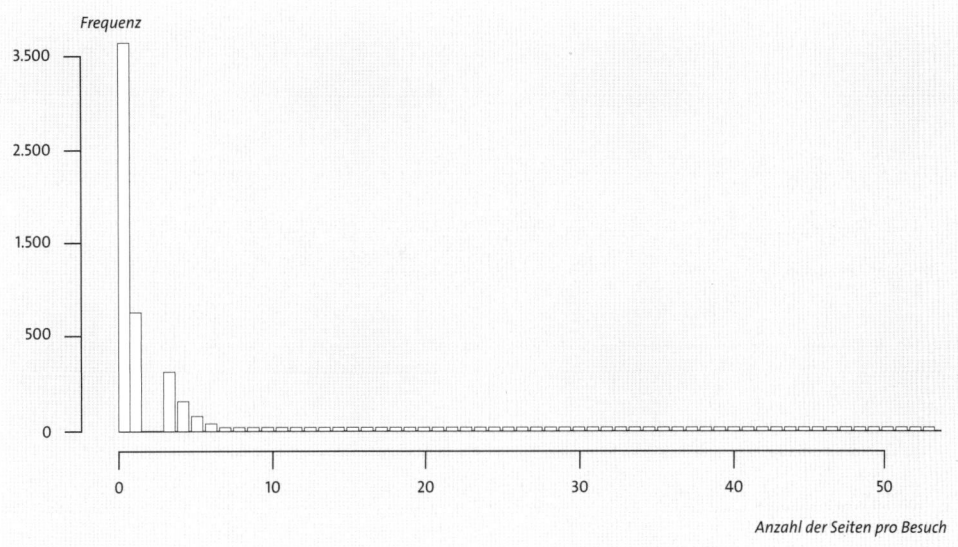

Abbildung 25.4 Histogramm

Im Prinzip ist ein Histogramm nichts anderes als die Visualisierung einer Häufigkeitstabelle. In einer solchen Tabelle wird für jedes Auftauchen eines Werts (wie oft wurde nur eine Seite angesehen? wie oft wurden zwei Seiten angesehen? usw.) sozusagen ein Strich gemacht und zum Schluss dann die Striche zusammengezählt.

Ein Histogramm ist dann sinnvoll, wenn die Verteilung einer Variablen mit wenigen Datenpunkten visualisiert werden soll. Mitunter müssen Ausreißer aus der Darstellung exkludiert werden, da ansonsten die Verteilung der häufigsten Fälle nicht mehr sichtbar ist.

25.6   Scatterplot

Ein Scatterplot ist dann sinnvoll, wenn zwei oder mehr Merkmale und ihr Bezug zueinander visualisiert werden sollen. In dem Beispiel in Abbildung 25.5 ist eine Scatterplot-Matrix zu sehen, in der mehrere Variablen wie in einer Kreuztabelle in Bezug zueinander gesetzt werden. Sehr schön ist hier zum Beispiel die Beziehung von Nutzern und Sessions zu sehen.

25

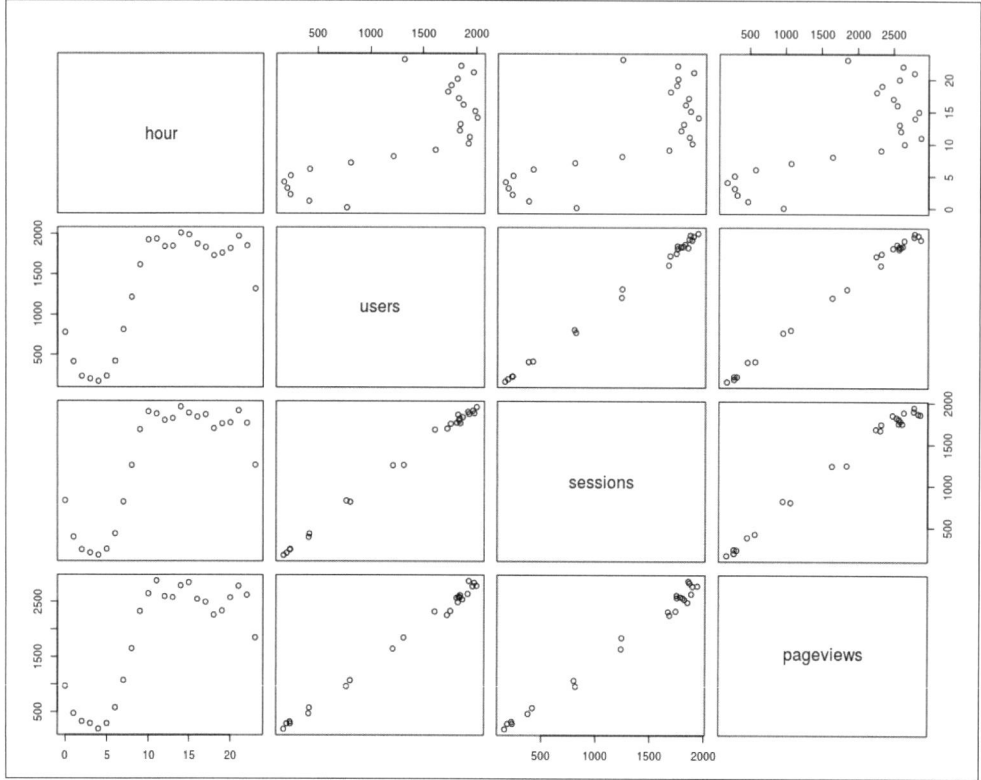

Abbildung 25.5 Scatterplot-Matrix

Ein Scatterplot ist ideal für eine erste Visualisierung von Daten, zum Beispiel um Korrelationen zu erkennen.

25.7   Bubble Chart

Ein Bubble Chart ist eine Art von Scatterplot und kann eine Verbindung von Merkmalen visualisieren; nur sind hier drei Variablen vorhanden (nähme man nun noch eine Farbtiefe hinzu, wäre man bei vier Variablen). Das Beispiel in Abbildung 25.6 zeigt die variablen Seitenaufrufe (Y-Achse), Sessions (X-Achse) und User (Größe der Bubble). Es ist zu erwarten, dass mehr Nutzer mehr Sessions generieren und damit auch mehr Page Views. Interessant ist in diesem Beispiel, dass die Nutzer aus Berlin leicht unter der Erwartung liegen, die Nutzer aus Hamburg und München hingegen weit darüber.

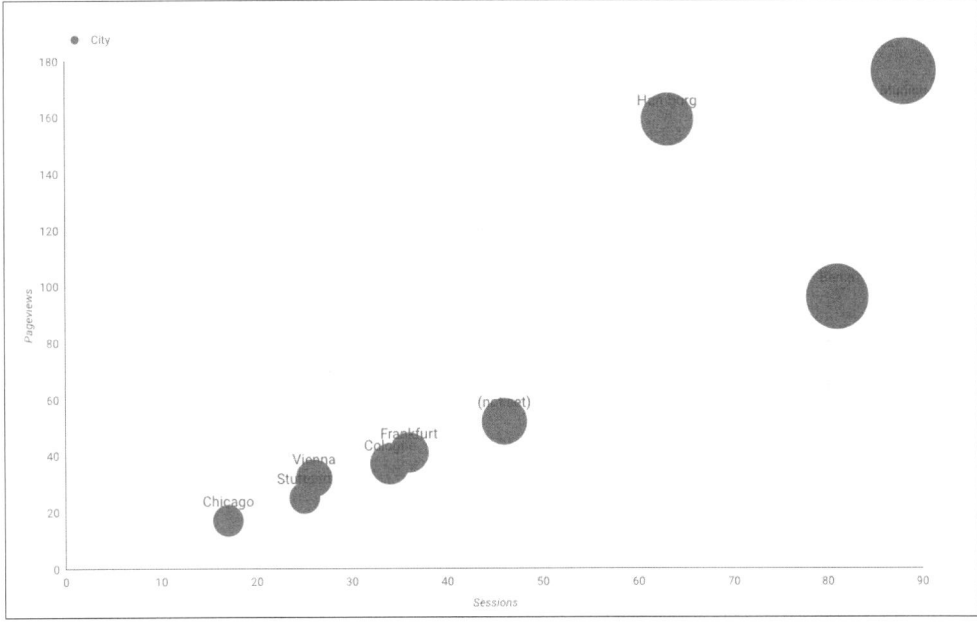

Abbildung 25.6 Bubble Chart

Auch wenn Bubble Charts oft gut aussehen, wird die Informationsvermittlung an den Leser damit nicht unbedingt beschleunigt. Der Betrachter muss mehrere Dimensionen gleichzeitig interpretieren, sodass er nicht selten zurück auf die Legende schauen muss, was zum Beispiel Größe und Farbintensität in dem Diagramm aussagen. Die Verwendung eines Bubble Charts ist also nur mit Vorsicht zu empfehlen. Allerdings kann in einer interaktiven Grafik die Verwendung eines Bubble Charts aufschlussreich sein, wenn sich mehrere Werte gleichzeitig ändern und der Benutzer dies spielerisch erkunden kann.

25.8   Boxplot-Diagramm

Ein Boxplot-Diagramm, wie es in Abbildung 25.7 dargestellt ist, ist eher für Experten geeignet, bietet dafür aber eine Vielzahl von Informationen in einer Grafik. Die rechteckige Box in jedem Jahr zeigt an, wo sich 50 % der Daten befinden, der dicke Querstrich in der Mitte der Box bildet den Median und die Breite der Box die Wurzel aus der Sample-Menge ab. Die gestrichelten Linien zeigen die Streuung an.

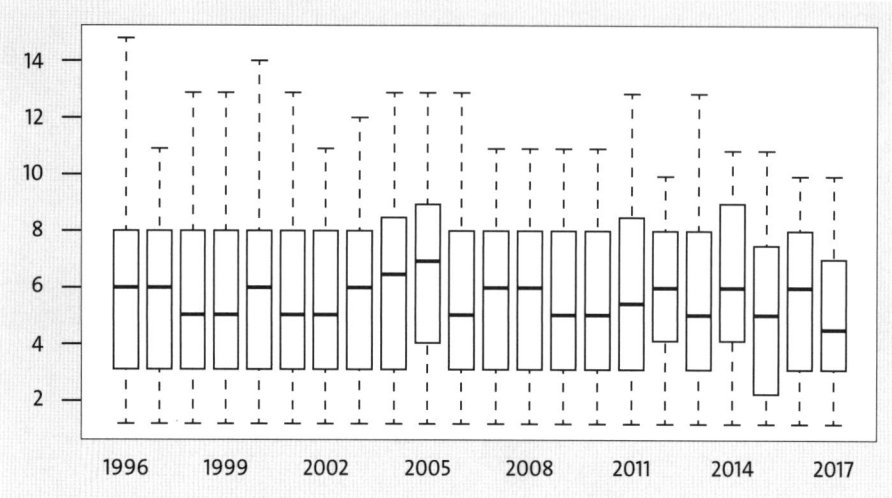

Abbildung 25.7 Boxplot-Diagramm

In dem abgebildeten Beispiel wird die Verteilung der Platzierungen von Domains in den Suchergebnissen von Google, aufgesplittet nach Alter, angezeigt. Eine Suchergebnisseite kann mehr als 10 Ergebnisse haben, deswegen zeigt die Y-Achse 14 an; ein Wert in der Grafik geht sogar bis 15. Unter Suchmaschinen-Optimierern wurde lange das Gerücht gepflegt, dass ältere Domains einen Ranking-Vorteil bei Google hätten. Tatsächlich ist in den Daten zu sehen, dass ältere Domains scheinbar keinen Vorteil haben, es allerdings weniger Domains in den Jahren 2014 bis 2017 auf die erste Suchergebnisseite geschafft haben (die Erhebung fand im Frühjahr 2017 statt, sodass die 2017er-Zahl mit Vorsicht zu genießen ist).

Wichtig zu wissen

▶ Die Auswahl eines Diagramms erfordert Sorgfalt, um zum einen den Daten, zum andern aber auch der Intention eines Berichts gerecht zu werden.

▶ Auch den Diagrammen der Webanalyse-Tools ist grundsätzlich erst einmal zu misstrauen, da nicht davon ausgegangen werden kann, dass die Diagramme sinnvoll ausgewählt wurden.

Kapitel 26
Dashboards

Dashboards ermöglichen einen schnellen Blick auf die wichtigsten KPIs, und zwar so, dass sofort eine Handlung daraus abgeleitet werden kann.

26.1 Was ist der Unterschied zu einem Report?

Ein Report ist in der Regel ein ausführlicher Datensatz, wohingegen ein Dashboard (übersetzt Armaturenbrett) eher eine knappe Zusammenfassung der allerwichtigsten Daten bietet. Ein Dashboard soll ein schnelles Informationsbedürfnis befriedigen können, wie der Blick auf die Instrumente in einem Auto, während man fährt.

Dashboards können auf Papier, digital in einem System oder auf einem Fernseher in einem Büro zur Verfügung gestellt werden. Als Teil eines Computersystems können auch interaktive Dashboards realisiert werden, mit denen zum Beispiel ein Drilldown in den Daten ermöglicht wird. Die Nutzer können dadurch selbst tiefer gehende Informationen aus dem System holen, sofern diese für das Dashboard voraggregiert sind. Ein Beispiel hierfür kann ein anderes Zeitfenster sein, aber auch ein Segment.

Insbesondere als Dienstleister hat die Erstellung von Dashboards eine wichtige Funktion: Je mehr wichtige Informationen ein Kunde durch ein Dashboard erhält, desto weniger manuelle Reports müssen erstellt werden, insbesondere wenn das Dashboard dynamisch gefüllt werden kann.

26.2 Best Practices

Für jedes Dashboard, das erstellt wird, sollten vorab mehrere Fragen eindeutig beantwortet werden:

▶ Mit welchen Hebeln kann das oberste Ziel (in der Regel Umsatz/Gewinn) erreicht werden? Welche KPIs sind dafür notwendig?

▶ Ist dem Benutzer klar, was das oberste Ziel ist?

▶ Sind die Unterziele abgebildet?

▶ Warum ist ein Wert, der in einem Dashboard dargestellt wird, wichtig?

- ▶ Inwiefern zahlt ein im Dashboard dargestellter Wert auf das oberste Ziel ein?
- ▶ Kann der Benutzer des Dashboards, wenn dieser Wert verändert wird, das Gesamtziel beeinflussen?
- ▶ Weiß der Benutzer, was er anders tun soll, wenn er das Dashboard durchgesehen hat?
- ▶ Welche Aktion ist vom Benutzer des Dashboards erforderlich, wenn sich ein Wert ändert?

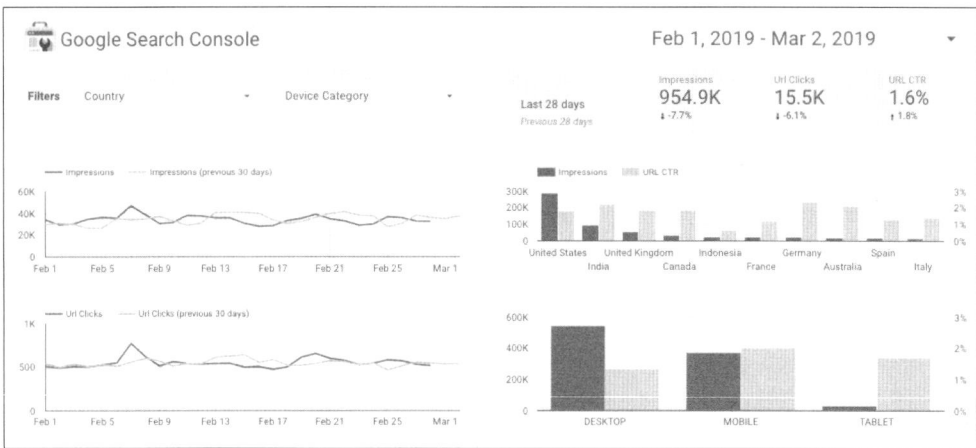

Abbildung 26.1 Dashboard aus der Beispiel-Galerie von Google Data Studio

Um ein Gespür dafür zu entwickeln, was ein gutes Dashboard ist und was nicht, werden hier zwei eher suboptimale Dashboards gezeigt und beschrieben, warum sie nicht optimal sind.

Als erstes eher schlechtes Beispiel für ein Dashboard sei hier auf Abbildung 26.1 verwiesen. Die Diagramme vermitteln keinen Eindruck davon, ob Ziele erreicht werden und ob Abweichungen signifikant sind oder nicht. Es wird nicht verdeutlicht, was von den Daten handlungsrelevant ist und welche Handlung abgeleitet werden kann.

Ein weiteres, eher suboptimales Beispiel für ein Dashboard ist die Startseite von Google Analytics, die in Abbildung 26.2 zu sehen ist. Nur weil ein Dashboard von Google stammt und als Startseite konfiguriert ist, heißt das nicht, dass es auch ein gutes beziehungsweise nützliches Dashboard ist.[1] So stellt sich zum Beispiel die Frage, was man mit der Information, wie viele Nutzer gerade auf der Seite sind, anfangen

---

1   Als Xoogler, also ehemaliger Googler, der auch für Google Analytics zuständig war, darf ich das sagen: Nutzer sollten mündig agieren und alles infrage stellen, also ob etwas auch wirklich nützlich für sie ist und nicht einfach als gegeben hinnehmen.

kann. Für das Debugging von Tracking-Maßnahmen ist die Echtzeitansicht allerdings tatsächlich eine sinnvolle Sache, aber ansonsten sind diese Zahlen wenig handlungsrelevant.[2] Auch die Zahlen zu den Traffic- und Herkunftsquellen sind in der Regel nicht sehr hilfreich. Fairerweise muss betont werden, dass die wirklich wichtigen Werte von Website zu Website sehr unterschiedlich sein können, sodass es fast unmöglich ist, ein Dashboard zu bauen, das wirklich für alle Google-Analytics-Nutzer von vornherein relevant ist.

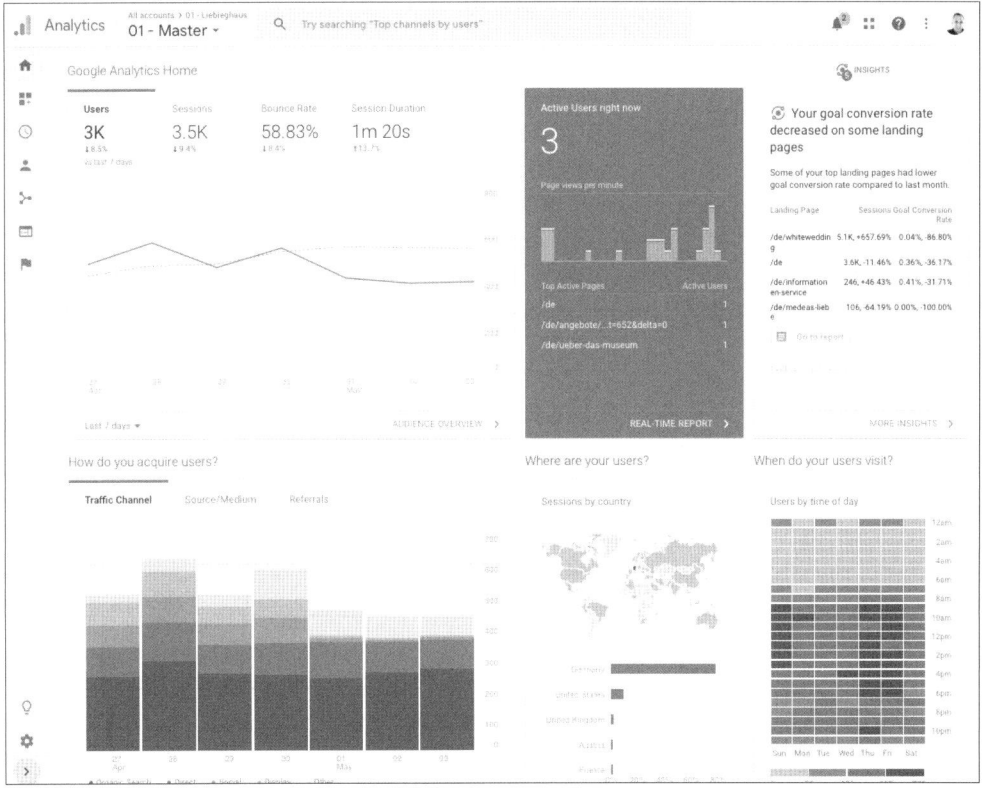

Abbildung 26.2 Dashboard von Google Analytics

Idealerweise ähnelt ein Dashboard dem Aufbau des Measurement-Plans, der in Kapitel 1, »Ziele der Webanalyse«, vorgestellt wurde. Schließlich sind dort alle wichtigen Wert definiert, die für das Erreichen der Ziele relevant sind.

Da am Ende des Tages vor allem interessiert, ob das Gesamtziel erreicht wird, sollte der Status der Zielerreichung hier besonders prominent dargestellt werden. Ein Beispiel hierzu wird in Abbildung 26.3 dargestellt.

---

2 Die Chefetagen mögen das Echtzeit-Dashboard aber, weil sie somit das Virtuelle der Webseite besser »erfassen« können. Man könnte den Echtzeitbericht aber auch als Eitelkeitsbericht interpretieren.

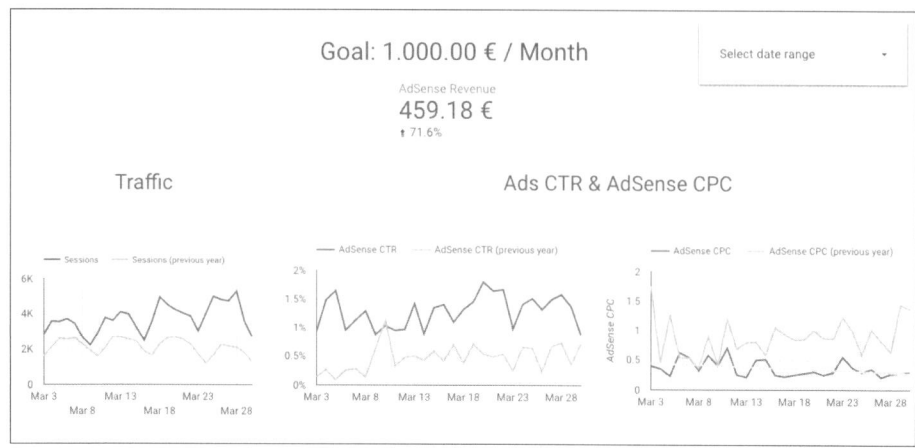

Abbildung 26.3 Beispiel für ein simples, aber handlungsrelevantes Dashboard

In diesem Beispiel geht es um eine Seite, die mit Google-AdSense-Werbung monetarisiert wird. Es existieren drei Hebel, mit denen die Einnahmen gesteuert werden können:

▶ Traffic

▶ CTR auf die Werbung

▶ durchschnittlicher CPC

In diesem Fall lautet das Ziel, pro Monat Einnahmen Höhe von 1.000 EUR mit der Seite zu erzielen. Um mehr Einnahmen zu erzielen, muss der Website-Betreiber also entweder dafür sorgen, dass er mehr Traffic bekommt, oder er muss die Klickrate auf die Werbung erhöhen (zum Beispiel durch eine andere Einbindung der Werbung), oder er muss den Preis pro Klick erhöhen (was bei Google AdSense schwierig bis unmöglich ist) oder alle genannten Maßnahmen in Angriff nehmen.

In dem Beispiel ist zu sehen, dass das Ziel nicht erreicht wurde, die Einnahmen aber im Vergleich zum Vorjahr gestiegen sind. Gleichzeitig ist sichtbar, dass der Traffic gestiegen ist und auch die CTR auf die Werbung. Bei den Einnahmen pro Tag ergibt sich ein gemischtes Bild. Zwar wurde an den meisten Tagen mehr eingenommen, aber an manchen Tagen auch weniger. Eine hieraus resultierende Aktion könnte sein, dass der Anteil des Traffics aus verschiedenen Ländern untersucht wird, da die Klickpreise in manchen Ländern erheblich niedriger sind als in anderen. In diesem Fall müssten die Inhalte für Länder optimiert werden, in denen die Klickpreise höher sind.

Dashboards werden in der Regel über eine API (Application Programming Interface) des jeweiligen Webanalyse-Systems gefüllt, sodass ein Programm die Daten automatisch zieht und dann in eine eigene Dashboard-Software einfügt. Das kann unter anderem Excel sein, Shiny, Tableau oder Google Data Studio.

Wichtig zu wissen

▶ Dashboards erlauben einen schnellen Blick auf Daten, sollen aber auch gleichzeitig anzeigen, ob eine Aktion erforderlich ist.

▶ Idealerweise ähneln Dashboards dem Measurement-Plan, da hier bereits die wichtigsten Werte definiert worden sind.

▶ Dashboards sollten auch eine Prognose auf die Zukunft abgeben.

26

Kapitel 27
Datengetriebene Personas

»Personas are discovered in the field, not in the lab.« (Alan Cooper)

27.1 Was ist eine Persona?

Personas sind Archetypen beziehungsweise Musterbilder von realen Nutzern. Sie werden nicht frei erfunden (siehe Alby 2017), sondern basieren laut ihrem Erfinder auf Interviews und Recherchen (Cooper 1999). Ziel ist es, die verschiedenen Nutzertypen, ihre Erfahrungen und Bedürfnisse zu identifizieren, um das eigene Angebot für diese Typen nutzbar zu machen beziehungsweise überhaupt das richtige Produkt zu entwickeln (Miaskiewicz und Kozar 2011). Eine weitere Anwendungsmöglichkeit ist die Personalisierung von Angeboten (siehe Kapitel 28, »Ein Personalisierungskonzept erstellen«).

Cooper erstellte seine ersten Personas allein auf der Basis von Interviews, von denen er 10–12 empfiehlt. Daraus ergeben sich keine repräsentativen Daten. Im schlimmsten Fall kann es sogar passieren, dass Interviewpartner erwischt werden, die eher skurrile Ansichten haben und nicht der großen Masse möglicher Anwender entsprechen. Um dies zu vermeiden, ist eine quantitative Datenanalyse notwendig, die zumindest einen Überblick gibt, inwieweit die interviewten Personen der zu erwartenden Nutzerschaft entsprechen. Als Beispiel sei hier eine Idee für eine Software genannt, die es Studierenden ermöglichen soll, einfacher und schneller Notizen vom Unterrichtsstoff zu erstellen. Werden nur Studierende der Code University Berlin interviewt, ist die Wahrscheinlichkeit hoch, dass der Interviewer einen Mac-Nutzer antrifft, der sehr offen für neue Technologien ist und ständig neue Software ausprobiert. Werden Studierende einer klassischen Uni interviewt, ist ein Windows-Rechner wahrscheinlicher und die Offenheit für neue Software eventuell nicht ganz so hoch (siehe hierzu auch Abschnitt 12.3, »Fallstricke«).

Zwar ist eine Persona inklusive Name und Alter usw. fiktiv, aber ihre Attribute spiegeln die tatsächlichen Daten der jeweiligen Gruppe wider. Qualitative Daten aus Interviews und quantitative Daten aus sorgfältigen Erhebungen sorgen dafür, dass diese Persons der Realität entsprechen. Die Erstellung von Personas ist nicht trivial, wenn sie richtig durchgeführt wird.[1]

---

1 Was wohl der Grund dafür ist, dass Personas zum Teil komplett erfunden werden. Denn alles andere ist teuer und aufwendig.

Abbildung 27.1 Mit Alan Cooper kann man auch auf Twitter diskutieren

Hobbys und Lieblingsbands haben übrigens in einer professionellen Persona nichts zu suchen, auch wenn in mancher Literatur von zu erstellenden Psychogrammen die Rede ist (siehe vor allem Lange und MacDonald 2011). Die Handlungsrelevanz solcher Daten ist zumindest fragwürdig.

27.2   Einschränkungen eigener Daten

Die eigenen Daten zu verwenden hat einen großen Nachteil: Die Daten stammen von Benutzern, die bereits auf einer Website sind. Es kann nicht davon ausgegangen werden, dass diese Benutzer für alle Nutzer stehen, die für die Website und ihr Angebot infrage kommen.

So kann zum Beispiel eine schlechte Sichtbarkeit in Suchmaschinen dafür sorgen, dass nur Nutzer auf die Seite kommen, die die Seite bereits kennen. Die Ergebnisse dieses Ansatzes sollten also mit Vorsicht genossen werden. Allerdings können die Daten immer noch interessant sein, um zu analysieren, ob die Marketing-Personas auch tatsächlich auf der Website vorhanden sind.

27.3 Personas aus Nutzungsdaten

Eine andere Möglichkeit der Generierung von Personas besteht darin, dass Nutzungsdaten der eigenen Inhalte in maschinellen Verfahren analysiert werden, um damit Nutzergruppen zu identifizieren. In diesem Abschnitt wird beispielhaft gezeigt, wie aus Webanalyse-Rohdaten solche Personas erstellt werden können. Der dafür verwendete Apriori-Algorithmus, der auf Association Rules basiert (siehe Agrawal, Imielinski und Swami 1993), kann unter anderem auch für Warenkorbanalysen verwendet werden. »Nutzer, die A kauften, kauften auch B« ist ein häufiger Ansatz, der in vielen E-Commerce-Shops verwendet wird.

Für die Persona-Erstellung auf Basis von Nutzungsdaten werden Webseiten wie Produkte behandelt, die in einem Warenkorb landen. So wie anhand eines echten Warenkorbs in einem Supermarkt Rückschlüsse auf eine Person gezogen werden können, kann dies auch bei besuchten Webseiten funktionieren. Dazu müssen diese Webseiten auch unterschiedlichen Interessen gerecht werden, denn allein aus einer Start- und einer Produktseite werden sich keine unterschiedlichen Verhaltensmuster ergeben.

Für den Algorithmus werden Rohdaten benötigt. Mit einer Standardinstallation von Google Analytics oder jedem anderen Tool, das nur aggregierte Daten bietet, ist ein solcher Ansatz nicht möglich (siehe Kapitel 6, »Daten: Roh oder aggregiert?«). Ein Beispiel für einen solchen Datensatz ist in Abbildung 6.4 zu sehen. Die »dimension1« enthält die User-ID des Nutzers »dimension2« die Art des Hits, »dimension3« einen UNIX-Timestamp und »pagePath« die angesehene Seite (alle anderen Daten sind für den Zweck der Persona-Erstellung in diesem Moment nicht relevant).

Zunächst werden alle Zeilen ausgewählt, die einen Seitenaufruf enthalten und keine Ereignisse. Ereignisse könnten dazu genutzt werden, um nur die Seiten in den Warenkorb zu werfen, die auch tatsächlich angesehen wurden (siehe Kapitel 6, »Daten: Roh oder aggregiert?«, und Kapitel 14, »Interaktionen anstatt Verweildauer«). Die Daten werden im nächsten Schritt so transformiert, dass in einer Zeile alle aufgerufenen Seiten für einen Nutzer aufgelistet sind. Jede Zeile ist somit eine Liste der Transaktionen jeweils eines Nutzers. Aus diesen transformierten Daten erstellt der Apriori-Algorithmus Regeln, wie es in Abbildung 27.2 zu sehen ist[2].

Diese Regeln können auch noch visualisiert werden (siehe Abbildung 27.3). Je größer ein Punkt, desto größer ist der Support, also die Häufigkeit des Auftretens in den Daten. Je dunkler ein Punkt ist, desto größer ist der Lift, also die Ratio des beobachteten Supports zu dem Erwarteten, wenn die beiden Elemente unabhängig voneinander wären. Je höher der Lift über 1 liegt, desto »interessanter« ist die Regel.

27

---

2 Das komplette Programm mit Beispieldaten finden Sie auf der Website des Autors
 https://tom.alby.de/webanalyse-buch.

^	rules	support	confidence	lift	count ^
1	{/veroeffentlichungen/} => {/}	0.010059...	0.7573529	11.125...	103
2	{/} => {/veroeffentlichungen/}	0.010059...	0.1477762	11.125...	103
3	{/impressum/} => {/}	0.017775...	0.6867925	10.089...	182
4	{/} => {/impressum/}	0.017775...	0.2611191	10.089...	182
5	{/lehrveranstaltungen/} => {/}	0.013477...	0.7419355	10.899...	138
6	{/} => {/lehrveranstaltungen/}	0.013477...	0.1979914	10.899...	138
7	{/erfahrungen-scalable-capital-und-quirion-im-direkten-ver...	0.075593...	0.8278075	4.18151	774
8	{/1-jahr-erfahrung-mit-scalable-capital/} => {/erfahrungen-...	0.075593...	0.3818451	4.18151	774

Abbildung 27.2 Erstellte Assoziationsregeln

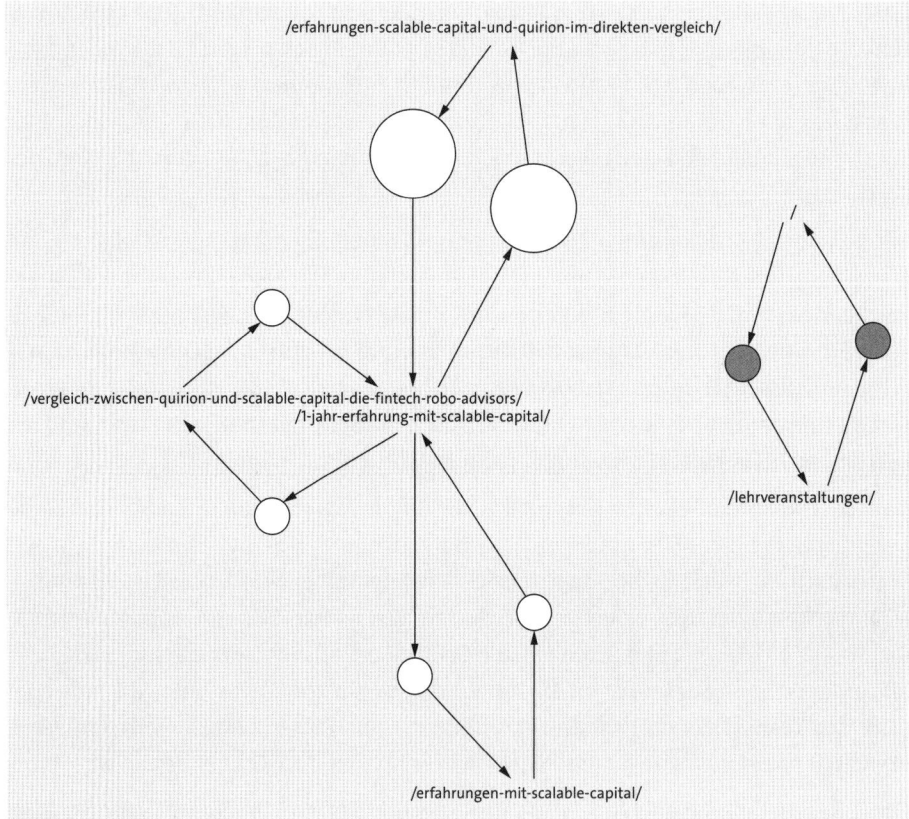

Abbildung 27.3 Visualisierung von Assoziationsregeln

In der Abbildung sind zwei deutlich voneinander unterscheidbare Gruppen zu se-hen: zum einen Studierende, die anscheinend Informationen aus dem Seminarskript suchen, zum andern Benutzer, die über Erfahrungen mit einem Robo-Advisor lesen wollen. Offensichtlich haben diese jeweiligen Gruppen wenig Interesse an den Inhalten, für die sich die jeweils andere Gruppe interessiert.

Um diesen Ansatz gewinnbringend nutzen zu können, ist es notwendig, Informationen für verschiedene Nutzergruppen, aus denen man Personas ableiten möchte, bereitzustellen. Sind alle Inhalte für alle Nutzer relevant, ist die Wahrscheinlichkeit gering, dass die Nutzerpfade unterschiedlich sein werden.

In Verbindung mit einer Marketing-Kampagne, die verschiedene Personas anspricht und auf ihre jeweiligen Landing Pages leitet, können Personas und ihre Bedürfnisse verifiziert werden. Wird zum Beispiel davon ausgegangen, dass sich eine Nutzergruppe für bestimmte Merkmale eines Produktes interessiert, sollten all diese Merkmale auch irgendwo auf einem Seiten-Cluster vorkommen. Am Beispiel der Seite des Autors ist zu erkennen, dass sich die Nutzer zwar für die Robo-Advisor-Themen interessieren, aber nicht für andere Finanzthemen auf der Seite, obwohl sie ihnen sogar vorgeschlagen werden. Zwar könnte in einem A/B-Test noch einmal überprüft werden, ob auffälligere Hinweise eher zu einem Besuch verlocken, aber ansonsten ist davon auszugehen, dass dieser Nutzertyp sich allein für das Thema Investmentberater auf der Basis von Algorithmen interessiert. Ebenso ist aus den Daten zu ersehen, dass sich Studenten anscheinend nur die Seiten ansehen, die gerade für ihre Hausaufgaben oder Referate relevant sind, aber nichts anderes von der Seite.

27.4   Demografische Daten

Google Analytics bietet demografische und Interessensdaten aus Nutzerdaten; diese sind allerdings innerhalb von Google Analytics nicht einer Person zugeordnet, sondern den Seiten, die von Nutzern mit den demografischen Merkmalen und Interessensmerkmalen besucht werden, sodass die Interessen einzelner Nutzer nicht identifiziert werden können. So kann bereits im GUI von Google Analytics nach verschiedenen Nutzergruppen segmentiert werden, die verschiedene Seiten besucht haben. Bei diesem Ansatz ist immer darauf zu achten, dass nur für einen Teil der Nutzer überhaupt die jeweiligen demografischen Daten vorliegen.

Wichtig zu wissen

▶ Personas werden auf der Basis von Interviews und Daten erstellt und nicht einfach ausgedacht.

▶ Personas dienen der Entwicklung oder Optimierung von Produkten für bestimmte Nutzergruppen.

▶ Personas können mit Assoziationsregeln auf der Basis von eigenen Weblog-Daten erstellt werden; dieser Ansatz hat allerdings den Nachteil, dass nur beste-

27

hende Nutzergruppen analysiert und Nutzertypen, die die Webseite bisher nicht genutzt haben, ausgeklammert werden.

▶ Dieser Ansatz kann auch dazu genutzt werden, um Personas und die Eignung der eigenen Website für diese zu verifizieren.

Kapitel 28
Ein Personalisierungskonzept erstellen

Jedem Benutzer das zu geben, was in dem Moment genau das Richtige ist, das ist der Traum vieler Webseitenbetreiber. Zuvor müssen allerdings die Daten dahingehend analysiert werden, ob dies überhaupt möglich ist.

28.1 Voraussetzungen

Die *User Experience* personalisieren zu können, also jedem Benutzer das zu zeigen, was für sie oder ihn relevant ist, ist ein Wunsch von vielen Website-Betreibern, die sich dadurch eine höhere Conversion Rate erhoffen.[1] Dabei kann es um Bedürfnisse eines einzelnen Benutzers gehen (was wurde zuletzt angeschaut?) oder einer Nutzergruppe wie den in Kapitel 27 besprochenen Personas.

Tools wie Google Optimize bieten einen kostenlosen Einstieg – nicht nur für das Testen von Hypothesen, sondern auch für die Personalisierung. Nutzer erleben tagtäglich Personalisierung, sei es auf Amazon, Spotify oder in den angezeigten Nachrichten eines Google-Android-Handys. Das Ziel einer Personalisierung ist, wie bei fast allem, was ein Daten- oder Webanalyst tut, einen positiven Beitrag zum Gesamtziel zu leisten. Dies kann bedeuten:

▶ dass ein Nutzer schneller an sein Ziel kommt.

▶ dass ein Nutzer eine Website als angenehmer wahrnimmt, weil ihm relevantere Inhalte angezeigt werden und dadurch eine höhere Treue oder sogar sofort mehr Umsatz erzeugt wird.

▶ dass zusätzliche Artikel abverkauft werden können, die zu dem passen, was der Nutzer zuvor gekauft hat (siehe dazu auch den Warenkorbanalyse-Algorithmus aus Kapitel 27, »Datengetriebene Personas«).

▶ oder dass ausgehend von Daten die Preissensitivität eines Nutzers ermittelt und ausgenutzt wird.[2]

1 Personalisierung sei hier als maßgeschneiderte Nutzerexperience definiert, Individualisierung hingegen als Möglichkeit für einen Nutzer, sich ein Produkt oder einen Service individuell an seine Bedürfnisse anzupassen (Höfs o.D.).

2 (Dynamic Pricing, um Nutzern von bestimmten Geräten höhere Preise anzuzeigen, Chip 2017).

Personalisierung dient also nicht nur dem Nutzer, sondern kann auch allein dem Website-Betreiber zum Vorteil gereichen. Genau der Vorteil einer Personalisierung muss aber für den jeweiligen Fall herausgearbeitet werden, denn Personalisierung darf nicht nur deswegen betrieben werden, weil es bei Amazon & Co. als relevant wahrgenommen wurde.

Es ist die Aufgabe der Webanalyse zu prüfen, ob die Website-Daten überhaupt für Personalisierungs-Ansätze geeignet sind. Eine Website, auf die die Nutzer nur einmal kommen und auf der sie auch nur eine Seite anschauen, bietet wenig Möglichkeiten zur Personalisierung. Zwar ist es hier möglich, auf der Basis von kontextuellen Signalen (Mobil oder Desktop, Betriebssystem, Uhrzeit, Akquisekanal usw.) angepasste Inhalte anzuzeigen; allerdings sollten *Landing Pages* sowieso bestmöglich auf Nutzer angepasst sein, sodass dieser Ansatz höchstens als Minimalpersonalisierung angesehen werden kann.

28.2   Fallstricke

Die Erwartungen an eine Personalisierung sind vor allem durch die bereits erwähnten Beispiele wie Spotify und Amazon genährt. Allerdings kann nicht von deren Ansätzen auf die Möglichkeiten mit der eigenen Site geschlossen werden.

Die Personalisierung von Spotify funktioniert deswegen so gut, weil hier von jedem Nutzer viele Daten innerhalb kurzer Zeit gesammelt werden können und eine große Menge von Nutzungsdaten existiert, die als Grundlage von Personalisierung verwendet werden kann. Hört ein Nutzer mehrere Stücke aus dem Electro-Swing-Genre, kann dem Benutzer ein Stück aus diesem Genre vorgeschlagen werden, das er bisher nicht gehört hat, aber das von anderen Nutzern gehört wurde, die eine Übereinstimmung mit den Hörgewohnheiten des Nutzers haben. Kennt der Nutzer das Stück bereits, ist das kein Problem, sondern eher eine Bestätigung für den Nutzer, dass das System ihn gut versteht. Von Vorteil ist auch, dass hier meistens nur ein Anbieter genutzt wird und somit fast die gesamte Datenbasis eines Nutzers verwendet werden kann.

Derselbe Ansatz kann zum Beispiel bei Nachrichten nicht verwendet werden. Nachrichten werden nicht nur an einer Stelle konsumiert; an vielen Bahnhaltestellen werden Nachrichten angezeigt, um die Wartezeit zu verkürzen, sodass ein Personalisierungssystem nicht weiß, welche Nachrichten schon bekannt sind und welche nicht. Anders als im Bereich der Musik, in dem dasselbe Stück gerne mehr als einmal gehört wird, wird dieselbe Nachricht kein zweites Mal gern gelesen, es sei denn, es existieren neue Fakten. Die fehlende Exklusivität gereicht zum Nachteil. Darüber hinaus ist die Halbwertzeit von Nachrichten eine andere als die von Musik. Wer Aphex Twin hört, kann auch Kraftwerk-Songs aus den 70er Jahren gut finden. Alte Nachrichten sind selten eine gute Idee. Die Halbwertzeit der Daten spielt eine entscheidende Rolle, womit sich auch die Datenbasis stark verringern kann.

Das trifft nicht nur auf Nachrichten zu, sondern auch auf Shopping-Seiten: Wer einmal ein Lillifee-Buch für seine kleine Tochter gekauft hat, möchte nicht 10 weitere Jahre lang Bücher für kleine Mädchen vorgeschlagen bekommen; ebensowenig sollte ein zehn Jahre altes Bestsellerbuch über Webtechnologie vorgeschlagen werden, ein viel älteres Buch von Kafka aber schon. Das Beispiel zeigt die Komplexität einer Personalisierung, da sogar in ein und derselben Produktkategorie (Bücher) unterschiedliche Halbwertzeiten gelten.

Eine generelle Herausforderung stellt das sogenannte Kaltstartproblem dar. Ist ein Nutzer neu auf einer Website, existieren keine historischen Informationen, die zur Personalisierung verwendet werden können. Zwar können immer noch die zuvor erwähnten kontextuellen Daten verwendet werden, in vielen Fällen funktioniert aber auch das nicht. Kommt ein Benutzer direkt auf eine Musikalien-Website, welches kontextuelle Signal kann dann verwendet werden, um die Interessen des Benutzers zu verstehen?

Eine weitere Herausforderung ist der sogenannte Tunnelblick, der vom Nutzer nicht immer gewünscht ist. Kommt ein Nutzer mit einem Apple-Gerät auf eine Website und wird ihm dementsprechend nur Apple-Zubehör angezeigt, kann das auch nachteilig sein, wenn dieser Nutzer sich eigentlich für ein Android-Gerät interessiert.

28.3   Analyseansätze

Ein erster Schritt ist die in Tabelle 28.1 gezeigte Personalisierungsmatrix, die genaue Zahlen darüber enthält, wie hoch der Anteil der folgenden Nutzer ist:

1. Nutzer, der ein einziges Mal kommt und sich nur eine Seite ansieht,
2. Nutzer, der ein einziges Mal kommt und sich mehr als eine Seite ansieht,
3. Nutzer, der mehrere Male kommt und sich bei jedem Besuch nur eine Seite ansieht,
4. Nutzer, der mehrere Male kommt und sich jeweils mehrere Seiten ansieht.

	Eine Seite angesehen	Mehr als eine Seite angesehen
Ein Besuch	125.672	85.218
Mehr als ein Besuch	12.742	33.271

Tabelle 28.1 Personalisierungsmatrix

Eine solche Personalisierungsmatrix zeigt auf, mit welchem Personalisierungsansatz am meisten erreicht werden kann. Für das erste Segment von Nutzern (1. Besuch, nur eine Seite) sind nur kontextuelle Signale vorhanden, wie die Quelle, das Zugangsgerät und die Landing Page. Bei Segment 3 kann zumindest noch etwas angezeigt werden, was mit dem vorherigen Besuch zu tun hat (sofern sich die besuchten Seiten unterscheiden). Bei Segment 2 und 4 können eventuell aus den besuchten Inhalten Rückschlüsse darauf gezogen werden, was diesen Nutzer interessiert.

Auch hier gilt, dass zunächst die häufigsten Interessen angesehen werden sollten, um möglichst viel mit der Personalisierung zu erreichen. Es geht nicht darum, dass für jeden einzelnen Nutzer etwas gefunden wird, sondern zunächst für die größten Nutzergruppen. Wichtig ist, die Zahlen ausschließend zu berechnen, das heißt, dass niemand aus dem 3. Segment auch im 1. Segment mitgezählt werden darf.

Die nächste Frage ist, wie festgestellt werden kann, dass überhaupt etwas mit einer Personalisierung zum Vorteil verändert werden kann. Auch hierzu sind die größeren Interessengruppen besser geeignet, da es hier zu schnelleren belastbaren Ergebnissen kommt. Eine Hypothese könnte lauten, dass die Nutzer weniger Single Page Visits haben, wenn ihnen personalisierte Angebote angezeigt werden, die sie zum Anschauen weiterer Inhalte verleiten. Ähnlich sähe ein Test aus, in denen Nutzern Artikel angezeigt werden, die zu ihrem bisherigen Einkaufsverhalten passen. Beides müsste in einem A/B-Test verifiziert werden.

Für weitere Ansätze siehe Pierrakos et al. 2003, C. Liu, White und Dumais 2010 und B. Liu, Mobasher und Nasraoui 2011.

Wichtig zu wissen
- ▶ Zunächst ist zu ermitteln, welches Problem mit einer Personalisierung gelöst werden soll und wie das Erreichen dieser Lösung gemessen wird.
- ▶ Nicht jede Seite hat die Möglichkeit zu einer Personalisierung, wie Nutzer sie von Spotify oder Amazon her gewohnt sind.

TEIL VI

Problemlösungen

Kapitel 29
Messunterschiede zu anderen Systemen

Selbst wenn dasselbe System auf derselben Seite installiert ist, können unterschiedliche Messwerte herauskommen. Werden unterschiedliche Systeme genutzt, ist der Unterschied noch größer.

29.1 Klicks versus Sitzungen

Häufig kommen Fragen auf, wenn Daten aus zwei unterschiedlichen Systemen verglichen werden und die Währungen dieser Systeme unterschiedlich sind. So messen Werbeanzeigensysteme wie zum Beispiel Google Ads lediglich Klicks, Webanalyse-Systeme dagegen Sitzungen.

Ein Nutzer kann mehrmals auf eine Anzeige klicken und auf dieselbe Seite kommen; passiert das in derselben Sitzung, stehen mehrere Klicks einer Sitzung gegenüber.[1] Ein Nutzer kann auch mehrere Sitzungen haben, wovon nicht jede durch den in einem Ad-System entstandenen Klick initiiert worden sein muss. Die Daten können also stark voneinander abweichen und sind auch nicht ohne Rohdaten zusammenlegbar. Dies soll an einem Beispiel verdeutlicht werden.

Abbildung 29.1 zeigt die Kampagnenergebnisse des Google Merchandising Accounts in Google Analytics. Die 823 Benutzer, die über die Kampagne »Data Share Promo« kamen, hatten 943 Sitzungen in dem Zeitraum einer Woche. Davon waren 634 Nutzer neu, 211 Nutzer waren also vorher schon einmal da. Dass ein Teil der Nutzer mehr als eine Sitzung hatte, bedeutet aber nicht, dass diese Nutzer mehr als einmal auf das Werbemittel geklickt haben. Sie können entweder vor oder nach ihrem Klick auf das Banner auf der Seite bereits eine Sitzung gehabt haben, die nichts mit dem Werbebanner zu tun hatte (bis auf die 634 neuen Nutzer, die nur nach dem 1. Klick auf das Banner noch eine andere Sitzung gehabt haben können).

Tatsächlich können die Nutzer, wie oben bereits beschrieben, auch mehrmals auf das Banner geklickt haben; allerdings wird dann trotzdem nur eine Sitzung gezählt, wenn das innerhalb einer Sitzung stattfindet. Es können also sowohl mehr Klicks als

29

---

1 Mehrere Klicks auf eine Anzeige innerhalb kurzer Zeit werden als ein Klick gezählt, wenn dazwischen nicht andere Aktionen des Nutzers lagen.

Sitzungen stattgefunden haben, aber auch mehr Sitzungen als Klicks. Aus diesem Bericht ist dies aber nicht erkenntlich, was häufig zu Missverständnissen führt.

Campaign	Acquisition			Behaviour		
	Users ↓	New Users	Sessions	Bounce Rate	Pages/Session	Avg. Session Duration
	1,253 % of Total: 9.86% (12,714)	**964** % of Total: 8.87% (10,873)	**1,481** % of Total: 9.52% (15,562)	**42.81%** Avg for View: 44.28% (-3.32%)	**3.99** Avg for View: 4.15 (-3.90%)	**00:02:52** Avg for View: 00:02:49 (1.74%)
1. Data Share Promo	**823** (65.06%)	**634** (65.77%)	**943** (63.67%)	47.72%	3.48	00:02:37
2. AW - Apparel	**287** (22.69%)	**208** (21.58%)	**360** (24.31%)	32.78%	4.98	00:03:29
3. AW - Google Brand	**63** (4.98%)	**50** (5.19%)	**66** (4.46%)	34.85%	4.33	00:02:56
4. AW - Bags	**40** (3.16%)	**34** (3.53%)	**51** (3.44%)	41.18%	4.94	00:02:42
5. AW - Office	**35** (2.77%)	**24** (2.49%)	**39** (2.63%)	20.51%	5.85	00:04:27
6. AW - Drinkware	**10** (0.79%)	**9** (0.93%)	**14** (0.95%)	71.43%	2.14	00:00:33
7. AW - Accessories	**6** (0.47%)	**5** (0.52%)	**7** (0.47%)	57.14%	3.57	00:01:33
8. AW - YouTube Brand	**1** (0.08%)	**0** (0.00%)	**1** (0.07%)	0.00%	4.00	00:00:49

Abbildung 29.1 Ad-Klicks und Sitzungen

Gleichzeitig stellt sich die Frage, was man mit diesem Bericht anfangen kann, wenn die Klicks fehlen. Wird zum Beispiel pro Klick bezahlt, auch wenn es derselbe Nutzer ist, wäre es gut zu wissen, ob mehrfache Klicks eher zu einer Conversion führen als nur ein Klick. Allerdings ist auch hier zu beachten, dass ohne Cross-Device Tracking mehrfache Klicks überhaupt nicht zuverlässig gemessen werden können. Erst wenn die Daten eines anderen Systems hinzugefügt werden, das diese Daten enthält, können diese Fragen eventuell beantwortet werden.

29.2   Unterschiedliche Integration

Interessanterweise kommt es auch zu Unterschieden in Daten, wenn zwei verschiedene Webanalyse-Systeme gleichzeitig laufen. Die Wahrscheinlichkeit, dass diese verschiedenen Tools dieselben Zahlen liefern, ist gering. Dies kann unter anderem an folgenden Gründen liegen:

▸ Die Tracking-Pixel werden zu unterschiedlichen Zeitpunkten aufgerufen (was technisch fast gar nicht anders geht).

▶ Die Tracking-Pixel funktionieren unterschiedlich.

▶ Ein Tracking-Pixel wird von einem Browser abgelehnt, ein anderes aber nicht.

▶ Ein Tracking-Tool filtert einen Benutzer heraus, weil es »denkt«, dass es sich um einen Bot handelt.

Webanalyse-Systeme sind in der Regel nie genau und können es auch gar nicht sein. Werden dann die Daten zweier unterschiedliche Webanalyse-Systeme verglichen, sind Unterschiede also eher wahrscheinlich als unwahrscheinlich. Eine Abweichung von 15 % ist nicht selten. Das bedeutet auch, dass ein Wechsel von einem System zu einem anderen System immer dazu führt, dass die Zahlen nicht mehr mit den vorherigen Zahlen verglichen werden können. Hier empfiehlt es sich, beide Systeme für eine Zeit lang gleichzeitig zu verwenden, um ein Gespür für die Unterschiede zu erhalten. Doch selbst wenn zwei Installationen desselben Systems verwendet werden, kann es zu Diskrepanzen kommen.

Wichtig zu wissen

▶ Es ist eher unwahrscheinlich, dass zwei Webanalyse-Systeme dasselbe messen.

▶ Ein häufiger Fehler ist der Vergleich von Klicks und Sessions.

29

Kapitel 30
Den Bestätigungsfehler vermeiden

»If you torture the data long enough, it will confess.« (Ronald Coase)

30.1   Was ist der Bestätigungsfehler?

Unter einem Bestätigungsfehler versteht man in der Kognitionspsychologie die Neigung, Informationen so auszuwählen, dass sie den eigenen Erwartungen entsprechen. So nutzen Menschen lieber Medien, die ihre Meinung unterstützen, als dass sie sich mit Informationen auseinandersetzen, die der eigenen Meinung widersprechen.

Sogar in der Webanalyse ist der Bestätigungsfehler zu finden. Wer der Meinung ist, dass sich Nutzer mit Mobilgeräten anders verhalten als Nutzer von Desktop-Rechnern, wird so lange suchen, bis er eine Information gefunden hat, die dieser Meinung entspricht und eventuell sogar andere Informationen, die dieser Meinung widersprechen, unter den Tisch fallen lassen.

Je mehr man sich außerdem mit einer Meinung identifiziert, desto mehr droht die Gefahr eines Gesichtsverlusts, wenn diese Meinung widerlegt zu werden droht. Ein Gesichtsverlust bedeutet für die meisten Menschen ein unangenehmes Gefühl, und solche Gefühle werden lieber vermieden. Menschen, auch Webanalysten, handeln nicht immer rational.

Ein weiterer Punkt, der dazu führt einem Bestätigungsfehler zu unterliegen, ist der gefühlte oder vielleicht auch vorhandene Druck, etwas finden zu müssen. Das kann dadurch entstehen, dass eine mäßig verlaufene Kampagne unbedingt als Erfolg verkauft werden muss oder der Auftraggeber ein Ergebnis in einer bestimmten Richtung erwartet, aber auch dadurch, dass das eigene Gehalt durch spannende Erkenntnisse gerechtfertigt werden muss.[1] Es kann aber auch ganz triviale Gründe haben, wie zum Beispiel der Wunsch, pünktlich Feierabend machen zu können und darum eine erste Erkenntnis ohne weitere Prüfung als belegt anzusehen.

---

[1] Dass selbst Wissenschaftler häufiger zu Erkenntnissen kommen, die dem jeweiligen Auftraggeber besser schmecken, ist nicht auszuschließen, siehe Kohlenberg und Musharbash o. D.

30.2   Was hilft gegen den Bestätigungsfehler?

Tatsächlich ist es schwer für den Einzelnen sich dabei zu ertappen, dass man einem Bestätigungsfehler unterliegt. Eine professionelle Distanz zu einem Untersuchungsgegenstand ist hilfreich und geboten. Es erfordert Professionalität und Bewusstsein, um sich erfolgreich gegen den Bestätigungsfehler behaupten zu können.

So kann man es sich zur Regel machen, Daten zu finden, die die eigene Aussage widerlegen. Allerdings kann es sein, dass latente Widerstände dafür sorgen, dass man nicht ganz genau sucht. So sollen Softwareentwickler auch nicht ihre eigene Software testen, weil sie unterbewusst Probleme damit haben könnten, ihr »Baby« zum Absturz zu bringen. Softwaretester hingegen haben nur eine Absicht, nämlich eine Software zum Absturz zu bringen. Die unterschiedlichen Absichten helfen dabei, »gegeneinander« zu arbeiten, dadurch aber auch ein besseres Ergebnis zu erzielen. Auch manche Verlage haben Mechanismen eingesetzt, um die Arbeit der Journalisten zu überprüfen, auch wenn dieses System manchmal umgangen wurde.

Wirkungsvoller ist die Arbeit im Team, bei der ein anderes Teammitglied die Rolle des Testers einnimmt und Informationen sucht, die die Aussage des eigentlichen Analysten zu widerlegen versucht. Allerdings ist dies zum einen nur in Unternehmen möglich, in denen es mehr als einen Analysten gibt, zum andern ist auch in einem solchen Unternehmen nicht unendlich viel Zeit für eine Analyse vorhanden. Auch hat dieser Ansatz den Nachteil, dass ein Team häufig gemeinsam für ein Deliverable zuständig ist und somit auch andere Teammitglieder dem Druck ausgesetzt sind.

So bleibt den meisten Analysten nur die Option, sich der eigenen Meinung bewusst zu sein und somit Prüfmechanismen zu installieren, die die Auswirkung eines Bestätigungsfehlers vermeiden.

Wichtig zu wissen

▶ Der größte Feind in der Webanalyse kann der Webanalyst selbst sein, wenn ein bestimmtes Ergebnis herauskommen soll.

▶ Die Erfahrungen von einer anderen Website oder aus der Vergangenheit treffen unter Umständen nicht auf die aktuelle Website zu.

Anhang

Anhang A
Nützliche Helferlein

Da sich die kleinen Tools häufig ändern beziehungsweise immer wieder Tools hinzukommen, wird auf der Website des Autors eine aktuelle Liste bereitgehalten.

A.1 Google Tag Assistant

Der Google Tag Assistant aus dem Hause Google (siehe Abbildung A.1) funktioniert nur für Google Analytics und den Google Tag Manager sowie für weitere Tags aus demselben Hause. Für die meisten Installationen ist der Google Tag Assistant auf jeden Fall ausreichend und bietet eine wunderbare Möglichkeit der Aufzeichnung, wenn man das Tracking über mehrere Seiten hinweg protokollieren möchte.

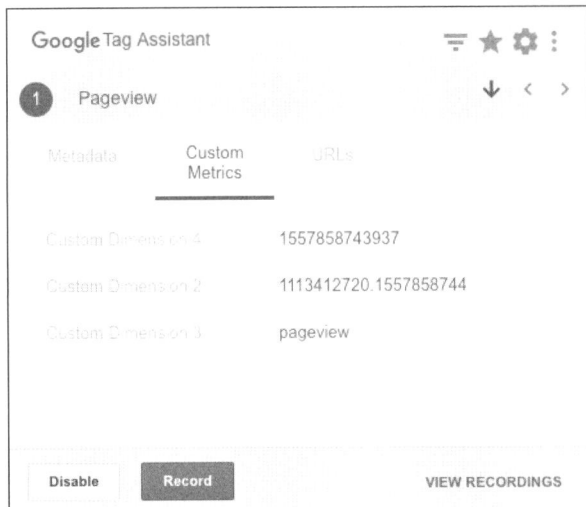

Abbildung A.1 Benutzerdefinierte Dimensionen, die im Google Tag Assistant sichtbar gemacht werden können

Allerdings kann es passieren, dass der Google Tag Manager nicht alle Google Tags korrekt erkennt, wenn zum Beispiel anstand des üblichen Transportmechanismus eine andere Vorgehensweise, wie zum Beispiel ein Beacon, genutzt wird.

A.2   Google Analytics Debugger

Auch der Google Analytics Debugger kommt von Google selbst, ist aber mehr für technisch versiertere Nutzer gedacht, da der Output des Debuggers eher wie der Output einer Systemkonsole aussieht. Abbildung A.2 zeigt den Output vom Google Analytics Debugger in der Konsole, die sich im Browser unter den Entwicklerfunktionen versteckt. In der Konsole werden alle Daten dargestellt, die von Google Analytics zu diesem Zeitpunkt erfasst werden.

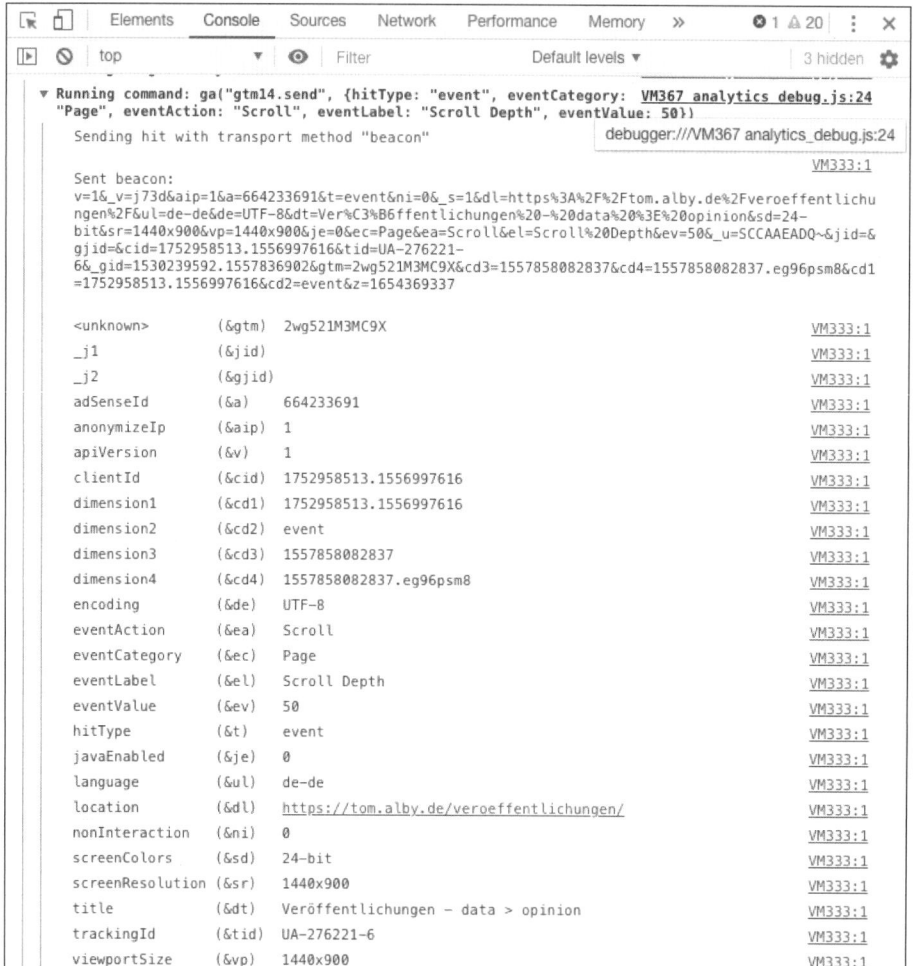

Abbildung A.2 Der Google Analytics Debugger in Aktion (Output in der Konsole)

Anders als der Google Tag Assistant kommt der Debugger auch mit anderen Transportmechanismen klar. Um die Historie ansehen zu können, kann einfach hochgescrollt werden. Zum Teil werden auch Daten erfasst, die nicht aus Google Analytics abgefragt werden können. So sammelt Google Analytics immer eine Client-ID, die aber selbst in Google Analytics nur im Nutzer-Explorer erfasst werden kann.

A.3   Adobe Experience Cloud Debugger

Das Tool für die Gegenveranstaltung, der Adobe Experience Cloud Debugger, bietet keine Aufzeichnung, wie sie der Google Tag Assistant bietet, aber auch hier ist es möglich, die zurückgelegte Strecke auf einer Site zu verfolgen, und das sogar, ohne dieses vorher zu konfigurieren!

Es werden automatisch alle Dimensionen (bei Google heißen diese Props und eVars) erfasst sowie die Daten weiterer Tools, zum Beispiel wenn Adobe Target genutzt wird. Somit lässt sich sogar etwas eleganter als bei den Google-Analytics-Tools sehr gut debuggen, welche Informationen aufgezeichnet werden.

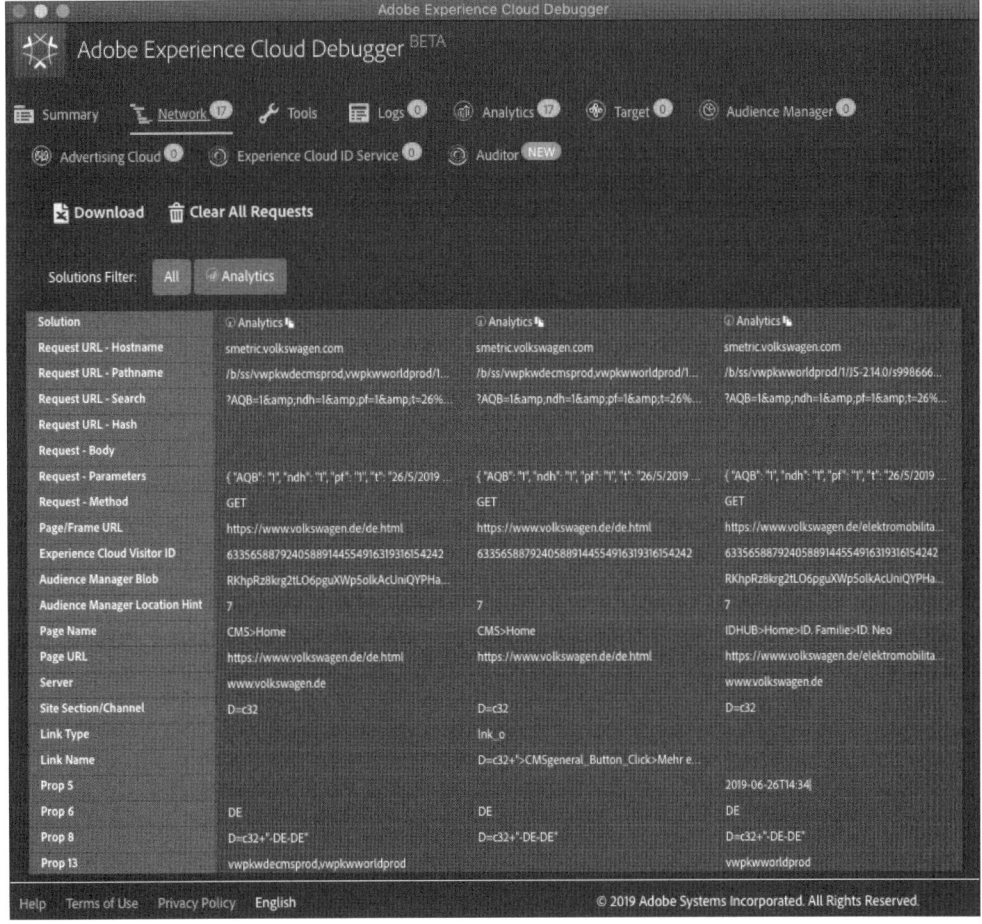

Abbildung A.3 Der Adobe Experience Cloud Debugger; jede Spalte ist eine Interaktion

A.4   Ghostery

Ghostery ist eigentlich eine Browsererweiterung, mit der Tracking und auch Werbebanner blockiert werden können. Es eignet sich aber auch hervorragend, um Tracker
zu identifizieren, und das Besondere ist, dass es nicht an einen Hersteller gebunden
ist.

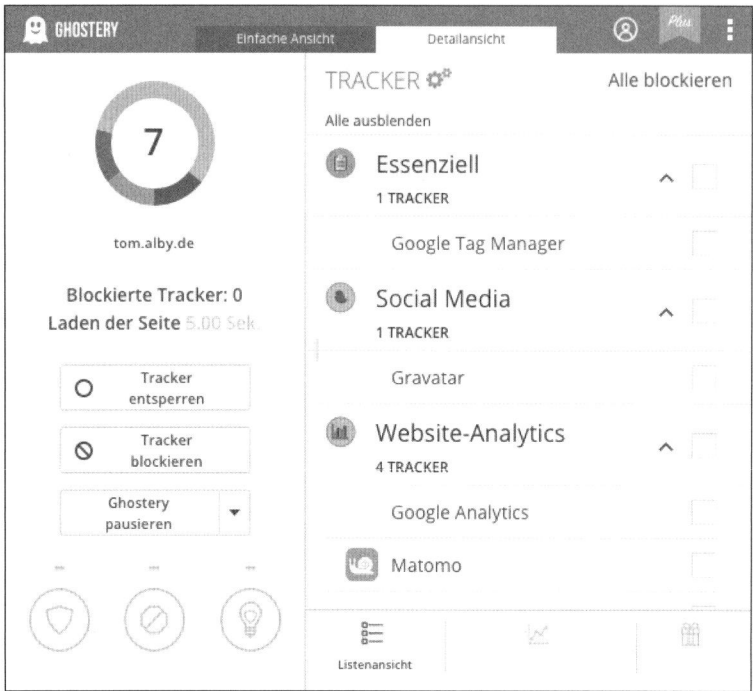

Abbildung A.4 Ghostery in Aktion

Wie es in Abbildung A.4 zu sehen ist, werden auch Matomo und selbst Tracking-Links
von Amazon erfasst. Was Ghostery allerdings nicht beherrscht, ist die genaue Analyse, was die jeweiligen Tools tracken.

Anhang B
Literatur

▶ **Agrawal**, Rakesh, Tomasz Imielinski und Arun Swami (1993). »Mining Association Rules between Sets of Items in Large Databases«. In: *Proceedings of the 1993 ACM SIGMOD International Conference on Management of Data.*

▶ **Alby**, Tom (2016a). »Analytics im eBranding«. In: *Brand Evolution: Moderne Markenführung im digitalen Zeitalter.* Hrsg. von Elke Theobald und Philipp T. Haisch. Springer Gabler.

▶ – (2016b). »eBranding und Suchmaschinenmarketing«. In: *Brand Evolution: Moderne Markenführung im digitalen Zeitalter.* Hrsg. von Elke Theobald und Philipp T. Haisch. Springer Gabler.

▶ – (2017). »Warum Personas oft nicht funktionieren«. In: *werben und verkaufen.* URL: *https://www.wuv.de/marketing/warum_personas_oft_nicht_funktionieren.*

▶ **Alby**, Tom und Burkhardt Funk (2011). »Search Engine Marketing in Small and Medium Companies: Status Quo and Perspectives«. In: *E-Business Managerial Aspects, Solutions and Case Studies.* IGI Global.

▶ **Alby**, Tom und Stefan Karzauninkat (2007). »Suchmaschinenoptimierung: Professionelles Website-Marketing für besseres Ranking«. 2. Aufl. Hanser.

▶ **Ash**, Tim (2008). »Landing Page Optimization: The Definitive Guide to Testing and Tuning for Conversions«. Wiley.

▶ **Barbaro**, Michael und Tom Zeller Jr. (o. D.). »A Face Is Exposed for AOL Searcher No. 4417749«. URL: *https://www.nytimes.com/2006/08/09/technology/09aol.html.*

▶ **Beasley**, Michael (2013). »Practical Web Analytics for User Experience«. Morgan Kaufmann.

▶ **Berendt**, B., A. Hotho und G. Stumme (2004). »Usage Mining for and on the Semantic Web«. In: *Data Mining Next Generation Challenges and Future Directions.* Hrsg. von H. Kargupta, A. Joshi, K. Sivakumar und Y. Yesha. Boston: AAAI Press, S. 461–481. URL: *http://www.kde.cs.uni-kassel.de/stumme/papers/2004/berendt04usage.pdf.*

▶ **Bergmann**, Nicole (2009). »Volkszählung und Datenschutz: Proteste zur Volkszählung 1983 und 1987 in der Bundesrepublik Deutschland«. Diplomica Verlag.

▶ **Bruce**, Peter (2017). »Statistics for Data Scientists: 50 Essential Concepts«. O'Reilly.

▸ **Burgess**, Matt (o. D.). »That Yahoo data breach actually hit three billion accounts«. URL: *https://www.wired.co.uk/article/hacks-data-breaches-2017*.

▸ **Chapman**, Chris N. (2015). »R for Marketing Research and Analytics (Use R!)«. Springer.

▸ **Chip**, Redaktion (Jan. 2017). »Fieser Preistrick bei Amazon: Zahlen Apple-Nutzer wirklich mehr?« URL: *https://www.chip.de/news/Fieser-Preistrick-bei-Amazon-Zahlen-Apple-Nutzer-wirklich-mehr_107203775.html*.

▸ **Clark**, D. J., David Nicholas und Hamid R. Jamali (2014). »Evaluating in- formation seeking and use in the changing virtual world: the emerging role of Google Analytics.« In: *Learned Publishing 27.3*, S. 185–194. URL: *http://dblp.uni-trier.de/db/journals/lp/lp27.html#ClarkNJ14*.

▸ **Cooley**, R., B. Mobasher und J. Srivastava (1999). »Data preparation for mining world wide web browsing patterns«. In: *Knowledge and information systems 1.1*, S. 5–32.

▸ **Cooper**, Alan (1999). The »Inmates Are Running the Asylum: Why High-Tech Products Drive Us Crazy and How to Restore the Sanity«. Sams.

▸ **Croll**, Alistair und Benjamin Yoskovitz (2013). »Lean Analytics: Use Data to Build a Better Startup Faster«. O'Reilly.

▸ **Dark Horse Innovation** (2016). »Digital Innovation Playbook: Das unverzichtbare Arbeitsbuch für Gründer, Macher und Manager«. Murmann Publishers.

▸ **Eirinaki**, M. und M. Vazirgiannis (2003). »Web mining for web personalization.« In: *ACM Trans. Internet Techn. 3.1*, S. 1–27. URL: *http://dblp.uni-trier.de/db/journals/toit/toit3.html#EirinakiV03*.

▸ **Ester**, M. und J. Sander (2000). »Knowledge Discovery in Databases: Techniken und Anwendungen«. Springer Verlag.

▸ **Facca**, F. M. und P. L. Lanzi (2005). »Mining interesting knowledge from weblogs: a survey«. In: *Data Knowl. Eng. 53.3*, S. 225–241.

▸ **Fahrmeir**, Ludwig et al. (2011). »Statistik: Der Weg zur Datenanalyse«. 7. Aufl. Springer.

▸ **Fang**, W. (2007). »Using Google Analytics for Improving Library Website Content and Design: A Case Study«. In: *Library Philosophy and Practice 2007 LPP Special Issue on Libraries and Google*. ISSN: 1522-0222.

▸ **Few**, Stephen (2012). »Show Me the Numbers: Designing Tables and Graphs to Enlighten«. Analytics Press.

▸ – (2013). »Information Dashboard Design: Displaying Datafor At-a-Glance Monitoring«. 2. Aufl. Analytics Press.

▸ **Field**, Andy (2016). »An Adventure in Statistics: The Reality Enigma«. Sage Publications.

▶ **Gery**, M. und H. Haddad (2003). »Evaluation of web usage mining approaches for user's next request prediction«. In: *International Workshop on Web Information and Data Management*. ACM. New York, NY, USA: ACM Press, S. 74–81. URL: *http://dx.doi.org/10.1145/956699.956716*.

▶ **Hassler**, Marco (2017). »Digital und Web Analytics: Metriken auswerten, Besucher-verhalten verstehen, Website optimieren«. 4. Aufl. mitp.

▶ **Healy**, Kieran (2019). »Data Visualization: A Practical Introduction«. Princeton University Press.

▶ **Höfs**, Sonia (o. D.). »Individualisierung und Personalisierung: Marketing für die Generation Y«. URL: *https://bit.ly/2Hb942l*.

▶ **HuffPost** (o. D.). Google CEO On Privacy (VIDEO): »If You Have Something You Don't Want Anyone To Know, Maybe You Shouldn't Be Doing It«. URL: *https://www.huffingtonpost.com/2009/12/07/google-ceo-on-privacy-if_n_383105.html*.

▶ **Janssen**, Michael (2018). »Google Tag Manager: Das umfassende Handbuch«. Rheinwerk Verlag.

▶ **Kaushik**, Avinash (2007). »An Hour a Day Web Analytics: An Hour a Day«. Sybex.

▶ – (2009). »Web Analytics 2.0: The Art of Online Accountability and Science of Customer Centricity«. Sybex.

▶ **Kertzel**, Sascha und Sina Mylluks (2018). »Google Data Studio: Professionelle Berichte und Dashboards erstellen«. Rheinwerk Verlag.

▶ **King**, Rochelle, Elizabeth Churchill und Caitlin Tan (2014). »Designing with Data: Improving the User Experience with A/B Testing«. O'Reilly UK Ltd.

▶ **Kirk**, Andy (2012). »Data Visualization: a successful design process«. Packt Publishing.

▶ **Knaflic**, Cole Nussbaumer (2015). »Storytelling with Data: A Data Visualization Guide for Business Professionals«. Wiley.

▶ **Kohlenberg**, Kerstin und Yassin Musharbash (o. D.). »Die gekaufte Wissenschaft«. URL: *https://www.zeit.de/2013/32/gekaufte-wissenschaft/komplettansicht*.

▶ **Kravets**, David (o. D.). »An Intentional Mistake: The Anatomy of Google's WiFi Sniffing«. URL: *https://www.wired.com/2012/05/google-wifi-fcc-investigation*.

▶ **Lange**, Martin und Sean MacDonald (2011). »Entwicklung von Kommunikations-strategien für digitale Medien«. In: *Brand Planning: Starke Strategien für Marken und Kampagnen*. Hrsg. von Andreas Baetzgen. Schäffer Poeschel.

▶ **Lewandowski**, Dirk (2015). »Suchmaschinen verstehen«. Springer Verlag.

▶ **Lippe**, Peter (2011). »Wie groß muss meine Stichprobe sein, damit sie repräsentativ ist? Wie viele Einheiten müssen befragt werden? Was heißt ›Repräsentativität‹?« URL: *http://www.von-der-lippe.org/dokumente/Wieviele.pdf*.

▶ **Liu**, Bing, Bamshad Mobasher und Olfa Nasraoui (2011). »Web Usage Mining«. In: *Web Data Mining: Exploring Hyperlinks, Contents, and Usage Data*. Berlin, Heidelberg: Springer Berlin Heidelberg, S. 527–603. ISBN: 978-3-642-19460-3. DOI: 10.1007/978-3-642-19460-3_12. URL: *http://dx.doi.org/10.1007/978-3-642-19460-3_12*.

▶ **Liu**, Chao, Ryen W White und Susan Dumais (2010). »Understanding web browsing behaviors through weibull analysis of dwell time«. In: *Proceedings of the 33rd international ACM SIGIR conference on Research and development in information retrieval*. ACM, S. 379–386.

▶ **Miaskiewicz**, Tomasz und Kenneth A. Kozar (Sep. 2011). »Personas and user-centered design: How can personas benefit product design processes?« In: *Design Studies 32.5*, S. 417–430. URL: *https://doi.org/10.1016/j.destud.2011.03.003*.

▶ **Mobasher**, B., R. Cooley und J. Srivastava (2000). »Automatic personalization based on Web usage mining«. In: *Communications of the ACM 43.8*, S. 142–151.

▶ **Mobasher**, B. (2007). »Data mining for web personalization«. In: *The adaptive web*. Springer, S. 90–135.

▶ **Mobasher**, B., H. Dai, T. Luo und M. Nakagawa (2002a). »Discovery and evaluation of aggregate usage profiles for web personalization«. In: *Data mining and knowledge discovery 6.1*, S. 61–82.

▶ – (2002b). »Using sequential and non-sequential patterns in predictive web usage mining tasks«. In: *International Conference on Data Mining*. IEEE, S. 669–672.

▶ **Nelson**, Edward und Ernest Cowles (2015). »An Introduction to Survey Research«. Business Expert Press.

▶ **Paypal Daten und Fakten** (o. D.). URL: *https://www.payback.net/ueber-payback/daten-fakten*.

▶ **Perez**, Sarah (2016). »117 million LinkedIn emails and passwords from a 2012 hack just got posted online«. URL: *https://techcrunch.com/2016/05/18/117-million-linkedin-emails-and-passwords-from-a-2012-hack-just-got-posted-online*.

▶ **Peterson**, Eric T. (2004). »Web Analytics Demystified: A Marketer's Guide to Understanding how Your Web Site Affects Your Business«. Celilo Group Media.

▶ **Pierrakos**, Dimitrios et al. (2003). »Web usage mining as a tool for personalization: A survey«. In: *User modeling and user-adapted interaction 13.4*, S. 311–372.

▶ **Provost**, Foster (2013). »Data Science for Business: What You Need to Know about Data Mining and Data-Analytic Thinking«. O'Reilly.

▶ **Pruitt**, J. und T. Adlin (2006). »The Persona Lifecycle: Keeping People in Mind Throughout Product Design«. Morgan Kaufman.

▶ **Pyczak**, Thomas (2018). »Tell me!: Wie Sie mit Storytelling überzeugen«. Rheinwerk Verlag.

▶ **Reese**, Frank (2009). »Parameter des Erfolgs: Die Festlegung der richtigen Kennzahlen«. In: *Website-Testing. Conversion Optimierung für Landing Pages und Online-Angebote*. Hrsg. von Frank Reese. Business Village, S. 35–56.

▶ **Saint**, Nick (2010). »Google CEO: ›We Know Where You Are. We Know Where You've Been. We Can More Or Less Know What You're Thinking About.‹« URL: *https://www.businessinsider.com/eric-schmidt-we-know-where-you-are-we-know-where-youve-been-we-can-more-or-less-know-what-youre-thinking-about-2010-10?IR=T*.

▶ **Sauro**, Jeff und James R. Lewis (2016). »Quantifying the User Experience. Practical Statistics for User Research«. 2. Aufl. Morgan Kaufmann.

▶ **Siroker**, Dan und Pete Koomen (2013). »A/B Testing: The Most Powerful Way to Turn Clicks Into Customers«. John Wiley & Sons.

▶ **Srivastava**, J., R. Cooley, M. Deshpande und P.-N. Tan (2000). »Web usage mining: discovery and application of usage patterns from web data«. In: *SIGKDD Explorations 1.2*, S. 12–23.

▶ **Stumme**, G., B. Berendt und A. Hotho (2002). »Usage Mining for and on the Semantic Web«. In: *Proc. NSF Workshop on Next Generation Data Mining*. Baltimore, S. 77–86. URL: *http://www.kde.cs.uni-kassel.de/stumme/papers/2002/NSF-NGDM02.pdf*.

▶ **Viele Internetnutzer gehen bewusst mit Cookies um** (o. D.). URL: *https://www.bitkom.org/Presse/Presseinformation/Viele-Internetnutzer-gehen-bewusst-mit-Cookies-um.html*.

▶ **Web Analytics Definitions** (2007). Techn. Ber. Web Analytics Association.

▶ **Wesley**, Steve, Jeffrey Shaffer und Andy Cotgreave (2017). »The Big Book of Dashboards: Visualizing Your Data Using Real-World Business Scenarios«. Wiley.

▶ **Wickham**, Hadley und Garrett Grolemund (2017). »R for Data Science: Import, Tidy, Transform, Visualize, and Model Data«. O'Reilly. URL: *https://alby.link/r4datascience*.

▶ **Wilke**, Claus (2019). »Fundamentals of Data Visualization: A Primer on Making Informative and Compelling Figures«. O'Reilly.

Anhang C
Glossar

A/B-Test Vergleich einer abgeänderten Variante einer Website oder einer App zu einer Originalversion, um Hypothesen für die Optimierung zu testen.

A/B/n-Tests → *A/B-Test.*

Absprungrate Es existieren zwei Definitionen. In der einen Definition ist die Absprungrate der Anteil der Nutzer, die sich nur eine Seite ansehen, in der anderen Definition der Anteil der Nutzer, die auf eine Seite kommen und diese »sofort« wieder verlassen. Die letztere Absprungrate wird auch Adjusted Bounce Rate oder angepasste Bounce Rate genannt. Der Standard in den meisten Systemen ist die einfache Absprungrate.

Accelerated Mobile Pages (AMP) Eine Initiative von Google, durch die Webseiten initial, vor allem Nachrichtenseiten, für mobile Endgeräte auf eine sehr schlanke Art gebaut werden und somit um ein Vielfaches schneller ausgeliefert werden können. Kommt ein Nutzer von Google auf eine AMP-Seite, wird sie direkt aus Googles Cache ausgeliefert.

Adjusted Bounce Rate → *Absprungrate.*

AdSense Eine Werbeprogramm von Google, das es Webseitenbetreibern ermöglicht, durch das Einbinden eines kleinen Stücks JavaScript-Code automatisch Geld zu verdienen. Google blendet Werbung ein, die entweder zu der Website oder generell zu den Nutzerinteressen passt. Klickt ein Nutzer darauf, erhält der Website-Betreiber einen Anteil des Klickpreises.

AMP → *Accelerated Mobile Pages.*

API → *Application Programming Interface.*

Application Programming Interface Englischer Begriff für Programmschnittstelle, was eine Möglichkeit ist, um auf ein Programm nicht mit der grafischen Benutzerschnittstelle zuzugreifen, sondern automatisiert mit einem anderen Programm. So kann ein Benutzer sich in Google Analytics einloggen und einen Report aufrufen, und ein Programm kann sich über die API mit Google Analytics verbinden und die Daten automatisiert abrufen.

Besucher → *Nutzer.*

Bot Eine Software, die automatisch Aufgaben ausführt. Im Kontext der Webanalyse zum Beispiel ein Crawler, der Webseiten automatisiert erfasst. Bots können auch bösartig sein, indem sie Webserver überlasten.

Bounce Rate → *Absprungrate.*

Client Eine Software, die mit einem Server kommunizieren kann, zum Beispiel ein Browser, der mit einem Webbrowser kommuniziert.

CLV Customer Lifetime Value.

CMS Content-Management-System.

Container In der Webanalyse wird unter einem Tag-Management-Container eine Art Platzhalter verstanden, der mit dem Laden der Webseite in den Browser geladen wird und der dann zuvor spezifizierte *Tags* nachlädt. Anstatt jedes Mal jede Webseite anpassen zu müssen, wenn ein Tag hinzugefügt, modifiziert oder entfernt wird, wird nur einmal der Container hinzugefügt und dann in einem anderen Tool die Tags konfiguriert.

Conversion Rate Das Verhältnis von Zielerreichungen zu allen Nutzern, die auf eine Website oder eine App zugreifen.

Conversion Rate Optimization Die Beschäftigung mit der Optimierung aller Schritte, die ein Nutzer bis zur Conversion durchlaufen muss. In der Regel wird dies mit A/B-Tests getan, bei denen alternative Versionen eines Funnels ausprobiert werden.

Cookie Eine kleine Textdatei im Browser eines Nutzers, die von einer Webseite gesetzt wird, damit der Nutzer wiedererkannt werden kann.

CPA Cost per Acquisition oder Cost per Action.

CPC Cost per Click.

CPL Cost per Lead.

CPM Cost per Mille, siehe Tausendkontaktpreis.

CPO Cost per Order, anders als beim Cost per Lead wird hier nicht für einen neuen Nutzer bezahlt, sondern für eine abgeschlossene Bestellung.

CR Conversion Rate.

Crawler Ein Softwareprogramm, das unter anderem von Suchmaschinen eingesetzt wird, um Inhalte im Netz zu erfassen. Früher wurden Crawler auch als Spider bezeichnet, weil man die Vorstellung hatte, dass die Crawler wie Spinnen im (World Wide) Web herumspazieren und die Seiten, die sie finden, einsammeln. Crawler werden von den meisten Webanalyse-Systemen nicht erfasst. Ihre Aktivität kann in den eigenen Server-Logdateien sowie in den Tools der Suchmaschinen überprüft werden. Allerdings können auch andere Bots als die der Suchmaschinen unterwegs sein.

CRM Customer Relationship Management.

CRO Conversion Rate Optimization.

CTA Call-to-Action.

Customer Journey Die Kontaktpunkte, die ein Nutzer auf dem Weg zu einer Conversion oder auch danach bei der Nutzung eines Produktes hat.

CVR Conversion Rate.

Data Lake Eine Plattform, die Daten in ihrem Rohformat speichert, anstatt sie wie für ein Data Warehouse zu transformieren. Der große Vorteil eines Data Lakes ist, dass ohne Transformation oder Extraktion keine Information verloren geht und somit auch andere Fragen als die ursprünglichen zu einem späteren Zeitpunkt noch gestellt werden können.

Data Management Platform Eine Software, die es ermöglicht, Daten für Marketing-Aktivitäten zu verwalten, zu analysieren und zu segmentieren.

Demand Side Platform Eine Software im *Programmatic Advertising*, die von Werbetreibenden und Agenturen genutzt wird, um Werbe-Impressions im Rahmen einer Auktion oder eines anderen Verfahrens zu erwerben. Häufig wird in diesem Zusammenhang auch eine *Data Management Platform* verwendet, um anhand von bestehenden Daten einschätzen zu können, wie viel die angebotene Impression für den Werbetreibenden wert ist.

DMP → *Data Management Platform.*

Document Object Model Das Document Object Model ist die Grundstruktur eines HTML-Dokuments, mit dem einzelne Elemente der Seite identifiziert werden können.

DOM → *Document Object Model.*

Domain Eine Domain besteht aus einem Namen unterhalb einer Top-Level-Domain. Die Domain des Autors ist zum Beispiel *alby.de*, die sich aus dem Namen *alby* sowie der TLD *.de* zusammensetzt. Daneben existieren noch Subdomains und Hosts. Eine Subdomain ist zum Beispiel die Website des Autors, *tom.alby*.de; die Adresse ist gleichzeitig der Host der Website.

DSP → *Demand Side Platform.*

Funnel Unter einem Funnel wird im Online-Marketing der idealtypische Weg eines Nutzers von der ersten Berührung mit einem Produkt oder Service bis zum Kauf verstanden.

GA Abkürzung für Google Analytics.

Graphical User Interface Die grafische Nutzerschnittstelle, die den Nutzern die direkte Interaktion mit einem Programm ermöglicht.

GTM Abkürzung für Google Tag Manager.

GUI → *Graphical User Interface.*

Hit Ein Hit ist eine Anfrage an den Tracking-Server, um etwas zu tracken. Der häufigste Hit ist der Seitenaufruf.

Host Ein Host ist, im Gegensatz zu einer Domain, die genaue Adresse dazu, wo sich Inhalte befinden. Die Website des Autors befindet sich zum Beispiel auf dem Host *tom.alby.de*.

HTTP Das Protokoll, mit dem ein Browser und ein Server kommunizieren. Der Browser fragt eine Seite an, und der Server antwortet mit einem Code, ob die Seite vorhanden ist oder nicht. HTTPS ist die Erweiterung mit einer Verschlüsselung.

ID Identifier, in der Regel ein eindeutiger Wert, der für einen Nutzer oder einen Browser-Cookie steht.

Impression Die Einblendung einer Seite (Page Impressions) oder eines Werbemittels. Eine Impression ist noch kein Klick, und eine Impression bedeutet auch nicht, dass das Werbemittel vom Nutzer gesehen wurde.

JavaScript Eine 1995 von dem damaligen Browser-Platzhirsch Netscape entwickelte Skriptsprache, die Interaktivität zu HTML-Seiten hinzufügen sollte. Eigentlich wurde sie LiveScript genannt, aber da Netscape damals mit dem Erfinder von Java, Sun Microsystems zusammenarbeitete, um Java-Programme im Browser ausführen zu können, und weil Java enorme Popularität gewann, wurde LiveScript in JavaScript umbenannt. Java und JavaScript waren und sind noch immer sehr unterschiedliche Sprachen, aber durch die Umbenennung sollte JavaScript zu mehr Popularität verholfen werden.

Kosten-Umsatz-Relation (KUR) Kosten-Umsatz-Relation, eine Alternative zu CPO. Hier werden die Gesamtkosten (CPO) durch den Umsatz geteilt, auch nach Retouren.

KPI Key Performance Indicator (Leistungskennzahl).

KUR → *Kosten-Umsatz-Relation.*

Landing Page Die Seite, auf der ein Nutzer landet. Diese wird für Werbemaßnahmen, in der Regel speziell für eine Kampagne erstellt oder ausgewählt. Anstatt dass Nutzer über die Homepage kommen (die meistens viele verschiedene Produkte oder Services enthält), wird bei einer Landing Page darauf geachtet, dass die Seite zu dem Werbemittel passt und vielleicht auch für eine Zielgruppe speziell geeignet ist.

LP → *Landing Page.*

Macro Conversion Ebenso wie *Micro Conversion* ist dies kein klar definierter Begriff. Häufig wird unter *Macro Conversions* jede Conversion verstanden, die zu Umsatz oder neuen Leads führt.

Measurement Protocol Eine technische Lösung, um Daten aus anderen Systemen als einem

Browser oder einer App an Google Analytics zu senden. Dies könnte zum Beispiel ein Kassenterminal sein oder jedes andere Gerät, dass eine Verbindung zum Internet aufbauen kann.

Micro Conversion Ebenso wie Macro Conversion ist dies kein klar definierter Begriff. Zum Teil wird unter einer Micro Conversion das Vollziehen eines Schritts verstanden, der auf dem Weg zur Macro Conversion notwendig ist, zum Beispiel auf die Seite eines Formulars zu gelangen. Andere Micro Conversions können so definiert sein, dass überhaupt eine Interaktion stattfindet. Manche Autoren fordern, dass auch einer Micro Conversion ein Wert zugeordnet werden muss; dies kann aber auch nur ein virtueller Wert sein, dessen Nützlichkeit nicht immer offensichtlich ist.

Nutzer Ein Nutzer oder Benutzer ist der Anwender einer Webseite oder einer Applikation. Früher wurde häufig Besucher oder Visitor gesagt, aber da Tracking nicht mehr nur auf das Web beschränkt ist, ist der Begriff Nutzer passender.

On-Premise Im IT-Kontext bedeutet dies, dass eine Software im eigenen Rechenzentrum betrieben wird. Im Gegensatz dazu wird Software als Software-as-a-Service (SaaS) betrieben, das heißt, dass die Software in einem fremden Rechenzentrum läuft. Gerade bei Webanalyse-Services stellt sich die Frage, wo die Software genau betrieben wird, da zum Beispiel Daten europäischer Nutzer nicht einfach so auf amerikanischen Servern gespeichert werden dürfen.

PageRank Einer der grundlegenden Algorithmen der Suchmaschine Google.

Persona Archetyp einer Nutzergruppe.

PI Page Impression, ein Seitenaufruf.

PII Personally Identifiable Information.

Pixel Eigentlich die kleinste Einheit auf einem Computerbildschirm. Um in frühen Zeiten des Internets mit seinen langsamen Einwahlleitungen die User Experience nicht zu gefährden, wurden Bilder in der Größe von 1×1-Pixel verwendet, um die Nutzerinteraktionen zu tracken. Heute werden unter Pixel auch JavaScript-Schnipsel verstanden, die anstatt des Pixels eingebunden werden. Diese Schnipsel werden manchmal auch Tags genannt.

PPC Pay-per-Click, wird manchmal auch als Synonym für Suchmaschinen-Marketing verwendet.

Programmatic (Advertising) Im Gegensatz zum klassischen Verkauf von Werbeplätzen werden diese automatisiert verkauft. Dabei wird auf einer Ad Exchange, einer Auktionsplattform, eine Werbe-Impression mithilfe einer Supply Side Platform von einem Publisher angeboten, und die Demand Side Platforms der Werbetreibenden oder ihrer Agenturen bieten auf diese Impression.

Referrer/Referer Ein Referrer ist eine Information im HTTP-Protokoll, die preisgibt, von welcher Seite ein Benutzer kommt. Manchmal wird auch »Referer« geschrieben, was daran liegt, dass sich bei der Einreichung des Standards ein Rechtschreibfehler eingeschlichen hatte.

Sampling Wendet ein Webanalyse-System Sampling an, werden nicht mehr alle Rohdaten für die Auswertung genutzt, sondern nur eine zufällige Auswahl. Dies soll die Abfragedauer verkürzen; zum Teil wird Sampling aber auch dann angewandt, wenn die kostenlose Variante eines Tools die Nutzer daran erinnern will, dass eine kostenpflichtige Version existiert. Insbesondere wenn es um Conversions geht, ist Sampling unangenehm, da man sich dann noch weniger auf die Zahlen des Webanalyse-Systems verlassen kann.

SEA Search Engine Advertising.

SEM Search Engine Marketing, Suchmaschinen-Marketing; in manchen Ländern umfasst das sowohl die Anzeigen in Suchmaschinen als auch die Suchmaschinenoptimierung.

SEO Search Engine Optimization, Suchmaschinen-Optimierung.

SERP Abkürzung für Search Engine Results Page, die Ergebnisseite einer Suchmaschine.

Server Eine Software auf einem Rechner, meistens in einem Rechenzentrum, mit der zum Beispiel Webseiten an Browser ausgeliefert werden können. Manchmal wird mit einem Server auch der Rechner selbst bezeichnet beziehungsweise die Kombination von Serversoftware und Rechner.

Server Call → *Hit*.

Session → *Sitzung*.

Sitzung Eine Sitzung ist in der Webanalyse die Interaktion eines Nutzers mit einer Webseite oder einer Applikation innerhalb eines Zeitfensters mit anschließendem Timeout. Hat ein Nutzer keine Interaktion mit einer Website oder einer Applikation innerhalb des gesetzten Timeouts, wird der nächste Zugriff als Teil einer neuen Session gewertet. Der voreingestellte Sitzungs-Timeout liegt bei den meisten Systemen bei 30 Minuten, kann aber konfiguriert werden.

Spider → *Crawler*.

Spill-over-Effekt Der Spill-over-Effekt besagt, dass durch die Suche nach einem generischen Begriff erst Suchen nach einer Marke oder einem spezifischen Produkt entstehen. Da die generischen Begriffe in der Regel zu weniger Conversions führen als Markenbegriffe oder spezifische Produktbegriffe, könnte der Eindruck entstehen, dass es sinnvoller wäre, kein Geld mehr für die häufig teuren generischen Begriffe auszugeben. Da aber die generischen Begriffe auf die anderen Begriffe einzahlen, also den Nutzer erst darauf aufmerksam machen, welche Marken oder Produkte existieren, würde ein Abschalten der generischen Begriffe zu weniger Suchen nach der Marke oder dem Produkt führen. Der Spill-over-Effekt kann nicht immer nachgewiesen werden.

Split Testing → *A/B-Test*.

SSP → *Supply Side Platform*.

Supply Side Platform Eine Software, mit der Publisher (zum Beispiel Verlage auf ihren Internetseiten) eine Impression oder generell Inventar auf einer Auktionsplattform in Echtzeit anbieten. Hier wird vor allem auf ein Yield Management geachtet, das heißt, dass so viel Geld wie möglich aus einem Werbeplatz erwirtschaftet werden soll und nicht verkaufte Plätze zum Beispiel als Restinventar blind verkauft werden, um die eigenen Preise nicht zu kannibalisieren. Der Begriff wird im Programmatic Advertising genutzt.

Tag → *Pixel*.

TKP → *Tausendkontaktpreis*.

UI → *Graphical User Interface*.

User Agent Die Kennung eines Browsers.

User Experience Der Gesamteindruck, den ein Benutzer eines Systems durch dessen Verwendung von diesem erhält. Dabei geht es vor allem darum, dass es einem Nutzer der Gebrauch leicht fallen oder ihm sogar Spaß machen soll.

User Interface → *Graphical User Interface.*

UX → *User Experience.*

View through Conversion Eine Conversion auf einer Website, nachdem ein Nutzer ein Banner für diese Website lediglich gesehen, aber nicht angeklickt hat.

Visit → *Sitzung.*

Index

Online-Marketing

Bücher für Ihre Weiterbildung

Content-Marketing, Social Media, SEO, Monitoring, E-Commerce – wir bieten zu allen Marketing-Disziplinen fundiertes Know-how, das Sie wirklich weiterbringt.

Nehmen Sie Ihre Weiterbildung in die Hand!
Mit unseren Büchern können Sie sich teure Kurse sparen. Oder Sie nutzen sie als wertvolle Ergänzung zum Seminar.

Hochwertiges Marketing-Wissen
Unsere Autoren zählen zu den führenden Experten im Digitalmarketing und zeigen Ihnen, wie Sie Ihre Kampagnen erfolgreich umsetzen.

Offline und online weiterbilden
Unsere Bücher gibt es in der Druckausgabe, als E-Book oder als Online-Buch. Lernen Sie jederzeit und überall im Webbrowser.

»Das SEO-Standardwerk«

– t3n

Sie können sich noch so viele Gedanken über das Layout Ihrer Webseite oder Ihres Shops machen – wenn keiner Ihre Seiten findet, dann bleiben Ihre Inhalte ungenutzt, Ihre Texte ungelesen und Ihre Produkte unverkauft. Setzen Sie auf das Wissen des SEO-Experten Sebastian Erlhofer und bringen Sie Ihre Website ganz nach vorne. Lernen Sie, wie Sie Texte schreiben, die Google liebt (und Ihre Besucher auch). Machen Sie sich mit professionellen SEO-Werkzeugen vertraut, durchleuchten Sie Ihre Seite auf SEO-Schwachstellen und erfahren Sie, wie Sie SEO-Fehler sicher beheben.

1.070 Seiten, gebunden, 49,90 Euro, ISBN 978-3-8362-6250-7
www.rheinwerk-verlag.de/4629